九州の邪馬台国 vs 纏向の騎馬民族
まきむく

槌田鉄男
Tsuchida Tetsuo

文芸社

は じ め に

　3世紀の邪馬台国の時代、それは古墳時代の始まりの時でした。奈良に誕生した前方後円墳が瞬く間に日本各地に拡がった時代です。なぜこのような急激な拡大が可能となったのか。箸墓古墳で見つかった鐙（乗馬の時使う足乗せ）が私に騎馬民族説を思い起こさせました。

　歴史ロマンあふれ、かつて一世を風靡した騎馬民族説。現在多くの専門家が否定し、歴史の片隅に放置されてきたこの説のリニューアルが『魏志倭人伝』に隠されていたいくつもの謎の存在に気づかせ、江戸時代から続く邪馬台国論争を結着へと導いたのです。この本は日本の古代史に関心を持たれている全ての方への元エンジニアからの提案です。

　いくつもの謎の一つに公孫氏があります。『魏志倭人伝』には登場しません。この一族を知っているあなたはかなりの古代史マニアに違いありません。一方で諸葛亮（孔明）と卑弥呼、この二人なら誰もが知っています。二人は今やマンガやスマホゲームの主役としても活躍し多くの若者が知る存在です。しかし"両者の意外な関係"を知る人は多くはないでしょう。多くの人の頭の中では両者は別々の世

3

界に存在し、一方は蜀の劉備を助け、魏の曹操や呉の孫権を相手に『三国志演義』の中で大活躍した軍師であり、一方は邪馬台国を中心に倭の国々を束ね狗奴国に対抗した『魏志倭人伝』中の女王だと思います。しかし"諸葛亮の死が卑弥呼の使いを魏の都・洛陽へと誘った"ということを知ればどうでしょうか。

この時代、多くの騎馬民族が乱立した中国東北部から朝鮮半島を支配し、日本まで支配下に置いていたのは公孫氏でした。『三国志』全体を見渡せば、諸葛亮の死で余裕の出来た魏が司馬懿（仲達）を使って以前から目の敵にしていた公孫氏を滅ぼし、そのことが卑弥呼の使いが洛陽に行くことを可能にしたということが分かります。そして『三国志』より400年も後に書かれた史書『晋書』や『梁書』には司馬懿の功績としてこのことが当然のように書かれているのです。

しかし、このことが大きな謎を生みます。本来、司馬懿の功績を一番書かなければならなかったのは司馬懿が礎を築き、彼を高祖と仰ぐ晋（西晋）の国史『三国志』です。しかし『魏志倭人伝』にはその記載がありません。なぜ『三国志』の著者・陳寿は『魏志倭人伝』に"公孫氏の存在"を隠したのか、このことに古代史の謎を解く大きな手がかりがあったのです。

私はこの本で二つの大きなテーマに取り組んでいます。

その一つがいわゆる邪馬台国論争における九州説の証明であり、二つ目が新しい騎馬民族説の提案です。そしてこの二つのテーマの解明の中で浮かび上がってきた答えが公孫氏でした。日本人にはあまり馴染みのないこの公孫氏という一族が日本の古代史の中で重要な役割を担っていたことが分かったのです。

　従来、邪馬台国論争は九州か近畿かという位置論争のみに議論が集中し、この時代に生じた大きな変化と同時に語られることはあまりなかったように思います。しかし、本来この二つのテーマは不可分のものであり、同時に論じない限り正解に辿り着けるものではありません。

　弥生時代の終盤、北部九州を筆頭に出雲、吉備、丹後などこれまで邪馬台国の候補ともなった地域がそれぞれ独自の文化を持ち繁栄していました。しかし、そんな中、３世紀になって忽然と現われたのが近畿説の最有力候補、纏向遺跡です。奈良県桜井市に所在するこの遺跡の誕生によって古墳時代が突然始まります。

　この遺跡は各地に存在した地域色の強いそれまでの弥生遺跡をはるかに凌駕した大陸色の強いものです。そして、そこに誕生した前方後円墳は日本の広い範囲に急速に拡がりました。なぜそれが可能となったのか、その答えとしての提案が新しい騎馬民族説です。そしてそこに『魏志倭人伝』の新たな観点からの読み直しと、最新の考古学との照合が加わることで邪馬台国と狗奴国のほんとうの姿を浮か

び上がらせ、そして『魏志倭人伝』に隠された謎から公孫氏が纒向遺跡誕生の主役であることを突き止めたのです。

　問題解決の手始めは謎に気づくことであり、謎を謎だと思うところから始まります。『魏志倭人伝』には誰もが見過ごしてきたいくつもの謎が存在します。その答えが正しいのか、誤りなのか、決めるのはもちろん読者の皆様です。

目　次

はじめに　3

プロローグ　11

テーマⅠ　九州説の証明　27

謎解き1　邪馬台国論争はなぜ終結しないのか？　32
　　1-1　論争が終結しない三つの原因　32
　　1-2　魏の使者が残した詳細な記録　39
　　1-3　『魏志倭人伝』は
　　　　　信じることのできない史書か　46
　　・謎解き1で得られた結論　61

謎解き2　邪馬台国は本当に九州と言っていいのか？　63
　　2-1　近畿説はどのように主張されてきたか　64
　　2-2　近畿と九州は同じ共同体と言えるのか　72
　　2-3　旅程「水行10日陸行1月」の謎　82
　　2-4　『魏志倭人伝』とそれぞれの遺跡の照合　93
　　・謎解き2で得られた結論　117

謎解き3 女王の国々と狗奴国とは
どのような国々だったのか? 118

  3-1　狗奴国とはどのような国だったのか 119

  3-2　女王の国々と狗奴国の位置関係 132

  3-3　邪馬台国は九州のどこか? 146

  ・謎解き3で得られた結論 156

テーマⅡ 新しい騎馬民族説の提案 157

謎解き4 古墳時代のきっかけを
作ったのは誰なのか? 161

  4-1　3世紀の列島各地に何が起きたのか 162

  4-2　仮説をどうやって立てたか 169

  4-3　騎馬民族の可能性はあるのか 182

  4-4　前方後円墳の起源を扶余に求める 199

  ・謎解き4で得られた結論 212

謎解き5 纏向遺跡を造ったのは誰なのか? 214

  5-1　纏向遺跡の誕生は
どのように説明されてきたか 215

  5-2　三角縁神獣鏡をもたらした公孫氏 223

  5-3　公孫氏と扶余とは何者なのか 238

  5-4　なぜ卑弥呼は共立されたのか 244

  ・謎解き5で得られた結論 257

謎解き6 主役はなぜ『魏志倭人伝』に
登場しないのか？　259

　6-1　卑弥呼の朝貢は景初2年か3年か　260

　6-2　見過ごされてきた
　　　　『魏志倭人伝』の謎を解く　268

　6-3　邪馬台国論争はなぜ混迷したのか　288

　6-4　自説は記紀にどう反映されているか　297

　・謎解き6で得られた結論　307

テーマⅢ　**全体の結論に向けて**　309

　1　新しい騎馬民族説の妥当性　310

　2　全体の結論から言える
　　　《日本誕生までの新しい物語》　316

エピローグ　328

付録　『魏志倭人伝』・注解　333

参考文献　347

プロローグ

　歴史には想像力、創造力を掻き立てられます。史書にある歴史や考古学で発見された事象は実際にあったことのごくごく一部でしかありません。事象と事象の狭間はこれらの二つの"ソウゾウリョク"をフル稼働させて各自が読み取るしかないのです。それらが何を物語っているのか、そしてその背後に何があり、そこに隠された謎の人物の存在を嗅ぎつけ、彼は何をしたのかというように、そこには自由に思い巡らせる楽しみがあります。

　しかし、どの時代に興味を持つのかは人それぞれです。エンジニアという古代史とは縁もゆかりもなさそうな仕事をしてきた私が古代史に興味を抱くようになったきっかけには三つの動機があります。

私を古代史に誘った三つの動機

　最初の動機は高校2年の夏休みでした。私は同級生4人と計画から実行までの全てを自分らで行い、鹿児島と宮崎の県境に位置する霧島連山を5泊6日で縦走しました。それは日頃の受験勉強を忘れさせ、自然の中にどっぷりと浸り、また親からの巣立ちの機会となり二度と味わえない忘れられない青春の思い出となったのです。

韓国岳から望む新燃岳・高千穂峰
撮影：名古屋太郎 by Wikipedia

　その時最初に登った山が最高峰の韓国岳標高1700メートルです。深田久弥氏の『日本百名山』で有名な、山好きなら誰でもが知っている名峰です。

　しかし"何故ここに韓国があるの？"という疑問はそれから半世紀の間、私の脳裏深く居座り続けました。そして古代史に取り組み始めて間もなくその名が古事記に由来することを知り、その疑問が蘇り謎は深みを増したのです。

　もう一つの動機に退職後に赴いた３年間の韓国生活があります。私は妻と共に韓国第三の都市大邱広域市に滞在し、大学で教鞭を取りました。周りは全て反日と覚悟しての赴任でしたが、それは杞憂に過ぎませんでした。知り合った多くの韓国人は私達が日本人だと分かると、親しく寄ってきて、私たちの生活の中にどっぷりと入ってきたのです。

プロローグ

多くの知人、友人が出来ました。交友関係は数年経った今でも続いています。

しかし、国民性は予想通り大きく異なり、一言で言えば感情表現が非常に豊かなのですが、その理由を歴史の背景の中に探してみたいという欲求が自ずと生まれてきました。

私は韓国各地の遺跡も訪ねました。百済の武寧王の古墳を訪ねた時、彼の棺が世界的にみて近畿地方にしか自生しないコウヤマキで作られていることを知りました。つまり彼の棺は日本製だったのです。栄光に輝いた人間は死後入る棺に自らの生き様を何らかの形で反映させようとするはずです。遠く離れた異国の地から持ってくるなぞ、尋常ではありません。

さらに日本書紀には彼が現在の佐賀県唐津市の沖合にある加唐島＊で生まれたとあります。その時、私は百済とヤマト王権との只ならぬ関係を感じました。きっとそれは教科書で習った両者の関係以上に緊密なものであったに違いありません。その事実を知ったことが三つ目の動機です。

＊加唐島は唐津市鎮西町にある肥前名護屋城址の天守閣跡からはっきり見ることができます。天気が良ければさらにはるか沖合に壱岐島が見え、秀吉の夢幻が造ったこの巨大な城跡は卑弥呼の使者が辿ったであろう軌跡を実感できる絶好の場所です。

いずれの動機も日本という国がどのようにして出来たのかを知ることに繋がります。そのためには日本の始まりを知り、それに続く歴史を知らなければなりません。

日本という国の始まりについて

「日本という国の始まりはいつですか？」と外国人に聞かれたら多くの日本人はどう答えていいのか戸惑うはずです。２月11日を「建国記念日」ではなく「建国記念の日」としたのがその戸惑いを象徴しています。史実に基づけば日本が「日本」と名乗るようになったのは663年の白村江の戦いで敗れた後の７世紀末頃だと言われています。しかし、そのことが対外的に認められたのは大宝２年（702）遣唐執節使の粟田真人が唐（正確には当時、周〈武周〉を国号としていた）の女帝・則天武后に対して律令制度の整備と天皇の称号と共に日本という国号が成立したことを宣言した時です。このことは中国王朝の冊封体制下で倭国と呼ばれていた日本が中国王朝から完全に独立しようとした時だったと言えます。

しかし、その時が日本の誕生だったとは誰も言いません。古事記や日本書紀（以後、記紀）は日本が世界に誇るべき史書ですが、そこにはそれ以前の歴史が記載されていることを誰もが知っているからです。しかし、記紀がどこまでを神話とし、どこから歴史とするのかは定かではなく、その始祖を国産み神話に登場する伊弉諾尊や伊弉冉尊の二柱の神とするのか、皇祖神とされる天照大神とするのか、記紀が初代天皇としている神武天皇とすればいいのか、それとも実在の可能性が高いと言われる崇神天皇とするのか

14

悩ましいところです。

　一方、中国の史書に最初に名前の出てくる日本の王は永初元年（107）に後漢に朝貢した帥升^{すいしょう}です。しかし『後漢書』にある彼を最初の大王としていいのか、それとも『魏志倭人伝』の卑弥呼とすべきなのか、または『晋書』にある倭の五王の讃^{さん}なのか、これもまたはっきりしません。もし仮に中国の史書と記紀の記載が一致していれば、その正否は別にして日本という国の歴史の始まりはとっくに定説化されていたに違いありません。

九州説の証明

「邪馬台国とは何だったのか」この謎が解けない限り日本の歴史はスタートラインに着くことができません。恐らく、日本という国の国家論も語ることはできないと思います。しかし、一方で幸いというべきか、この謎解きにはプロ・アマ問わず多くの日本人が魅了され、『魏志倭人伝』というたかだか2000字足らずの文章が多くの人を論争に導き、江戸時代から長きにわたって多くの日本人を熱くさせてきました。時にはテレビ番組の題材として取り上げられ、また日本各地で様々な関連イベントが開催されています。巨大なテーマパークとなった佐賀県・吉野ヶ里遺跡公園の集客力などを考えると、その経済効果は計り知れません。

　そして最近になって、相次ぐ考古学上の新しい発見がマスコミを賑わし論争はますます盛り上がっています。奈良

15

県桜井市の纏向遺跡では箸墓古墳より古い前方後円墳の原型とも言うべき古墳が注目を集め、続いて大形の建物跡が見つかっています。この遺跡が日本最初の巨大都市で卑弥呼が存在した３世紀にまで遡る可能性が見えてきたことが多くの歴史家を邪馬台国・近畿説に傾かせ、熱心な九州説論者を差し置いて、これで決着かとまでになっています。特に2018年５月、纏向学研究センターがこの遺跡で発掘された大量のモモの種の年代を西暦135年〜230年の間のどこかで実った可能性が高いと発表したことが纏向遺跡の誕生が３世紀である可能性をより高め、邪馬台国・近畿説の傾向を一段と高めているようです。

　しかし、果たして、そうなのでしょうか。今、古代史の謎解きに魅了され"歴史をやる"ということにのめり込んでしまった私には全く別の姿が見えて来たのです。根っからの九州説論者である私にとって、邪馬台国論争は元々無用なものであり、論争するまでもなく私にとって邪馬台国は九州でした。近畿だとの声が大きくなるにつれ、九州だとの思いが逆に強くなったのです。そのためテーマ名も"九州説の証明"としてチャレンジしました。その結果は、相次ぐ考古学上の新たな発見は自説の強化材料とはなっても近畿説の補強にはなりませんでした。負け惜しみで言っているのではありません。

　『魏志倭人伝』には「其の国、本と赤た男子を以て王と為

し、住まること七・八十年、倭国乱れ、相攻伐すること歴年、すなわち共に一女子を立てて王と為す」という文章があります。ここで言う一女子が卑弥呼です。其の国すなわち倭国が卑弥呼の統治していた女王国のことです。皆さんはこの文章から、倭国と言われているこの国がいつの時代に存在したと考えられるでしょうか。「倭国乱れ」は『後漢書』では「倭国大乱」と書かれており、紀元146年〜189年の頃のこととあります。

　そうすると邪馬台国を含む女王国はこの時から7、80年前の遅くても2世紀初頭から存在し、「倭国乱れ」により卑弥呼が共立され、彼女が死んだ3世紀半ばまでは存続していたということになります。また途中でこの国が移動したという記載はどこにもありません。つまり女王国は "遅くとも2世紀初頭から3世紀半ばまで同じ場所に継続的に存在していた" ということが必要条件（要件）になります。

　ところが多くの考古学者は纏向を3世紀に突然誕生した遺跡で2世紀前半には影も形もなかったと言っています。先の文章をどう読み取るのかにもよるでしょうが、このことだけを取り上げても "纏向遺跡が邪馬台国だ" とは簡単には言い切れないことが分かります。議論され尽くされてしまったという人もいますが、"未だ『魏志倭人伝』の解釈作業が終わっていない" ことになります。一方で九州には紀元前から3世紀半ばにかけて継続的に存在した有力な弥生遺跡が複数あるのです。

17

私は改めて『魏志倭人伝』を読み直し、そこから邪馬台国が持っていなければならない要件を明確にした上で九州と近畿のそれぞれの遺跡を照合し、どちらの遺跡が考古学的に邪馬台国として相応(ふさわ)しいのかを確かめてみました。不思議なことに当然なされていなければならなかったこれらの作業はこれまでほとんど行われていなかったのです。そして、そのことによって九州説の正しさを動かしがたいものにしました。

新しい騎馬民族説──3世紀の日本に馬が来た

　纏向遺跡、3世紀の奈良盆地に突然誕生したこの巨大な遺跡が邪馬台国でないとすれば一体この遺跡は何だったのか。後にヤマト王権誕生へと繋がって行くこの遺跡を誰がどのように造ったのか、それは邪馬台国の所在地論争以上に重要な謎だと言えます。私はその謎の答えとしてこれまでの騎馬民族説をリニューアルしてみました。

　4世紀末～5世紀に多くの馬具や馬の埴輪が日本各地から突然出土するようになり、列島統治も覚束ない草創期のヤマト王権が朝鮮半島に進出し大きな利権を得て、なぜ中国王朝に覇権承認を求めるまでになり得たのか。またなぜ白村江では超大国・唐に挑み、そこまでして百済を助けようとしたのかという疑問は古代史上の大きな謎と言えます。

　そして、そのことに真っ正面から挑んだのが江上波夫氏

が提唱した騎馬民族征服王朝説です。騎馬民族が来たことを抜きにしてその謎は説明できません。しかし、古代史の世界に首を突っ込んでみると騎馬民族説はすっかり下火になっていました。日本に馬を去勢する習慣がないことや、４世紀末〜５世紀の突然の変化は３世紀から始まった変化の延長に過ぎないということがその理由だというのです。私は改めて自説としての騎馬民族説を考えてみました。

　国立歴史民俗博物館（歴博）の最近の研究では弥生時代の始まりは紀元前10世紀の北部九州での稲作の開始からとされ、近畿到達が400年、関東まで600年かかったとされています。そして紀元前には九州から東北の一部にまで拡がった弥生文化は３世紀半ば過ぎの古墳時代の始まりと共にほぼ全国一斉に幕を降ろします。しかし、1000年以上の時をかけても弥生文化は全国一様とはなりませんでした。九州を中心とした銅剣・銅矛文化と近畿を中心にした銅鐸文化は混在地域があるものの明らかな違いがあり、墳墓形式も各地で異なっています。それらの文化は長い間、各々の地域に閉じこもり列島全体に向かって拡がりを持とうとはしませんでした。

　それに対し３世紀半ばから４世紀初頭にかけての短い期間に、全く新しい墳墓・前方後円墳が北は福島の内陸奥深くから南は鹿児島にまで瞬く間に拡がったのです。専門家によっては**“拡大”**ではなく、**“ほぼ同時に日本各地に生じた”**という表現まで使っています。私はこのことを古代

史に首を突っ込んで初めて読んだ纒向学研究センターセンター長の寺沢薫氏の著作『王権誕生』という本で知りました。この本は弥生時代に続く古墳時代がどのようにして発生し、その後、どのように拡がって行ったのかを詳しく教えてくれます。

　ここで私には一つの疑問が生じました。大きな変化の日本各地へのほぼ同時とも言える急速な拡大がなぜ起こりえたのかという疑問です。縄文時代や弥生時代でも黒曜石や翡翠、貝輪など、当時の貴重品が産地から遠く離れた場所で発見される例は数多くあります。しかし、物なら人から人へと伝わり採取場所から遠く離れた地にも容易に運べますが、前方後円墳のような大型構造物は墓造りのノウハウを持ったスペシャリスト集団が現地に直接行って、その地で多くの人間を使役して造らなければなりません。少人数でできることではないのです。
　自動車産業に携わって来た私にとってこのような出来事は "交通手段の革命" 抜きでは起こり得ないものです。世界の主要都市へ１日で行ける現代人はあまり自覚していないでしょうが、社会が大きく成長する背景には必ず人の移動、物の移動の大きな変革が伴います。江戸時代の庶民文化の発展の背景には東海道をはじめとする街道の整備や北前船に代表される海道の発達がありました。日本各地の多種多様な文化を江戸や大坂に集めることができたのです。

プロローグ

　明治時代に鉄道が敷設され、昭和の高度成長期には自動車や新幹線、飛行機が普及しました。そして、インターネットが大きく社会を変化させたのも情報が素早く大量に移動できるようになったためです。ＧＤＰと輸送力はほぼ一定の関係で伸びることがそのことを証明しています。

　このような背景を知った上で３世紀の日本を見直すと何らかの交通手段の変革があったと考えざるを得なくなるのです。古代なら〝馬〟です。中国やヨーロッパの古代史を見ても巨大国家の登場には馬が大きな役割を演じています。そして、その巨大墳墓の造営作業に馬が加わることで、使役する工人を駆り出すための近隣集落への伝達や物資の輸送にも大きく貢献することができるはずです。その上で４世紀末〜５世紀の突然と思われる変化が３世紀に始まった変化の延長に過ぎないというのなら３世紀にこそ変化の起点があったと考え**〝３世紀に騎馬民族が来た〟**という仮説を立てたのです。

　しかし、騎馬文化の受容開始を５世紀前後とするこれまでの定説に対して、今回の仮説を受け入れがたいと思う読者の中には、読み進むことをここでやめるという方もいるかもしれません。だが４世紀終盤に高句麗騎馬軍団との交戦の結果、その重要性を学んだ倭国が騎馬を取り入れたとするこの定説は、ほぼ同時に日本各地に騎馬文化が広がるという現象の説明が難しく専門家を悩ませてもいます。この定説は必ずしも盤石とはいえないのです。

21

そして、今回の仮説を証明するためのヒントがあります。粗っぽいストーリーがすぐ頭の中に浮かびました。2世紀から3世紀にかけての列島周辺を見渡すと朝鮮半島南部に三韓諸国があり、3世紀には金官加耶、4世紀には百済という騎馬民族を匂わせる国が出来ています。日本列島を見ると北部九州には30ほどの国からなる女王国が存在していました。2世紀末の吉備に弥生時代最大の墳墓・楯築墳丘墓が突然生まれ、さらに3世紀の奈良盆地に纏向遺跡が突然現われました。

　これらの二つの遺跡はそれまでの吉備や奈良盆地にはなかった大陸色の強い遺跡です。また同じ時期に博多湾岸の遺跡でも纏向遺跡と同じような変化が現われているのも分かりました。そして箸墓古墳の周壕からは木製の鐙が見つかっているのです。

　それらを組み合わせると自ずとストーリーは出来上がってしまいます。朝鮮半島を南下した騎馬民族・扶余が金官加耶を造るに先だって北部九州の女王国に挑み、敗れて瀬戸内海を数年かけて東に進み、吉備に上陸し、その地に楯築墳丘墓を造った後、さらに東に進んで何もない奈良盆地の纏向に入り、そこで基盤固めをするのと併行して女王国の征圧に乗り出したというものです。このように話を構成すれば記紀にある神武東征とも合致します。

　訝る人はテーマ3の②《日本誕生までの新しい物語》を先に読んでいただくことをお薦めします。この物語は今回

プロローグ

の謎解きから得られた結論を実際の歴史書に照らし合せて物語風にしたものです。最初は荒唐無稽と思われるかも知れませんが、この物語を読み終わった後、改めて本書を最初から読み進めていただければ、何故このような物語としたのかが分かり、次第に現実味が増してくるはずです。

見過ごされてきた『魏志倭人伝』のいくつもの謎

　私は高校時代の講演会で西日本新聞社の論説員の方が「まず疑うことが重要だ」と言った言葉に衝撃を覚えました。何の疑いもなく戦争に駆り出され死んで行った同世代の人間を念頭においてのことでしょう。しかし、信じることが美しいことだと思う世代（そう言う歌まであった）には、その言葉はショッキングであり、疑う能力も大切なのだと知らされ、それ以来、まずは疑い、合理性を感じるまで疑い続けるというスタンスが身につきました。

　今回、私は卑弥呼の時代の二つのテーマについてこれまでの定説に縛られない独自の究明を試みました。そうすると『魏志倭人伝』の中に、これまで謎とは思われず見過ごされてきたいくつもの謎があることに気づいたのです。

　『魏志倭人伝』には邪馬台国は玄界灘沿岸地域に所在した伊都国などの国々から遠くはないと思わせる記載があります。しかし邪馬台国までの旅程は「水行10日陸行１月」となっています。なぜそれほどかかるのでしょうか。そして「黥面文身（顔と身体への入墨）」と「朱丹（赤い土）を塗

23

る」、二つも身体への装飾の風習が記載されています。なぜ二つもあるのでしょうか。「邪馬台国」「対馬国」「投馬国」……『魏志倭人伝』にはいくつもの馬の字を使った国名や官名が登場します。倭国には馬がいないとしながら、なぜこれほど多くの馬の字を使ったのでしょうか。

　卑弥呼が死んだ時、百人が「殉葬（主人の死を追って臣下が死ぬこと）」されたとあります。しかし、弥生時代の日本に殉葬の習慣はありません。そして前述の葬儀の記載にも殉葬はないのです。なぜ卑弥呼の死で「殉葬」が行われたのでしょうか。卑弥呼の死後、男王が立つと反乱が起き千人もの死者が出ました。それは倭国大乱と言われた戦いにも、そして狗奴国との戦いにもない多くの死者でした。この男王は名前の記載がありません。果たして誰なのでしょうか。そしてなぜ名前を隠したのでしょうか。

　謎はまだまだあります。**"卑弥呼の朝貢は景初2年か3年か"** がその一つです。現在多くの教科書では景初2年（238）6月時点は公孫氏滅亡前であり魏に行けなかったとすることを理由に景初3年説を取っています。しかし景初3年には多くの疑問があります。そして卑弥呼が魏からもらったとされる三角縁神獣鏡の **"製作地論争"** も長く続いてきた大きなテーマでした。

　これらの謎はなぜ謎とされなかったのでしょうか。そして解決されなかったのでしょうか。どうやら『魏志倭人

伝』を不可解で信用できない史書として謎を謎とせず片付けてしまったことに原因があるようです。しかし全ての謎は騎馬民族が来たという仮説の基に解明できます。そして最後に示した結論と《日本誕生までの新しい物語》を得ることができました。この結論はこれまで判明した最新の考古学の成果と新しい『魏志倭人伝』の解釈をもとに導き出したものです。

　それは "**専門家の示す考古学や歴史書を素直に読み取り、ある部分はヒントにして、ある部分は疑ってロジカルに構成するとこうなるのではないでしょうか**" という提案です。もちろん私が持っている知識は非常に限られたものであり、専門家が見れば勘違いであり、間違って受け止めてしまったことがあるかも知れません。それを指摘されれば真摯に受け止めるつもりです。

　この本を読まれる方は先入観を一旦全て取り払っていただき私と共に新たな謎解きの旅に同行し、ご自身も独自の古代史像を作って楽しんでいただきたいと思います。

テーマ **I**

九州説の証明

近畿説と九州説

　信じるか信じないかは、その人がそれまでの人生をどのような環境の下に歩んできたのかによって大きく異なります。私の場合、山登りが好きで、よく歩き、よく走ったこと、そしてエンジニアとしての経験が多くの専門家の主張する近畿説に疑問を抱かせました。**"邪馬台国はどこあったのか"** は地域差が大きく、正式なデータはないようですが素人歴史愛好家の６割が九州説だと聞きます。

　私の住む埼玉の歴史の会でも近畿説の講演者の方が講演の冒頭で「近畿、九州どちらだと思いますか？」と100人を超える聴衆に問うてみた所、案の定、過半数が九州でした。そして講演後、再度問い直した所、やはり同じくらいの人が九州説のままだったのです。講演内容の是非にかかわらず、邪馬台国論争という意味では講演者の意図通りとは行かなかったようです。

　九州説の多くの人が感じる一番の違和感は「伊都国や奴国は九州だというのになぜ邪馬台国はそんなに遠いの？」という素朴な疑問です。素人は素直に「それはおかしい」と思うのですが、素人が感じるこの疑問を専門家は疑問とはしないようです。そのことに関する見解を聞いたことがありません。そして意外なことに「ここが邪馬台国だという明確な理由」が聞こえて来ないのです。単に纏向遺跡が卑弥呼の時代に遡れること、そして当時最大で最先端の遺跡であることを挙げているだけです。

テーマ I　九州説の証明

　卑弥呼が当時の日本列島全体を治めていたというのであれば最大の遺跡として、それで正しいと言えるのかも知れません。しかし『魏志倭人伝』には卑弥呼が列島全体を治めていたと読み取れる記載はありません。卑弥呼が治めていた女王国すなわち倭国とは後にヤマト王権と呼ばれ、中国から倭国と呼ばれた国と同じだと決め付けることはできないのです。

　日本史がスタートラインに立つために欠かせない邪馬台国論争。テーマ１では素人がごく自然に感じる疑問をそのままに、なぜ専門家に近畿説が多いのかを考えてみました。そこには『魏志倭人伝』に対する疑いが存在していたようです。この史書を信用できない信憑性の低い史書だとしてその解釈を放置したまま考古学の目覚ましい成果のみが一人歩きしてきたようです。そして**"『魏志倭人伝』は本当に信憑性の低い史書なのか"**その信憑性を確かめた上で、改めて女王の国々と狗奴国はどのような国々であったのかを考え、それらを地図上に配置することを目指しました。

論争の意味

　論争する以上、何のための論争かを知っておかなければなりません。本論に入る前に少しだけ今回の論争の意味を考えてみたいと思います。

　「邪馬台国」という国名は『魏志倭人伝』では「邪馬台国に至り、女王の都する所にして」と１回しか出て来ません。

29

『魏志倭人伝』にはむしろ"女王国"という呼び方が多く出てきますが、これが邪馬台国を指す場合もあれば、卑弥呼が統治していた30あまりの国々を含めた連合王国を指す場合もあります。さらに"倭国"という国名や、単に"倭"という場合もあるので煩わしいのですが、それぞれがどのように定義されているのかは厳密には難しく、今回、煩わしさを減らすため邪馬台国は"女王の都する所"という意味以外では使わないことにします。

つまり、狭義の邪馬台国であり女王・卑弥呼が住んでいた場所を指すことになります。そして卑弥呼を共立した邪馬台国を含む30あまりの国々による連合王国は"女王国"または"倭国"と呼びます。従って"邪馬台国は女王国の首都"ということになります。女王国は卑弥呼が朝貢し倭王となった後"倭国"となりますが、同一の国だと考えています。

従って、邪馬台国論争とは言っていますが、実際には"女王国論争"と言うべきなのかも知れません。九州説に限らず、多くの近畿説論者でも伊都国や奴国などは九州内にその所在地があったことに異論はないと思います。そして邪馬台国は女王卑弥呼が支配した30あまりの倭の国々の首都であり、その首都が九州内であれば卑弥呼は九州内を統治していただけの女王となり、近畿であれば近畿以西、場合によっては東海から九州まで含む大きな領域を統治していたことになるのです。つまり邪馬台国論争とは"女王

30

国とはどのような国であったのかを論ずること"を意味します。そしてそのことが日本の古代史を考える上で非常に重要であることは言うまでもありません。

謎解き1 邪馬台国論争は なぜ終結しないのか？

　邪馬台国論争は江戸時代から300年もの長い年月を経ても解決していません。何故でしょうか。古代史に興味を抱いた人間なら誰しもがこの疑問に突き当たります。まして自説を考えようとする人間にとっては尚更です。この謎解き1ではこの論争がなぜ終結しないのか、その理由について考えてみました。この論争が混迷したことそのものに邪馬台国の謎を解くヒントがあるはずです。

1−1　論争が終結しない三つの原因

　私は古代史に首を突っ込んでから、多くの専門家が邪馬台国は近畿に違いないという強い思い込みを持って否定材料を遮二無二消そうとしているのではないかと思えるようになりました。近畿説という仮説を立て、肯定材料が少ない中、否定材料を消すことで、それを証明しようとしていることになります。仮説を多くの人が認めるようになると定説となり幹となる学説になっていきます。学問は、その手法として出来上がりつつある学説の上に自分の研究成果を重ねて幹を大きくし枝葉を大きくしていきます。そのこ

テーマⅠ　九州説の証明 謎解き1

とは自然科学の分野でも同じです。しかし、その幹となる学説に根本的な誤りがあると全てが覆ってしまいます。

　近畿説の根幹となる学説の一つに元京都大学名誉教授の小林行雄氏の"三角縁神獣鏡は卑弥呼が魏からもらった鏡に違いない"という仮説があり、この仮説をベースに近畿説は展開されてきたと言われています。

　このことに対し、元同志社大学名誉教授の森浩一氏は三角縁神獣鏡が一面も中国から出ていないことから魏鏡説を否定した上で、小林行雄氏がその否定論に対して真っ正面からその答えを出さなかったことに対し、「例えば小林行雄さんが意見を修正されたらよかったですが、そのまま押し通してこられたのです。そうして魏鏡説を補強するため、卑弥呼の使いにわざわざ与えるために魏でつくった鏡だ。だから本場の中国では一枚も残っていない。……省略……。この説は考古学の限度を超えているわけです。」と厳しい警鐘を鳴らしています。

　仮説を立てるとき恐いのは、それが既成概念となって頭を縛ってしまうことです。そのため邪馬台国論争は終結しない。浅薄な知識しか持ち合わせていない私が気づいたようなことを専門家が気づかないはずはありません。そうなると既成概念がない素人の方が有利になってきます。

　今回、この本では自説に従って推論するとき、必ずそのことを述べることにします。私がトリックに陥っていないか、その都度見極めていただきたいと思います。

33

1）終結しない三つの原因

　この論争は最初から近畿説に有利に働きます。それは近畿説でも伊都国や奴国などはほとんどが九州内とするからです。そのため『魏志倭人伝』の描写がたとえ九州の自然や風習のことであっても、それは女王国の一部を描いたに過ぎないとなってしまうのです。九州説は最初からハンディがあり、このことも邪馬台国論争を長引かせる理由の一つになって来たと思います。

　私が九州生まれだから九州説を主張するのではないのかということには反論しなければなりません。そういう部分がないとは言い切れませんが、九州に生まれ育ったことが九州の気候風土に通じ、邪馬台国論争を考える上で有利に働き、結果的にそうなったと言うのなら致し方ないと思います。私は近畿説がこれほどまでに強くなっていなかったら「だから邪馬台国は九州なのだ」という理由を深くは考えなかったことでしょう。

　江戸時代から続くと言われる論争の歴史を辿るだけでもかなりのボリュームになります。そのことは他の書籍に譲るとして、論争が終結しない原因について私が考えたのは次の3点です。

原因1　『魏志倭人伝』は中国の史書『後漢書』や　　　　　　『梁書』などと記載内容が異なる

　例として、まずは邪馬台国の名称が挙げられます。台の

字のところに『魏志倭人伝』では「壹（一）」の字を使っていますが、『後漢書』では「臺（台）」です。次の例として『魏志倭人伝』で「東治」となっている地名が『後漢書』では「東冶」となっています。原書としている場合でも「東冶」となっている場合があるので注意が必要です。必ず、写真版で原書を確認しなければなりません。どちらも、ちょっと見ただけでは見誤りそうな字の違いに過ぎませんが、いずれも大きな論争になっています。

　さらに、重要なのが卑弥呼の朝貢の年です。『魏志倭人伝』には「景初２年（238）」とありますが、『梁書』や日本書紀では「景初３年（239）」となっており、学校の教科書でも多くは景初３年とされ、それが定説になっています。記載内容の違いは他にもありますが、詳しくは1－3で取り上げます。

原因２　『魏志倭人伝』は信用できない？

　原因１の結果として、専門家の間では他の史書と記載内容の異なる『魏志倭人伝』は信用できないということになってしまいました。そして古代中国では倭国を蕃国として偏見があり、当時の国際情勢の都合によって書かれたとし、そのことが信用できないということを増幅させてしまったようです。その結果、『魏志倭人伝』は不可解なものとなってしまい、いくつもの謎を謎とせず、解釈作業に頼らず考古学的事象だけで邪馬台国を求めようとする風潮が出来上がってしまったと考えられます。

結果として、プロローグで取り上げたいくつもの謎が残されたまま、発掘された貴重な遺物が邪馬台国論争には充分に活かされていないように思われてくるのです。このことは1－3で引き続き取り上げ、本当に信用できないものか見ていきます。

原因3　邪馬台国を決める論点や要件が
　　　　人によってバラバラ

　ここが邪馬台国だとする理由を説明する時、ある人は三角縁神獣鏡こそ卑弥呼が魏からもらった鏡で、それが近畿から多く出土する以上、邪馬台国は近畿に違いないと言い、ある人は水銀の出土を根拠としており、ある人は遺跡の巨大さを挙げています。そして、ある人は纏向遺跡から列島各地の広い範囲の土器が出ていることからここが当時の日本の中心となる地であり、邪馬台国に違いないとし、さらにある九州の考古学者は九州には纏向以上の遺跡は伊都国に比定されている平原遺跡くらいしかないため纏向が邪馬台国に違いないと言っています。

　このように近畿説では纏向遺跡の発掘が進むにつれて判明してきたその "壮大さ" を理由に挙げている場合が多いのですが、それは一様ではありません。その人、その人によって取り上げる内容が異なっています。一方で九州説でも弥生時代の遺跡で鉄製品や絹などの製品が多く出土し、朝鮮半島との関係も深いことなどを挙げられていますが、取り上げる評価項目や要件は各人各様で、その専門領域に

テーマⅠ　九州説の証明 **謎解き1**

よっても異なります。

　この状態をスポーツの世界にたとえると、異なるルールを持つスポーツ選手が同じリングで試合を行っているのと似ています。例えば40年以上前の"アントニオ猪木とモハメド・アリの試合"です。ルールを統一したとは報道していましたが急ごしらえで充分ではなかったのでしょう。ボクシングとレスリングのチャンピオンがリング上で、それぞれがそれぞれのルールの下で試合を行ったかのように見えました。興行的には成功したのかも知れませんが、見るに堪えられるものではなかったのです。ルールの完全な共有化なしでは試合にはならないのです。

　私の言う評価項目や要件はルールであり物差しです。本来誰がやっても同じように判断できるように一律の基準がなければいけません。近畿説であっても九州説であっても同じ基準で考えるべきです。そうでないと、どこかで卑弥呼のもらった金印が見つかっても、それは誰かが取り上げて持って来たものだとなるし、たとえ、卑弥呼と書かれた墓標が見つかっても捕われて連れてこられたということになってしまいます。金印や卑弥呼の墓が見つかっても決着がつかないのです。これではいつまで経っても邪馬台国論争は終わりません。

　このようなことはエンジニアの世界ではあり得ないことです。ある商品を開発する時、商品価値を見極めるための

37

いくつもの評価項目を選定し、要件を定め、それらを明確にした上で開発を進めます。そして開発の最終段階で評価項目ごとに要件を満たしているかどうかで、商品として売り出すかどうか判断します。一つでも要件を満たしていなかったらその商品はボツになります。そして、仮に評価項目の選び方や要件の基準が間違っていたら、商品が売れないか、売れたらクレームの山になり、それが安全に関わることであればリコールになってしまいます。

　その場合、評価項目・要件に遡って見直す必要が生じます。しかし、評価項目と要件さえそろっていればメンバーチェンジしても一つの指標で判断できるし、間違っていたら関係者が合意の上で要件を見直せばいいのです。

　このように邪馬台国論争でも同じような判断基準がなければいけません。"邪馬台国という商品"を世の中に問うのなら、まずはその評価項目と要件を明確にした上で、そこが邪馬台国に相応しいかどうかで判断しなければならないのです。不思議なことに、この当たり前のことが邪馬台国論争では行われてこなかったようです。これではいつまで経っても論争は終わらないということになります。

　他にもあるのかも知れませんが大きくはこの三つに絞っていいのではないかと思われます。原因１、２は謎解きそのものであり、本論の中ではっきりさせていきます。原因３は方法論の問題であり、謎解き２はその方法で取組みま

す。まずは『魏志倭人伝』の信憑性について謎解きします。この謎解きなくして先を進めても、全てが無駄になってしまう恐れがあるからです。

1-2　魏の使者が残した詳細な記録

　邪馬台国が『魏志倭人伝』に記載された国である以上、その検証はこの史書に基づかなければなりません。強調したいのですが、考古学上の判断だけで決まるものでは絶対にないのです。『魏志倭人伝』が信用できないと言うのであれば論争そのものが全く意味のないものになってしまいます。それこそ古田武彦氏の本のタイトルにあるように“邪馬台国はなかった”＊としてしまった方がいいではないですか。しかし、本当にそんなに信用できないものでしょうか。本項ではそのことについて考えてみました。

　＊実際には古田武彦氏は「邪馬台国」は「邪馬一国」とすべきだと言っているに過ぎず、一般に言われる邪馬台国の存在そのものを否定したわけではありません。

　『魏志倭人伝』には倭国の自然や風習などが詳細に記載されています。それは倭国に来た２度にわたる魏の使節によって書かれています。最初の魏の使節は景初２年（238）に卑弥呼が初めて朝貢したときの返礼として正始元年（240）に来たものです。多くの下賜品をもって来たことか

39

らかなりの人数の使節団であったことがうかがわれます。そして、この時の使節が見聞したことが『魏志倭人伝』に記載された倭国の自然や風習の描写の大半だったと思われます。2度目の使節は、正始八年（247）に帯方郡太守王頎から狗奴国との攻防が始まったとの報告を受けてのもので、張政という武官が狗奴国との攻防支援のため倭国に派遣されています。何人来たのかの記載はありませんが、狗奴国との攻防支援（後述するように実際の相手は狗奴国ではない）が目的だったので倭国の観察に多くの時間は取らなかったと思われます。

　いずれにしても2度にわたる使節は倭国を観察し、それを詳細な記録として残しています。そして、その残された記録が九州的なのか近畿的なのか読み取らなければなりません。しかし、その残された記録をそのまま信じていいものなのかどうなのかが問題となっているわけです。本項では詳細に書かれた倭国の情報について信用できるものなのかどうなのかについて考えてみたいと思います。

1）対馬・壱岐について

『魏志倭人伝』で最初に説明がある国が「対馬国」、次いで「一大国」です。対馬国とはもちろん現在の対馬島のことであり、一大国とは壱岐島のことです。対馬島と壱岐島は近いとは言え対照的な島です。まず対馬について見てみたいと思います。

テーマⅠ　九州説の証明 謎解き1

『魏志倭人伝』には韓国・釜山近くの現在の金海市にあったと思われる狗邪韓国から対馬国まで千余里とありますが渡航日数の記載はありません。現在、対馬に行くには飛行機で直接日本から行くより、一旦韓国に渡って釜山から舟で行く方が安くて便利であり、卑弥呼や魏の使節が辿ったルートを実感できます。釜山港を発って、普通のフェリーでも1時間足らずで対馬島が間近に見えてきます。いや、良く晴れた日であれば最初から見えています。私が対馬最北端近くにある韓国展望所に立った時は曇ってやや霞んでいましたが、それでも釜山の海岸線を臨むことができました。

　当時の手こぎの船でも目標が見えるこのルートは海が穏やかで海流に乗れれば安心して航海できたと思われます。距離は50キロほどしかありません。ところが、国府の置かれていた厳原まで行くには釜山〜対馬最北端より長い時間がかかります。島が南北に80キロもあるためです。島の北端を過ぎてからフェリーは東海岸を南下しますが、右手には断崖絶壁がずっと続き、町はほとんど見かけません。

　全島がリアス式海岸で断崖がほぼ島全体を囲んでいます。島内には山が多く最高地点は600メートルを越し、平野は少なく、ドライブするとくねくねとした道が断崖の上を走りスリリングです。港を造る場所は限られています。そして、今でも幹線道路から少し入るとジャングルのように草木が生い茂っている場所が多く、ツシマヤマネコが生息し

41

ていることからもそのことが分かります。私は夕食時、ホテルの窓の外を悠然と歩いているツシマヤマネコを見ることができました。ホテルも鬱蒼とした木々に囲まれていました。

　島内には海上にそびえる二つの鳥居を持つ和多都美神社など珍しい神社がいくつもありますが、大規模な弥生遺跡はありません。しかし、北部九州の弥生土器が見つかっているということから、弥生時代にはすでに九州の文化圏に属していたと言えるとのことです。

　一方、壱岐には一大国に比定されている大規模な弥生遺跡・原ノ辻遺跡があります。弥生時代有数の遺跡であり、環濠集落は26ヘクタール、遺跡全体では100ヘクタールにもなるとのことです。大陸系の土器や銅剣、銅鏡が出土しており、また水稲農耕が行われていたことが確認されています。弥生時代の船着き場跡も残っていることから交易が盛んであったことがうかがえます。

　島は溶岩台地で覆われており高低差は少なく、最高地点でも200メートルを少し越える程度しかありません。水田に適した場所も対馬よりは多く、壱岐焼酎は沖縄県の泡盛や熊本県の球磨焼酎などと共にＷＴＯの地理的表示が認められた実に旨い麦焼酎ですが、米と共に大麦の栽培も盛んであり、農業に適していることがうかがえます。

　『魏志倭人伝』には「対馬国」の様子を「土地は山険しく、森林多く、道路は禽鹿（鳥や動物）の径の如し」とあり、

「一大国」のことを「竹木・叢林多く、三千許りの家有り。差田地有るも田を耕すに猶食らうに足らず、亦た南北に市糴（取引）す」と描写しています。これらの文章は短いものですが現在の二つの島の様子をよく表わしており、二つの国の違いを見事に表現しています。

２）倭国の植生について

『魏志倭人伝』には「其の木には柟、杼、豫樟、櫲、櫪、投・橿、烏號、楓香有り。其の竹には篠・簳、桃支あり。薑、橘、椒、蘘荷有るも、以て滋味と為すを知らず」（木にはくすのき、とち、くすのきの一種、ぼけ、くぬぎ、すぎ、かし、やまぐわ、かえで、竹にはささ、やたけ、ふじ、そしてしょうが、たちばな、さんしょう、みょうがなどがあるが美味しいことを知らない）と沢山の植物名を列記してあります。

「くす」は元々ベトナムや台湾などの亜熱帯に自生していたものですが、日本では九州で特に多く見られ巨木になります。環境庁指定の巨木リスト上位11位以内の10本がクスノキであり、うち９本が九州です。熊本や佐賀では県木にもなっています。しかし現在では日本の多くの場所でも見られる植物であるため、これをもってどこの描写であるかを決めることはできません。日本で多く見ることのできるクスノキは韓国ではほとんど見られません。最南端の釜山辺りの海岸に自生しているとのことでしたが私は見ること

ができませんでした。

「すぎ」はクスノキ以上に韓国で見ることができません。花粉症に悩まされている方は、そのシーズンには韓国で過ごされるといいと思います。このように韓国では大木はあまり見られません。岩肌の露出した山が多く、鬱蒼とした森林はなく、森の中に入ると木の葉や下草でフワフワした柔らかい日本の森林と違い、大小の岩がごろごろと転がっています。倭国で多くの大木が見られることを魏の使節一行は珍しがったと思います＊。一方でサンショウやミョウガなどあまり目立たない植物にまで目が向いており、倭人がそれを食べていないことを不思議に思っているようです。よくここまで詳細に観察したと思います。

　＊私が韓国で感じたのは韓国が「石の文化」、日本は「木の文化」でした。韓国には石仏が多いが、日本は木製か銅製です。奈良の大仏を造るには大量の木炭が必要だったと聞いています。多くの木が伐採されると巨岩がむき出しの韓国の山はその修復に長い年月を要します。

3）倭国の動物について

「牛、馬、虎、豹、羊、鵲（カササギ）がいない」と記載があります。考古学的にも全て当時の日本にはいなかったとされる動物です。大型の動物である牛や馬がいないことは目立つため、どこででも見ることのできる大陸の人間にとってこれらの動物がいないことは驚きであったと思われ

テーマⅠ　九州説の証明 謎解き1

ます。しかし、注目すべきはカササギです。この鳥は現在韓国の国鳥になっていますが、魏の使節はこの小動物がいないことに気づいています。カササギはカラスを少し小さくしたような鳥で胸から腹にかけて白く、ペンギンのようにも見えます。現在、日本では佐賀県が有名ですが、熊本生まれの私は韓国に渡るまで見たことがありませんでした*。

カササギ

　逆に3年の韓国滞在中にカラスは数えるほどしか見ていません。代わりにたくさん見たのがカササギでした。朝鮮半島ではたくさん見ることのできるこの鳥が日本では見当たらないということに使節は注目したと思われます。毎日カラスの鳴き声を聞かない日はない私が、韓国でカラスを見ることができないことに驚いたのと同じです。しかし観光旅行で韓国を訪れた日本人がそのことに気づくのはまれでしょう。魏の使節がつぶさに倭国を見た証拠だと言えます。

　＊日本ではカササギが飛鳥時代に輸入された記録があるようですが、現在日本にいるカササギは16世紀後半に輸入されたものらし

く、秀吉の朝鮮出兵の時に持ち帰ったという説もありますがはっきりとはしていません（国立環境研究所・侵入生物データーベース）。

韓国であまりカラスを見ることができないのは巣を造るための大木が少ないことが原因だと思います。その代わりカラスを一回り小さくしたカササギが増えたのでしょう。

4）弓について

弓は重要な狩猟の道具であり、武器でもありました。『魏志倭人伝』には「弓を下に短く、上に長く持つ」とあります。現代の「和弓」と同じです。アジアでは弓は主に遊牧民の武器であり、狩猟として馬に乗って弓を引くにはコンパクトで上下同じ位置を持つ方が連射に適しているということのようです。下を短く持つ「和弓」は世界的に見て特殊らしく、使者はここでも大陸との違いをよく観察していることが分かります。

以上のように〝魏の使節は倭国のことをつぶさに正確に見ています。そのどこにも信憑性に欠けるような記載は見当たりません〟。

1-3　『魏志倭人伝』は
　　　信じることのできない史書か

魏の使節が倭国をつぶさに正確に観察していたことが分

かりました。『魏志東夷伝』に登場する国々でこれほど詳細に書かれた国は他にありません。ではなぜ専門家の間では信憑性が低いとなってしまったのでしょうか、そして本当に信用できない史書なのでしょうか。

1）中国における三国志・『魏志倭人伝』の位置づけ

　中国での本格的な歴史書は前漢の7代皇帝・武帝の時代（在位前141〜前87）に司馬遷が書いた『史記』です。それ以来、『漢書』『後漢書』『三国志』『晋書』『梁書』などが続き、原則として『漢書』以降は次の王朝が成立すると、その正当性を示す意味で前王朝の歴史が書かれています。しかし1世紀から3世紀初めにかけて後漢が存在したのに対し、『後漢書』が書かれたのはずっと後の5世紀の南朝の宋の時代であり、晋が3世紀から5世紀初頭に存在したのに対し『晋書』が書かれたのは7世紀の唐の時代です。そして、それぞれの史書に倭人や倭国について記載された項目が存在します。

　『魏志倭人伝』は正確には『三国志』の『魏書』第30巻烏丸鮮卑東夷伝倭人条と言います。三国とは言うまでもなく魏・呉・蜀の三国であり、劉備と諸葛亮そして曹操や孫権などが活躍した時代のことを書いた歴史書です。

　日本人を夢中にさせる『三国志演義』は14世紀の明で書かれた物語であり、蜀を漢の正当な後継者として扱い、儒教を否定した曹操は後世の為政者から疎んじられ悪人とし

て扱われています。史実に即してはいますが、面白くする
ための工夫があちこちにちりばめられています。

　東夷伝は中国から見て東北あるいは東の国の現在の満州
地方や朝鮮半島、日本のことを書いた本で倭以外に烏丸、
鮮卑、扶余、高句麗、東沃沮、挹婁、濊、韓の八つの国を
扱っています。これらの中で倭人伝が一番長く詳細で、倭
だけが何故か"人"がついています。このことから倭人伝
が特別扱いされていることが分かります。何故特別扱いさ
れたのかが重要です。

　『三国志』の著者は陳寿（233〜297）という人です。彼は
元々蜀の人でしたが、蜀が263年に魏によって滅ぼされ、
265年に魏の禅譲を受けて晋が誕生すると268年から晋に仕
えたとされています。その後280年に呉を滅ぼし統一王朝
となった晋で書かれた『三国志』は、次の王朝で書かれた
という意味からすれば中国の正当な史書だと言えます。

　そして248年頃亡くなった卑弥呼は陳寿にとって同じ時
代を生きた人になります。その点で言えば、ずっと後世に
書かれた『後漢書』や『晋書』『梁書』などより『三国志』
はより正確な情報を得ることができたはずです。

　禅譲されたとは言え魏の流れを組む晋のことを蜀の人で
あった陳寿は恨んでいたと思われますが、そのことが逆に
客観的な記載に繋がり、歴史書としての『三国志』の評価
は高いと言われています。しかし、彼が直接倭国に行って

見聞した訳ではありません。少し前に書かれた『魏略』を参考にしたはずですが、『魏略』そのものが散逸してしまった資料であり、痕跡を残している史書のどこまでが原書に近いのか分からない史書です。他にもいくつかの情報源があったに違いありませんが、彼が何を基に『魏志倭人伝』を書いたのかはハッキリとは分からないようです。

『魏志倭人伝』がなぜ疑われるのか、それには三つの原因が考えられます。一つは原本が残っておらずそれを写した版本にいくつかの種類があり、版本によって少しずつ内容が異なること。二つ目は前述したように『後漢書』や『梁書』の内容と異なること。三つ目は古代中国から見た日本に対する偏見があると思われていることです。一つ一つ見て行きたいと思います。

２）版本による内容の違い

　この時代にはもちろん活版印刷はありません。当然、本を複写するためには人間が書き写すしかないのですが、それを写す場合、手書きのものを「写本」、木版で印刷されたものを「版本」と言うそうです。木版が使われるようになったのは８世紀後半だと言われています。『三国志』も最初の頃は写本だったはずです。原書から書き写し、それを何度も繰り返すことにより写し間違いが生じます。

　現在残っている『三国志』の版本にはいくつかありますが、一番古いのが12世紀のものと言われる紹興本と紹熙本

です。この二つの版本は細かいところで異なっていますが、それほど大きな違いがある訳ではありません。大きく異なるのは対馬のことを紹興本では「対馬国」としているのに対し、紹熙本では「対海国」としている点です。何故、この二つの版本で異なる国名になっているのかよく分かりませんが、そのどちらを取るにしても現在の対馬島以外には考えられず、このことが論争に影響を与えるものではないため、二つの版本による違いが信用を落とすことには繋がっていないと言えます。

しかし、二つの版本とも『三国志』が書かれてから900年も経って作られたものです。二つの版本は似ていますが、基になった共通の写本や版本が書かれる以前にいくつも重なって誤りが生じたのではないかという疑念が二つの版本の信憑性を下げているのは間違いなさそうです。

3）『後漢書』や『梁書』との違い

『梁書』や『晋書』とそれに続く史書との違いもありますが、ここでは主に『後漢書』に焦点を当てて違いを見ていきたいと思います。

後漢は三国時代の一つ前の時代ですが、『後漢書』が書かれたのは『三国志』より新しく南北朝時代の宋の時、范曄という人が書いた史書です。成立したのは432年以降であり、卑弥呼の時代から200年も経ってからです。その点、『三国志』より正確さに欠けるはずですが、版本自体は12

テーマⅠ　九州説の証明 **謎解き1**

世紀の北宋時代のもので『三国志』の版本より古いということになります。一方、『梁書』は400年も後の629年に完成しています。『魏志倭人伝』と『後漢書』や『梁書』の倭人伝の違いを比較すると次のようになります。『後漢書』には ⑷、⑸、⑹、⑽ のように『魏志倭人伝』にはない記載もあります。

(1) 邪馬台国の名称　**魏志**：邪馬壹(一)国　**後漢書**：邪馬臺(台)国　**梁書**：邪馬臺(台)国

(2) 邪馬台国の方向　**魏志**：南　**後漢書**：韓の東南　**梁書**：南

『魏志倭人伝』では邪馬台国は伊都国や奴国の南としていますが、『後漢書』では韓国から東南としています。『梁書』は『魏志倭人伝』と同じく南となっています。

(3) 中国から見た方向　**魏志**：会稽郡東治（かいけい）（とうち）の東　**後漢書**：会稽郡東冶（とうや）の東に在り、朱崖（しゅがい）や儋耳（たんじ）と相似しており、その風俗も多くが同じである　**梁書**：会稽郡の東

　このことは邪馬台国の場所を決める上で重要な手がかりの一つです。「東治」だと紹興酒で有名な浙江省の紹興市となり長江の河口近くになるため、その東だと種子島辺りになりますが、「東冶」だと福建省になり台湾あたりになります。

(4) 後漢時代の朝貢1　**魏志**：記載なし　**後漢書**：建武中元二年（57）、倭の奴国が謹んで貢献して朝賀した。使人は大夫を自称する。倭国の極南界なり。光武帝は

51

印綬を賜る　**梁書**：記載なし

　『後漢書』には『魏志倭人伝』に記載のない朝貢のことが
２度出てきます。(4)では奴国のことを倭国の極南界にあっ
たとし、『魏志倭人伝』上の奴国の記載と異なります。し
かし『魏志倭人伝』には奴国が２回登場し２回目の奴国は
30の国々の最後に記載があるため、そのことを指している
のかも知れません。そして、ずっと南にあったということ
を強調するため「極南界」という表現にしたのだと思われ
ます。しかし、ここで言う「奴国」は『魏志倭人伝』で言
う「狗奴国」とも考えられます。

　　(5) 後漢時代の朝貢２　**魏志**：記載なし　**後漢書**：安帝
　　　の永初元年（107）、倭国王の帥 升 等が生口（奴隷）
　　　百六十人を献上し、朝見（皇帝に拝謁する）を請い願
　　　う　**梁書**：記載なし

　ここでも『魏志倭人伝』に記載のない朝貢が『後漢書』
に書かれています。卑弥呼の最初の朝貢の時献上した生口
の数が10人であったことから、この時の朝貢の規模が大変
大きいものであったことが分かります。

　　(6) 倭国大乱　**魏志**：倭国乱れ、相攻伐すること歴年
　　　後漢書：桓帝と霊帝の間（146～189）、倭国は大乱、
　　　互いに攻伐　**梁書**：魏志に同じ

　『魏志倭人伝』が単に「乱れ」となっているのに対し、
『後漢書』では「大乱」となっています。そして『魏志倭
人伝』には記載のない年代が『後漢書』には入っています。

テーマⅠ　九州説の証明　謎解き1

推測して書いた年代の可能性がありますが、一般的にはそのまま受け入れられています。

　(7) 狗奴国の方向　**魏志**：女王国の南　**後漢書**：女王国の東に海を渡って千里　**梁書**：記載なし

　方向が異なり、『魏志倭人伝』と『後漢書』で全く記載内容が異なります。

　(8) 卑弥呼　**魏志**：卑弥呼　**後漢書**：大倭王　**梁書**：卑弥呼

『後漢書』には卑弥呼の名はありませんが女王国の記載があり、大倭王は邪馬台国にいると記載されているため、卑弥呼の存在を知っていたのは間違いありません。

　(9) 卑弥呼の朝貢　**魏志**：景初2年　**後漢書**：朝貢の記載なし　**梁書**：景初3年

　卑弥呼の朝貢は後漢が滅んだ後のことであり、『後漢書』としてはその記載を外したと考えられます。「はじめに」で述べたように『梁書』には景初3年とした理由である公孫氏の滅亡について書かれています。『晋書』も同様です。

　(10) 徐福伝説　**魏志**：記載なし　**後漢書**：下記のような記載あり　**梁書**：記載なし

『後漢書』には「秦の始皇帝は方士の徐福を派遣し、子供の男女数千人を率いて海に入り、蓬萊神仙を求めさせたができなかった。徐福は罪に問われるのをおそれ、敢えて帰らず、ついにこの島に止まった。」とされています。史記では徐福が船出した先は単に東方としかありませんが、

53

『後漢書』のこの文章は倭人伝の最後に登場するため、彼の行き先は日本だったという伝説を作るきっかけになっています。

　このように三つの史書を比べると大きく異なっている箇所があり、どの記載が正しいのか、この点が邪馬台国論争の大きな論点となって来ました。

　(1) の邪馬台国の名称について、二つは似たような文字であるため判別しにくいのですが、『魏志倭人伝』の「壹」は「一」であり、『後漢書』や『梁書』の「臺」は「台」です。これらの違いについて、どちらが正しいのか論争が繰り広げられてきました。このことについて、1977年に日本思想史家の古田武彦氏が『邪馬台国はなかった』という衝撃的なタイトルの本を出して大変話題を呼びました。

　氏は『三国志』全体にわたる多くの「壹」と「臺」の用例を調べ上げ間違えて使用した例はないということと、臺という字は魏朝の王宮またはそれに準ずる王宮にしか使われず、邪、馬、卑などの卑字を当てる蛮族の国名に陳寿の思想からしてありえないとしています。このことに対し、「壹」に対し「臺」の字は複雑であり、複雑になる方向への書き写しはあり得ないなどの理由から多くの専門家は古田氏の説を否定しています。

　しかし『魏志倭人伝』の中でも「壹与、倭の太夫・率善中郎将・掖邪狗等二十人を遣わし、政等の還るを送らし

め、因って臺に賜り、……」とあり、「壹与」と「臺に賜り」のように明らかに「壹（一）」の字と「臺（台）」の字は使い分けています。「壹与」もトヨと発音するのではなく、イヨと発音すべきなのかも知れません。このように、専門家の賛同が少ないにもかかわらず、古田説は大変説得力の高いものであり、一定の評価を得ており、私にはそのどちらが正しいのか判断することができませんでした。

後述するように (2)、(3)、(9) の異なる記載については『魏志倭人伝』の方が正しいという結論になったため、本件も『魏志倭人伝』にある「壹（一）」が正しいのではないかと思われます。元々、この件に対しては特に近畿説論者がこだわっており、その理由は「邪馬臺（台）国」であれば、「ヤマト」と発音することにも繋がるためです。そうすれば「ヤマト」＝大和＝奈良ということになり近畿説に有利になります。

しかし、自説にとっては「壹」でも「臺」でも結果として影響しません。そこで今回は便宜上、多くの日本人が慣れ親しんでいる「邪馬台国＝ヤマタイコク」や「台与＝トヨ」という呼称をそのまま使うことにします。しかし、このことが古田説を否定するものではけっしてありません。

(2) と (3) については 2-4「『魏志倭人伝』とそれぞれの遺跡の照合」で取り上げ、(9) については 6-1「卑弥呼の朝貢は景初2年か3年か」で取り上げます。(4)、(5) および (6) の『後漢書』にある倭国大乱の年は『魏志倭人

伝』にその記載がありませんが、信憑性の高そうな内容です。このことが『後漢書』の価値を高めているとも言えます。陳寿が探すことのできなかった情報源を范曄が探し出したのかも知れません。

しかし、一方で『後漢書』の多くの部分は『魏志倭人伝』の内容をそのまま引用したに過ぎない所も多く、すでに述べたように私の検証の結果は (2)、(3)、(9) については『魏志倭人伝』の記載の方が正しいということになりました。『後漢書』は著者の判断で『魏志倭人伝』の記載を変更したと考えられます。

4）『魏志倭人伝』は中国人の偏向で書かれたものか

この時代は戦乱明け暮れる時代であり、互いの国が生き残りをかけて謀略を巡らしていました。卑弥呼が朝貢した時点で公孫氏一族を率いていた公孫淵の動きを見ると、その状況がよく分かります。彼は時には魏に対抗するかと思えば、その圧力に屈し、屈したかと思えば呉と組み、そうかと思えばその使者を殺害して再び魏に忠義を示そうとします。魏もそんな公孫氏をどう扱うか苦心惨憺しています。

卑弥呼の使い難升米はそんな陰謀策略がひしめき合う時に朝貢してしまったことになるのです。『魏志倭人伝』がそういった国と国の関係を背景に書かれたのは間違いないことでしょう。

このような背景から早稲田大学で中国古代史を専門とさ

テーマⅠ　九州説の証明 謎解き1

れる渡邉義浩氏は『魏志倭人伝』には「卑弥呼が使者を派遣した当時の曹魏の内政・外交や史家の世界観に起因する、多くの偏向（歪んだ記述）が含まれている」と述べています。

　しかし、全てがそうでしょうか。例えば、同氏は『魏志倭人伝』と『漢書』に記載された中国の海南省の風俗の比較からそのことに触れています。

『魏志倭人伝』には「倭人の風俗は乱れてはいない。男性はみな冠や頭巾をつけず、木綿を頭にまいている。倭人の衣服は広い幅の布を、ただ結び束ねているだけで、ほとんど縫うことはない。女性は総髪をさげ、鬢を曲げ後にたらし、衣服をつくること単衣のようであり、衣の中央に穴を開け、頭を通してこれを着る（貫頭衣のこと）。禾稲や紵麻を植え、桑を栽培し蚕を飼って糸をつむぎ、麻糸・きぬ・綿を産出する。倭人の地には牛・馬・虎・豹・羊・鵲はいない。武器は矛・楯・木弓を用いる。木弓は下を短く、上を長くし、竹の矢には鉄のやじりもあり骨のやじりもある。有無の状況は、儋耳郡や朱崖郡と同じである」とありますが、この文章と『漢書』巻二十八下地理志下粤地の条にある儋耳郡、珠厓郡*を紹介した記事、「武帝の元封元年（BC110）攻略して儋耳郡、珠厓郡とした。民はみな衣服を着ること単衣のようであり、中央に穴を開けて貫頭衣とする。男子は耕作して、禾稲や紵麻を植え、女子は養蚕して織物をつくる。馬と虎はおらず、民には五畜あ

57

り、山には麈・麐（おおしか）が多い。武器は矛・楯・刀・木弓・弩がある。竹の矢は、骨を鏃とすることがある」とを比較した上で、「単衣・貫頭衣という衣服、禾稲や紵麻を植え、養蚕して織物をつくり、馬と虎がおらず、矛・刀・木弓を用い、竹の矢に骨のやじりを使うことが倭人伝と共通している。」と述べており、「むろんこれらの習俗がすべて倭国に存在した可能性は否定しない。」と述べつつも、『魏志倭人伝』は「倭人の習俗を南方系につくりあげた蓋然性は高い。」としています。

　そして、そのことが古代中国では倭国を南北に長いと考えていたことに結びつけ、倭を魏の南に位置する呉に対抗する国に見せようとしたのではないかとの考えを導き出しています。

　＊儋耳郡、朱崖郡はいずれも現在の中国海南省にあった郡で、ベトナムのトンキン湾の東にあたり熱帯から亜熱帯に属する。

　確かに両書の記事がよく似ていることは否定できません。そして『魏志倭人伝』でも「儋耳郡や朱崖郡と同じ」としています。しかしここで言う「同じ」とは"全く同じ"を意味するのでしょうか。漢書にはない記載として先述した「カササギがいない」や「木弓は下を短く、上を長くし」がありますが、倭国のことをよく観察しないと気づかないことです。また「禾稲」とはイネのことであり、「紵麻」はカラムシ（イラクサ科）ですが、日本でも産するもので

あり、後述するように絹は弥生時代の北部九州で産していたものです。そして『魏志倭人伝』では「鉄の鏃」が記載されていますが、儋耳郡、珠厓郡には鉄がなかったのか「骨を鏃とする」としています。一方、『漢書』には「山には麈・麢が多い」などの動物や「弩」*などがありますが、これらは倭国になかったため『魏志倭人伝』には記載されていません。つまり『魏志倭人伝』には倭国が儋耳郡や珠厓郡と似ている点だけでなく異なる点を明確に示していることになります。

 *「弩」はヨーロッパのクロスボウまたはボウガンのような弓の一種で強力な武器。

　さらに気候についてみると「倭の地は温暖にして、冬夏生菜を食し」とあるように、魏の使節はフルシーズン滞在した可能性が高いと思われますが、大陸の冬は寒く帯方郡があったとされるソウルや平壤なら零下10度を下回ることも頻繁で、時には零下20度にもなります。もし魏の使節一行が零下になることの少ない九州、それも暖流の流れる玄界灘沿いの伊都国で冬を過ごしたのなら、暖かいと感じるのは当然です。
　また九州の夏の暑さも考慮しなければなりません。使節が来たのは冬の海の渡航の困難さを考えれば夏に来て、冬を過ごして翌夏に帰った可能性が高いと思われます。日本の夏、特に九州の夏の暑さは温暖化が進む以前からひどい

ものでした。使節が九州の夏を非常に暑いと感じたのは間違いないでしょう。

　私はタイのプーケット島に夏行ったことがありますが、日本の夏よりむしろ涼しく感じたくらいです。ひどい猛暑だった2018年の夏は沖縄の方が東京より気温が低いくらいでした。海南島も海洋性の気候であり同じようなものでしょう。そして元々亜熱帯に自生していたクスノキを見れば、彼らが九州を亜熱帯のように感じ、それを海南島について書かれた気候風土と同じだと思っても少しもおかしいことではありません。このようにみてくると「同じ」は"非常に似ている"のレベルであり「有無の状況は、儋耳郡や朱崖郡とよく似ている」の意味になると思われます。このようなことから上記の文章は"倭人の習俗を南方系につくりあげた"結果ではなく、"倭国は海南島の気候風土と非常によく似ている"と感じたことをそのまま述べたに過ぎないとも言えます。

　このように『魏志倭人伝』は倭国をかなり南に位置すると勘違いした可能性は高いとは言えますが、それは中国人の強い偏向の下で書かれたとまでは言い切れません。もちろん「侏儒の国」や「裸の国」「黒歯の国」など奇想天外な国名が出てきたりもしますが、これらの国々は伝説的記載の多いとされる中国の古書『山海経』に書かれている内容をそのまま参照したのは明らかです。

　後述するように陳寿の勘違いで書かれた所もありますが、

テーマⅠ　九州説の証明 謎解き1

むしろ『魏志倭人伝』は何故これほどつぶさに正確に書かれているのかの方に目を向けるべきでしょう。もちろん中国人の世界観から見ることも大切です。しかし、そのことが『魏志倭人伝』を真っ正面から見る目を曇らせ、むしろ同書に対する真の解釈作業がおろそかになっているのではないかということが危惧されます。

　以上、この謎解き1では『魏志倭人伝』の信憑性について見てきました。もちろん後述する「水行10日陸行1月」のように、陳寿の勘違いで書かれた所もあるため、異なる様々な角度からの検証が必要でしょうが、それはこれから謎解きの中で注意深く見て行くことにします。そして、これ以降の謎解きは下記の結論に基づき "『魏志倭人伝』は正しく書かれている" ということを前提に、できるだけ素直に読んで行くことにしたいと思います。さらに後述の6－3では何故、専門家が『魏志倭人伝』は偏向の下で書かれたとし、近畿説的になってしまったのかについて言及します。

謎解き1で得られた結論
　三つの検証で得られた結果は下記のようになります。
① 論争が終結しない原因を三つ取り上げ、それをどのように探っていくかを明確にした。
② その原因の一つである『魏志倭人伝』の信憑性につ

61

いて検証を行った。その結果、次のことが分かった。

・魏の使者は倭国についてつぶさに正確に記載している。
・『後漢書』との記載の違いが『魏志倭人伝』の信憑性を落としている。
・『魏志倭人伝』は中国人の倭国に対する偏向の下で書かれた可能性が高いとまでは言い切れない。

　上記に加え後述するように"『魏志倭人伝』は公孫氏と扶余の存在抜きでは不可解な文章になってしまう"ことがこの史書の信憑性が疑われるようになった一番の原因であることも付け加えておきます。

> 結論　邪馬台国論争が長引いた原因の一つは『魏志倭人伝』が信用されていないからである。しかし、この史書は総じて信憑性は高く信頼できる史書であり、多くはそのまま解釈すべきである。

テーマⅠ　九州説の証明 **謎解き2**

謎解き2 邪馬台国は本当に 九州と言っていいのか？

　よく知られているように邪馬台国の候補地には多くの説があり、遠くはインドネシア説まであるそうです。多くの説があるのは先述したように要件を定めないまま各自が各自の論法で検証作業を進めた結果です。ある事柄のみを取り上げて、ここが邪馬台国だとしても、結局、その説に都合のいい所だけを取り上げて説明することになります。そして多くの専門家が近畿説である理由も様々です。しかし、本当にそれでいいのでしょうか。この謎解き2の目的は九州説の正しさの証明ですが、もちろん両説の評価には平等を心がけていきます。

　素人に九州説が多いのは、近畿説である専門家の説明が説得力に欠けているからです。この謎解きでは最初に近畿説がどのように説明されているかを見てみたいと思います。その次に多くの人が発する〝伊都国や奴国は九州なのに邪馬台国だけがなぜ遠く離れているの？〟という疑問への解答として九州と近畿という遠く離れた地域が同じ文化を持った一つの共同体だったと言えるのかどうかという観点で考えてみます。三つ目はそれぞれの遺跡と『魏志倭人伝』との照合を行い、誰でもが納得できる要件下で邪馬台国と

63

してどちらが相応しいかの優劣比較です。

　このような検討作業を行うことで、邪馬台国そして女王国を決めることができるはずです。ただ、三つ目に入る前に"水行10日陸行1月"という邪馬台国に至る旅程の謎について先に考えてみたいと思います。この旅程はこの論争の核心とも言うべきものですが、近畿説には圧倒的に有利です。しかし、それでも多くの人が九州説なのは何故でしょうか。

『魏志倭人伝』に信憑性はないと考えて来た人には、これらの検証は無意味なものかも知れません。私がこれまで自説を披露した中で、少なからずの人、特に長く論争に関わって来た人たちから「やっても無駄だ。答えは出ない」と言われて来ました。そのため最初に『魏志倭人伝』の信憑性の検証を行い、その結果は『魏志倭人伝』を信じて検証を進めても価値があるという結論に達したのです。

　では九州説証明に向けての謎解きを始めましょう。読者には私が判官贔屓になっていないか見極めていただきながらの旅になります。

2−1　近畿説はどのように主張されてきたか

　いくつかの要件に合致していても、決定的な否定材料があれば候補地にはなりえません。そうすると最初の段階で

テーマⅠ　九州説の証明 **謎解き2**

いくつもの候補が外れてしまいます。2019年正月に放映されたNHKの「英雄たちの選択新春ＳＰ」でも、松木武彦氏、石野博信氏や司会の磯田道史氏が卑弥呼と吉備との関係を匂わせていました。後述するように吉備、その中でも楯築遺跡が纒向遺跡に与えた影響は非常に大きいものです。

しかし吉備全体を見渡したとき、楯築遺跡のある足守川周辺や岡山市周辺にはいくつもの弥生遺跡はあるものの、鉄器の出土は多くはなく、環濠を伴う大規模な集落遺跡もありません。楯築遺跡も弥生時代最大の墳丘墓ですが突然誕生して突然消滅したものであり、一過性のものと言えます。これから新しい発見があれば別ですが、これまでの発掘結果からは2-4で述べる邪馬台国であるべき要件を満たしておらず吉備は邪馬台国の対象にはなりません。多くの専門家が近畿の纒向か九州の遺跡かで論争しており、この二つの比較でいいと思われます。

もちろん私からすれば近畿説の最有力候補・纒向遺跡も否定材料が多く、本来最初から候補地にはなり得ないものです。プロローグで取り上げたように年代が合わないことが最大の理由ですが、鉄器の出土が少ないこと、城柵に囲まれていないことなど、あまりにも肯定できる材料が少ないと思えるからです。倭人伝には「宮室・楼観・城柵を厳しく設けて守衛す」としっかり書かれています。狗奴国との戦闘や倭国大乱など、この時代は戦乱の時代です。守りがないということは考えられません。

65

1）近畿説はどのように主張されているか

すでに述べたように近畿説は小林行雄氏の"三角縁神獣鏡は卑弥呼が魏からもらった鏡に違いない"という仮説をベースに展開されてきました。そして大阪府立近つ飛鳥博物館元副館長の藤田憲司氏の著作『邪馬台国とヤマト王権』によると三角縁神獣鏡の分布は畿内地域が突出しており、全出土量の47％を占め、北部九州は６％強程度にしかならないそうです。このことから三角縁神獣鏡は卑弥呼が魏からもらったということが正しいのであれば近畿説が正しいということになります。

しかし、この卑弥呼が魏からもらったという仮説は<u>5-2</u>で述べるように最近の研究ではほぼ否定され、三角縁神獣鏡は日本で作られたことが確定されつつあります。そうなると近畿説は大きな拠り所をなくしてしまうはずですが、それでも多くの専門家が近畿説を主張しています。

三角縁神獣鏡以外の近畿説の主張は<u>1-1</u>の原因３で述べたように様々です。「水行10日陸行１月」が近畿説に有利なこともありますが、その背後には近畿説が大和朝廷に向かってのストーリーが作りやすいことがあるのは間違いないでしょう。しかし、このことは論争の本質とは関係ないことです。あくまでも邪馬台国の場所がハッキリした上でストーリーは構築されなければなりません。

考古学的観点からの近畿説の主張を総合的に見ると纏向

テーマⅠ　九州説の証明 **謎解き2**

遺跡が卑弥呼の時代に遡れる当時最大の遺跡であること、また列島各地の広い範囲の土器が出ており、"卑弥呼の時代に列島全体の中心的役割を果たしていた"のではないかということが主な理由だと思います。しかしこのことが邪馬台国であることの条件にはならないことはすでに述べた通りです。あくまでも『魏志倭人伝』の記載内容に沿っているかどうかで決めるべきです。その点、先ほど紹介した渡邉義浩氏は文献、特に中国文献の専門家の立場から考古学者の主張を補足する形で、近畿説の補強を試みられています。

　氏の主張を例として近畿説を考えてみたいと思います。氏は大和説（近畿説のこと）の弱点を次のよう三つ挙げています。

　① 倭人伝に記載された道程では方位が異なる（『魏志倭人伝』では邪馬台国は南となっているが近畿だと東である）。

　② 倭人伝の民俗・風俗が南方系であること。

　③ 近畿以西に存在したはずの吉備国や出雲国の詳細に触れないまま、近畿圏まで含む道程の記述と見なすのは不自然である。

　氏が近畿説の弱点としてあげたこれらの項目は一方で"九州説に有利に働き邪馬台国が九州であることの根拠"になってきました。そのため、同氏はこの三つを近畿説の弱点とし、それを補おうと次のように主張しています。

67

「①については邪馬台国を呉の背後にある東南の大国と見なすために、理念的に方位が変更されており弱点として挙げる必要はない。②については民俗・風俗についても、倭人伝が儋耳と朱崖の記述を踏襲しているために生まれた理念であって、弱点として挙げる必要はない（つまり邪馬台国を儋耳と朱崖と似たような記述にして恣意的に南方あったかのようにした）。③については道程の最後の部分を『史記』夏本紀に記された禹の「水行」「陸行」を典拠として理念的に表現しているため、途中が抜けることは不自然ではなく、弱点にならない。」と述べた上で、続けて「女王国の以北には、特に一大率を置きて、諸国を検察し、諸国之を畏れ憚る。常に伊都国に治し、国中に於いて刺史（監察官）の如き有り」の文章で「大率」を「刺史の如き」と表現したことを取上げ、『後漢書』の引用から「司隷校尉」という組織が首都圏の監察権を持ち、「刺史」は首都以外の監察権を持っていたとのことから伊都国は首都圏に属さない。従って邪馬台国は九州にはないとして九州外に邪馬台国を持っていくべきである。」としています。

　これらの渡邉氏の見解について九州説の立場から考えてみたいと思います。まず三つの弱点に対する氏の見解はあり得るのかも知れません。しかし、それはあくまでも最初から近畿説の立場に立った上でのことであり、南を東に置き換える論法は最初から邪馬台国は近畿だという思い込みがない限り生じるものではなく、近畿と決め付けた上で南

テーマⅠ　九州説の証明　謎解き2

を東に置き換える論法がないか探しだそうとしたものです。

　そして2-3で述べるように、南を東に置き換える根拠は極めて薄いものであることが分かってきました。②については1-3で述べたように氏が根拠とした文章は魏の使者が倭国で見て感じた民俗・風俗は南方的であると感じたことを書き留めたものだとしてもおかしいものではありません。従って、倭人伝が儋耳と朱崖の記述を踏襲し、倭国が南方にあるように見せかけたと断定できるものでありません。そして、③についても『史記』にある禹の「水行」「陸行」を理念的に表現していると確定できるものではなく「九州から近畿までに存在する国々を省いてしまうのは不自然である」ということを払拭できる決定打とはなっていません。

　このことは2-2で述べるように九州と近畿が同じ共同体とは言えないということにも通じます。いずれも近畿説の弱点を緩和する材料としては不完全だと思います。

　そして「刺史」についての見解はやや強引とさえ言えます。確かに「刺史」のあった場所、伊都国は氏が述べるように首都圏であってはいけないのかも知れません。しかし、邪馬台国という首都が伊都国から離れていれば、同じ九州内でも、その要件は満たされるはずです。氏はこのことについては触れておらず、何故その距離を九州の外に持っていかなければならないのかの理由は述べていません。「刺史」の存在が近畿説の決定打にならないのは明白です。

69

そのため、氏自身も続けて次のように述べています。
「文献解釈を主とする本書が論究できることは限られる。
そこで、近年、邪馬台国の所在地ではないか、と脚光を浴
びている纒向遺跡について、橋本輝彦『纒向遺跡でいま、
何が言えるのか』（平成二十三〔二〇一一〕年）によりな
がら整理をしておくにとどめたい。」として、考古学的事
象を列記し近畿説の正しさを求めようとしています。

　そして考古学の専門家と同様に纒向遺跡から出土する多
くの考古学上の実績を列記した上で邪馬台国は近畿に違い
ないとしているのです。しかし、その考古学上の実績と
『魏志倭人伝』の内容との照合がなされておらず、それら
の実績が邪馬台国にどう結びつくのかについての根拠は示
されていません。

　このように氏自身が述べているように文献解釈からの近
畿説の論理的構築には限界があります。そして考古学の実
績も確定材料にはなっていないということになります。そ
うなると、近畿説への“三つの否定材料がそのまま九州説
の肯定材料として残ってしまう”ことになるのです。

　このように近畿説の主張はあくまでも最初から近畿だと
決めつけた上で、別の言い方をすれば、邪馬台国は近畿だ
という仮説に基づいて、そのことを何とか証明しようとし
ているように思えてしまいます。そして、結果的にその仮
説が正しいことを証明しきっていない状況だと言えます。

テーマⅠ　九州説の証明 **謎解き2**

そもそも近畿説にはどのような肯定材料があるのでしょう
か。ここで近畿説の主張点をまとめると次の二つになるの
ではないかと思います。

　① 纒向遺跡は列島で当時最大、最先端で中心的存在で
　　あった。

　② 三角縁神獣鏡は卑弥呼が魏からもらった鏡で、それ
　　が近畿を中心に出ている。

　そして次の２点も近畿説の根拠に加えることができると
思います。

　③ 魏倭人伝の中で「水行10日陸行１月」の旅程は近畿
　　に当てはめやすい。

　④ 大和朝廷に向かってのストーリーが構成しやすい。

　この中で①については『魏志倭人伝』には卑弥呼が列島
全体を治めていたという記載はどこにもなく、列島最大、
最先端の遺跡であることをもって邪馬台国とすることはで
きません。②の魏鏡説は後述するようにかなり不確かなも
のになりつつあります。このように①と②が肯定材料にな
らないとすると、残りは③と④しかありません。③につい
ては次項で詳しく述べます。④については邪馬台国が近畿
だという証明ができた上で本来構築されるべきものです。

　素人の過半数が九州説の中、専門家がこれほどまでに近
畿説にこだわる理由は『魏志倭人伝』に"トリックが存在
する"からだと思えてきます。そのトリックがどのような

71

ものであるのかについては2-3の「水行10日陸行1月」
の謎を解く中で考えていき、さらに謎解き6でそれがどの
ような背景で発生し、後世の邪馬台国論争にどう影響を与
えて来たかについて迫ってみたいと思います。

2-2　近畿と九州は同じ共同体と言えるのか

　プロローグでも述べたように近年の考古学上の成果は目
覚ましいものがあります。ここからはその成果も入れて近
畿説、九州説のどちらがより『魏志倭人伝』の記述にある
女王国に相応しいのか、いくつかの異なる観点で考えてみ
たいと思います。多くの近畿説でも伊都国や奴国は北部九
州だったとしています。最初に "その伊都国や奴国のあっ
た九州から近畿までが一つの国と言えるか" という観点で
考えてみます。

　テーマ1の冒頭で女王国は30あまりの国々の連合王国と
定義しました。卑弥呼という一人の女王を共立したのです
から一つの国・連合王国だったと言えます。
　連合王国の首都である邪馬台国には渡邉義浩氏が言う
「司隷校尉」のような監察権を持った部署についての記載
がなく、実際の政務が行われていたのは伊都国だったよう
です。反乱が起きた時や集落と集落の間で諍いが発生すれ
ば、そこから伝令を出して鎮めに行ったはずです。また

テーマⅠ　九州説の証明 **謎解き2**

「文書・賜遺の物を伝送して女王に詣り」（文書と下賜された品物を女王に届ける）というように卑弥呼にお伺いを立てています。何か事が起きれば邪馬台国にいた卑弥呼に随時報告し、また平時の付け届けもしていたようです。伊都国やその他の国々と邪馬台国の間では頻繁な往来があったことがうかがわれます。

さらに「其の法を犯すや、軽き者は其の妻子を没し、重き者は其の門戸を滅す」とあり、法規らしいものがあったようです。また「租賦（租税・賦役）を収む、邸閣（倉庫）有り」とあり、税も徴収されていたようです。女王国全体を統治するシステムがあったことが分かります。仮に近畿説が正しいのであれば、このようなシステムは"**伊都国があった九州と近畿間で頻繁な往来がなければ成立しない**"と考えられます。果たしてそのようなことが可能であったのか考えてみたと思います。

1）近畿と九州間の交通：陸路

北部九州と纒向まではおおよそ700キロメートル（以後キロ）ほどあります。それは当時、簡単に行き来できる距離だったのでしょうか。『魏志倭人伝』には馬や牛がいなかったとあります。歩いて行くしかなかったのです。

私は学生のときワンダーフォーゲル部に所属し、登山が趣味だったこともあって若い頃はよく歩きました。50キロ歩いたこともあります。そして社会人になるとフルマラソ

73

ンにも何度もチャレンジしました。ベストタイムは３時間半です。現在多くの人がマラソンにチャレンジしています。そのような様子を見ると健脚だった古代人なら楽に50キロは歩けたと思うかも知れません＊。しかし現代人は栄養ドリンクを飲みながら歩き、走っています。昔よりずっと有利です。それでも私の場合で言えば、フルマラソンの後は数日間歩くのが苦痛でした。

　現代のような立派な道路があって、水や食料補給が可能であっても毎日長い距離を歩き続けることは非常に困難です。もちろんもっと強い人はいくらでもいます。しかし、それは特殊な人です。特殊な人しか行き来できないようでは、先述した統治システムは成り立ちません。

　＊昔の人は現代人よりはるかに健脚だったとは思います。江戸時代には江戸・水戸間116キロを１日で往復した飛脚の記録があったと以前読んだ本に書いてありました。しかし、江戸時代には宿場町があり、水戸街道の場合、江戸〜水戸間で20の宿場があったので平均で約６キロごとに食料補給ポイントがあったことになります。ちなみに現代の24時間マラソンの世界記録は290キロであり、江戸・水戸往復の距離をはるかに上回っています。

　『魏志倭人伝』には末盧国の道の様子を「草木茂盛し、行くに前人を見ず」と表現しています。"藪の中を歩くような道だった"ことが分かります。私は夏の九州の山で生い茂った草木をかき分けて進んだ経験があります。大変な思

いをしました。ナタで藪を切り開きながら進んで行くのです。１日５キロも進めなかったこともありました。現代のよく切れるナタを持ってしてもそんな感じです。弥生時代にナタに相当するものがあったのでしょうか。聞いたことがありません。青銅の矛や剣は切れるしろものではなく、ほとんどが祭祀の道具だったと聞いています。

　弥生時代後半になっても草を切るのは石包丁が主流だったはずです。しかし、木の枝は石包丁では切れません。藪を切り開いての行軍はほぼ不可能です。静岡県立大学学長の鬼頭宏氏の『人口から読む日本の歴史』を見ると各年代、地域ごとの人口が載っています。それによると北海道と沖縄を除く弥生時代末の日本の人口は60万人弱です。人口密度にすると１平方キロ当たり２人くらいにしかなりません。現在で言えば310平方キロの広さに770名の住民が暮らす長野県大滝村に相当します。

　弥生時代の日本はほとんどが森林で数キロ以上離れてポツリポツリと小さな集落があるような感じだったのです。現代はそんなところでも立派な道路があり集落と集落が結ばれています。しかし、舗装されずに人通りがない場合、草木の繁茂は非常に速く、一夏で道らしい道ではなくなってしまいます。登山道を維持するためには多くの労力を必要とし、人気のない登山道はすぐに廃れてしまいます。

　ケモノ道を行くしかありません。しかし、はっきりしたケモノ道があったとしても１日15キロがいいところでしょ

う。そしてケモノ道は今の登山道のように整備された道ではなく人の都合に合わせて連続的に繋がっている訳ではありません。途中で切れてしまうことは頻繁で、途切れたらまた別のケモノ道を探さなければなりません。雨の日もあります。夜になったら真っ暗です。それでも野獣は活動します。夜の歩行はできません＊。そして途中に川があり、当然橋はないのです。大きな川を横切ることはできません。

　五畿七道の原型のようなものが出来たのは早くても７世紀頃になってからだと言われています。それまでは道らしい道はありませんでした。もちろん宿場町もなく、途中で食糧補給もできず徒歩での長期にわたっての陸路の旅は、非常に困難だったと思われます。

　＊多くの現代人には想像できないでしょうが、月明かりのない闇夜の原生林は全く前が見えません。私は北海道の日高山脈で福岡大学ワンダーフォーゲル部が熊に襲われ３名が亡くなった時、救助活動に参加し濁流を何度も横切り原生林の真っ暗闇の中の行動を余儀なくされました。濁流が腰より上になると川は渡れません。そして暗闇は１メートルどころか１センチ先も見えず恐怖に落とし込められます。長野の善光寺のお戒壇巡りを体験された方なら分かると思いますが、漆黒の闇の世界となるのです。そんな中、足元の悪い場所を歩くことを想像していただきたいと思います。当時、松明はあったのでしょうか。あったとしても片手に松明では藪漕ぎはできません。当時の長旅は昼の時間の長い夏季にしかできなかったと思います。

２）近畿と九州間の交通：海路

　海路については元国土交通省港湾技術研究所の長野正孝氏が著書『古代史の謎は「海路」で解ける』の中で当時の瀬戸内海を行くことの困難さを述べています。氏は歴史の専門家ではありませんが長年港を造り、舟を造り、舟を走らせる仕事をされてきた経験を活かした立場から古代史を考えて来られました。航海を考える上では専門家だと言えます。

　同氏は瀬戸内海について時速20キロに達する海流があちこちに流れ、場所とタイミングによってそれが渦潮になる。そのタイミングを見計らい潮の流れを見ながら進もうとしても、干満の差が大きく岩礁が多いため転覆の危険性が高く、当時の舟での瀬戸内海の往来は困難だとしています。そして、待機するための波止場もなく瀬戸内海を普通に行き来できるようになったのは６世紀からではないかと述べています。

　後に水軍と呼ばれた一族も潮の流れを見定めることができるスペシャリストであったからこそ、瀬戸内海に覇権を唱えることができるようになったのです。当時の貧弱な舟では多くの荷を積むことはできません。仮に潮のタイミングを見ての船旅だとそれだけ日数もかかり、相当な困難を伴うのは理解できます。

　もちろん絶対に不可能ということではありません。寺沢

薫氏は瀬戸内海を東西に結ぶネットワークの存在で北部九州にもたらされた文物がさらに東にもたらされたことを指摘しています。しかし、一方でその量は朝鮮半島から北部九州にもたらされた量に比べて雲泥の差であるとも述べています。

　また藤田憲司氏は「朝鮮半島出土外来系遺物集成」によるとして、「朝鮮半島南部で出土したＢＣ３世紀からＡＤ３世紀初めまでの倭系遺物は420点ほどあるが、そのうち西部瀬戸内など九州島以外の可能性のあるものを含め多めに数えても10点ほどである。圧倒的に九州島の遺物が占めている。一方で近畿圏に属する可能性のあるものは近江系と思われる甕１点だけである。」とし、「この時期の朝鮮半島との交通は西北部九州の集団が一手に担っていたと考えるのが自然である」と述べています。

　このようなことから北部九州から近畿に至るルートは朝鮮半島から北部九州に至るルート以上に困難だったことが分かります。北部九州と近畿の関係は〝外国である朝鮮半島との関係以上に疎遠だった〟ということになります。そのことが以下のように九州と近畿が異質な文化圏になってしまった原因だと考えます。

３）青銅器が示す異なる互いの文化

　最近では学校でどのように教わっているのでしょうか。私は弥生時代の近畿と九州は異なる文化だったと教わりま

テーマⅠ　九州説の証明 謎解き2

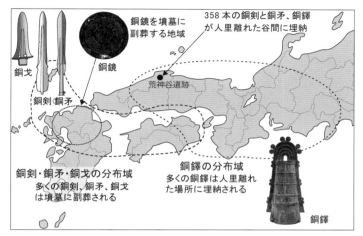

図1　銅剣・銅矛文化と銅鐸文化

した。混在箇所はあるものの銅剣・銅矛は北部九州中心に、銅鐸は近畿中心に広がり（図1）、その広がりは明確に分かれています。そしてその銅剣・銅矛を墳墓の中に副葬品として納めていた北部九州に対し、近畿では基本的に墳墓に副葬品を入れる風習はなかったということです。銅鐸の多くは人気のない山奥に埋められた形で発見されています。

　この分布の状況は現在でもそれほど変化してはいないのではないでしょうか。島根県の荒神谷遺跡のように358本もの銅剣と共に多数の銅矛・銅鐸が同時に出てきた遺跡もありますが、それは限定された地域であり、墳墓への副葬品として納められていた北部九州の状況とは明らかに異なるものです。荒神谷遺跡は出雲と北部九州との間で何らか

の異常事態が発生したことを想像させます。

　九州の吉野ヶ里でも銅鐸が出ましたが、近畿のものに比べて非常に小さいものであり、時代も弥生中期です。１メートル近い大型銅鐸が多数出土する近畿とは全く様相が異なります。元々銅鐸の起源は朝鮮半島にあり、それが九州に伝わり、弥生後半になって近畿で発達し大型化したようです。弥生時代後半には九州の銅鐸は消滅していました。

　そして銅鏡をみると弥生時代、九州から出土する銅鏡は漢鏡そのものと、それを元に国内で作られた仿製鏡ですが、ほとんどが方格規矩鏡や連弧文鏡や内行花文鏡であり、これらの鏡は中国ではどちらかと言うと洛陽を中心にした北方地域で作られたものです。

　一方で近畿では３世紀初頭まで出土する銅鏡は非常に数が少なく、近畿に銅鏡文化があったとは言えません。この点でも九州と近畿は異なる文化だったと言えます。３世紀以降、前方後円墳から画文帯神獣鏡や多数の三角縁神獣鏡が出るようになりますが、これらの神獣鏡は呉鏡を中心とした南方地域のものであり神仙思想の影響が強いと言われています。

　銅鐸にしても、銅剣・銅矛や銅鏡にしてもこれらの青銅器は実用的なものではなく、祭祀の道具として使われていました。この分布の違いや青銅器を墳墓に副葬するかしないかは“祭祀の方法が列島の東西で異なっている”ことを示し同一文化圏ではなかったことを意味するはずです。

テーマⅠ　九州説の証明　謎解き２

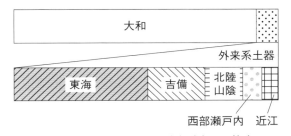

図２　纒向初期段階での外来系土器の比率
（石野博信『邪馬台国の考古学』より纒向１式の土器のみを抽出）

４）土器が示す分布の異なり

　図２に示すように邪馬台国の時代と重なる初期の纒向遺跡からは東海を始めとする各地の外来系土器が出ており、そのことが纒向遺跡を邪馬台国とする根拠にもなってきました。しかし九州の土器はグラフにないくらい非常に少ない数値です。纒向に近い唐古・鍵遺跡からも吉備や東海など各地の土器が出ていますが、ここでは九州の土器は全く出ていません。このように土器で見た場合、近畿と九州間の交流の形跡はありません。

　そして歴史評論家の関裕二氏は全国邪馬台国連絡協議会（全邪馬連）の講演会の席でこの土器の地域と図１で示した銅鐸の文化の地域がほぼ重なることを述べていました。銅鐸文化の地域から土器が集められたことになります。このことは纒向に出来た新しい勢力が唐古・鍵の勢力範囲をそのまま引継いだことを意味すると考えられます。

一方で大陸起源と言われる庄内式土器が近畿と北部九州にほぼ同時に拡がるのは３世紀になってからです。これらのことから北部九州と近畿との交流は２世紀末まではほとんどなされておらず、３世紀になっても近畿から九州への一方通行であったと言えます。

　このように見てくると九州と近畿は弥生時代末まで同じ文化を持った一つの共同体であったとは思われません。当然、卑弥呼という共通の王と仰ぐことはなかったと言えます。このことから"**多くの専門家が女王国の一部として認める伊都国や奴国などが九州である限り、近畿説には矛盾がある**"ということになります。

2-3　旅程「水行10日陸行１月」の謎

　邪馬台国までの旅程「水行10日陸行１月」は、これまでの邪馬台国論争においてずっとその中心でした。そして、この旅程を基に多くの人達が邪馬台国の場所を突き止めようとしてきたのです。しかし、その結果は悲惨なものでした。いまだに誰しもが納得しうる場所は探し出されていません。そしてこの旅程が様々に解釈できることが、『魏志倭人伝』を信用できないものにしてきた原因の一つになってきたのも間違いありません。

テーマⅠ　九州説の証明 謎解き2

1）近畿説に有利な「水行10日陸行1月」

　この旅程は近畿説には圧倒的に有利です。この旅程があるから近畿説がいまだに存在しているのだと言っても差し支えないと思います。2-1で渡邉義浩氏が取り上げたように『魏志倭人伝』の近畿説に対する三つの弱点は九州説に有利に働いています。そうすると『魏志倭人伝』は"この旅程以外に近畿説の根拠となる記載は何もない"と言っても過言ではありません。

　一方で、この旅程は長すぎて邪馬台国を九州内に探すことを難しいものにしています。そして長すぎるというだけでなく、伊都国から邪馬台国までの行程でどう水行を求めるのかという難題に突き当たります。その結果、奴国を海に近い博多湾岸の那珂遺跡や西新町遺跡とし、そこから海路を大きく迂回して長崎沖を通って有明海に入り筑後川を遡って朝倉市に行ったり、玄界灘を東に向かって大分の宇佐に行き、そこに邪馬台国を求めたりしてきました。

　この旅程の謎を解くことは九州説にとって最大と言っていい難題なのです。

2）旅程の考え方・連続説か放射説か

　旅程を考える上で帯方郡から邪馬台国に至るルートの考え方が問題になります。その考え方は大きく分けて帯方郡から邪馬台国まで連続的に取るやり方と伊都国から先は方射的に取る二つの説がよく知られています。一般的に近畿

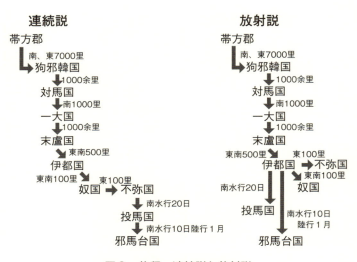

図3　旅程　連続説と放射説

説は連続説であり、多くの九州説では放射説を取っています。図3のようになります。

　連続説では近畿説の場合、南を東に置き換えることで比較的楽にルートを探すことができます。例えば投馬国を出雲に比定して、そこから日本海を水行10日、丹波辺りから上陸し陸行1月で奈良盆地に入るというルートが考えられます。しかし、九州説では非常に難しく、不弥国と邪馬台国の間に投馬国の「水行20日」が入ってしまうため、長い旅程を無理やり各地に比定しなければなりません。そのまま素直にやれば南九州または南西諸島に至ってしまいます。そこで邪馬台国種子島説や沖縄説、はたまたフィリピンや

テーマⅠ　九州説の証明 謎解き2

インドネシア説まで出現してしまうのです。

　そこで登場したのが放射説です。伊都国以降の国は全て
伊都国を起点にしているという考え方です。伊都国までが
方位、距離、地名なのに対し、伊都国からは方位、地名、
距離または旅程と記載順が異なっていることや、伊都国ま
での国々は戸数や官職名だけでなく自然や風俗などの特徴
も記載されているのに対し、それ以降の国々はそれらの特
徴が記載されておらず、さらに不弥国を除く奴国、投馬国、
邪馬台国は戸数が誇張されていることもその理由とされて
います。魏の使節は伊都国に留まり、そこから先の国々は
倭人から戸数や距離、日数を聞き出したという考え方です。
しかし放射説を取ったとしても「水行10日、陸行1月」は
九州説にとっては時間がかかりすぎです。近畿説ならこれ
でちょうどいい程度ではないでしょうか。

　私も当初は九州説の立場から伊都国から放射状に九州内
の候補地をいくつか探しだそうと試みました。強引にやれ
ばできないことではありません。しかし、屁理屈を付けれ
ば九州のどこにでも好きなところに邪馬台国を設定するこ
とができます。これではどれが正解なのか誰にも分からず、
いくらやっても意味がありません。そして百年以上議論し
ても決着をつけることができていないのです。やはりこの
旅程には何らかの疑問を感じます。そして、この旅程には
次に述べる二つの矛盾があることに気づいたのです。その
矛盾が何故発生したのかの謎を解かない限り、真の答えを

85

見つけることはできないと考えるようになりました。

3）矛盾その1

　伊都国や奴国が北部九州の玄界灘沿いに存在したということは近畿説の人であってもほとんどが同意するに違いありません。そして、『魏志倭人伝』には、その伊都国や奴国から邪馬台国はそう遠くはないことをほのめかす記載があります。

「女王国（邪馬台国）自り以北、其の戸数道里得て略載す可きも、其の余の旁国は遠絶にして、得て詳かにす可からず。」の文章です。

　この文章で戸数や道里が分かる国々とは伊都国や奴国など玄界灘に近い国々を指していることは間違いありません。そして邪馬台国をこれらの国々と同じようなグループに入れています。邪馬台国は旅程で示されており道里は記載されていませんが、「其の余の旁国」を「遠絶」としていることから“邪馬台国は伊都国や奴国からそう遠くはなかった”ということになります。如何でしょうか。

　ここでも文章をどう解釈するか人によって様々でしょうが、私には遠くはなかったとしか解釈できません。しかし、それに対し「水行10日陸行1月」は遠くないとは言えない旅程です。明らかに“位置を示す記載と旅程は矛盾している”ことになります。さらに、次項で述べるように帯方郡から邪馬台国までの距離1万2000里から伊都国までの距離

の累計を差し引けば邪馬台国までの距離は1500里となり短里（１里70～80メートル）で120キロ＊ほどになります。このことからも「水行10日陸行１月」もかかるほどの旅ではなかったはずです。

　＊謎解き３で後述するように120キロは伊都国から女王国と狗奴国の国境までのことを指す。

４）矛盾その１はなぜ生まれたのか

　在野の邪馬台国研究家で九州説を唱える山科威氏は長年に亘って邪馬台国論争に取り組まれてきた方です。氏は『晋書』や『梁書』に加えて日本書紀にも書かれている「泰始初年（266）」に倭国から晋（西晋）を訪れた使者に注目されました。多くの考古学者は纏向遺跡が３世紀前半に誕生したものだと言っています。そうすると266年時点では纏向遺跡はすでに存在していたことになります。そして、それは九州の邪馬台国が纏向に東征した結果であり、この時の使節は纏向から来たと氏は考えたのです。

　"この旅程は纏向から九州に至る逆ルート"になります。使節と謁見した晋の役人は纏向の存在を知らず、女王の使節であり、倭国の都から来たと言っているので、記録にある邪馬台国から来たのだと考えたという訳です。役人からこの報告を聞いた『魏志倭人伝』の著者・陳寿も邪馬台国からの旅程と勘違いしました。そして、遠くはないとする場所の記載はそのまま残して、この旅程を『魏志倭人伝』

の中に挿入してしまったというのです。

　魏の使節が邪馬台国を訪れたのか、それとも伊都国に留まったのか、そのことは『魏志倭人伝』の記載ではハッキリしません。従って邪馬台国は遠くなかったとの記載も魏の使いが倭人から聞き出したことなのか、それとも実際に行って確認したものかハッキリとはしません。しかし、その記載をそのままに、陳寿は「水行10日陸行1月」を追記してしまったということになります。

　当然、陳寿は倭国の地理が頭の中にあった訳ではなく九州と近畿の違いなぞ知るよしもなかったのですが、彼の頭の中に出来上がった邪馬台国という国は伊都国から「水行10日陸行1月」かかる位置に存在する国だったのです。投馬国の「水行20日」の情報もその時に得たものだと考えます。このことによって奴国までの国々が距離で示されているのに投馬国と邪馬台国だけが旅程になっている理由も分かります。

　全邪馬連の研究発表会の場でこの説を聞いた私は充分あり得る話だと考えました。ほとんどの考古学者は纒向が3世紀になって出来た遺跡だとしています。266年時点では纒向遺跡はすでに誕生していました。このことを前提にすれば、確かにこの説は成り立ちます。

　私もこの説を聞くまで「水行10日陸行1月」から忠実に邪馬台国の場所を九州内に求めようとしてきました。しかし、この説を聞いてその作業を止めてしまったのです。そ

して、自説は東征説ではありませんが同様に考え、この説を参考に自説を考えてみることにしました。

5）矛盾その２

　活発な運動習慣を持った成人男子が１日に必要とするエネルギーは3000キロカロリーだそうです。米食は100グラム168キロカロリーであり、必要エネルギーを米食だけで得ようとすると１日約1.8キログラムが必要になります。

　『魏志倭人伝』の記載では当時の日本には馬がいなかったとされています。１ヶ月歩き続けようとすれば、食料だけで50キログラム以上の荷を人間が背負うことになるのです。他に水も必要ですし、米だけでは栄養失調になってしまいます。食物を背負い、途中で狩りをすれば、その道具も必携ですし、狩りの時間にもそれだけ取られます。リーダーの荷を従者が背負えば一段と重くなります。そして大量の荷を背負えば１日の歩行距離はさらに短くなります。

　私はこのことから「陸行１月」は成立しないと考えました。途中に国々があったとの記載がなく、この時代、駅制もなく食料補給はできなかったはずです。従って、１月分の食料を人間が背負わなくてならない徒歩での旅は困難です。それとも考古学者は九州と近畿間に後の街道に相当するような道があり、宿場町もこの時代にすでにあったとでも言うのでしょうか。

　このように、この旅程には明らかに矛盾があります。私

は山科氏の説を6-3でさらに補強してみました。

6）纏向から博多へのルート

　では纏向から九州へ至るルートはどのようなものだったのでしょうか。徒歩での近畿から九州への移動は不可能です。"矛盾その2"で述べたように大量の食料を背負って移動しなければなりません。困難だとしても海路の方がまだ可能性があり、近畿説の立場から言えば瀬戸内海ルートか山陰の日本海側ルートを取って、水行と陸行を逆にして"水行1月、陸行10日"ならもう少し現実的だと考えるのではないでしょうか。陸行10日ほどの食料なら人間が背負って支障はないはずです。

　陸行を長く取るのは不可思議です。しかし、ここで初めて"新しい騎馬民族説"を登場させなければなりません。"馬がいた"ことを前提にすれば、この旅程が成り立つのです。この時の使節は纏向から中国路を馬で縦断し、途中から海路博多まで来たものであり、陸路に馬を使ったからこそ可能になった旅程だと考えました。266年時点では伊都国のあった地域より博多湾岸の方が発展していたので到着地点は博多としました。

　そして纏向から博多までの行程を考えてみました。陸路は馬に荷を乗せて行ったとして、大きな川を横切らなければならない海岸線を行くのは避けるはずです*。そして海路は航行の難しい瀬戸内海を避けて日本海側を行くと考え

テーマⅠ　九州説の証明 **謎解き2**

られます。

　＊私の曾祖母は明治2年生まれで、戦争の話と言えば明治10年の
　西南戦争でした。物心がついた頃に体験した生々しい記憶がそう
　させたのだと思います。そして敗れた西郷隆盛が熊本から鹿児島
　に逃げ帰るとき使ったルートは九州の中央を南北に走る脊梁山
　脈だったと話していました。海岸線を行けば、熊本から鹿児島に
　かけて大きな川がいくつもあり、追っ手の目をそらす意味もあっ
　たのかもしれませんが、川を横切るより尾根筋の方がまだ楽だっ
　たのだと教わりました。脊梁山脈には今でも立派な登山道があり
　ます。逃避ルートは明確にはなっていないようですが、上り下り
　の大きい谷間を横切るより尾根筋を行くのが一番速く行けます。

　しかし、北の出雲とはまだ敵対関係にあり、それを避け
るように、吉備から中国山地のやや南側の内陸部を陸路と
して選び、途中から中国山地を斜めに横切って1月で行け
る距離だと島根県の石見辺りでしょうか、日本海側に出ま
す。480キロほどあり、平均で1日16キロほどの行程とな
ります。雨の日もあり、進めない日もあるでしょうから、
すごく順調な日で30キロ、進まない日は5キロほどでしょ
う。1日8時間歩いたとして平均すると時速2キロ。荷を
馬に乗せればケモノ道でも何とか行ける距離だと思います。
そして使節の一人が空身となって先頭に立ち空いた手で鉄
刀を使い藪漕ぎをすればケモノ道でも進めます。石見から
は海路200キロを10日、1日平均20キロは潮の流れを見な

91

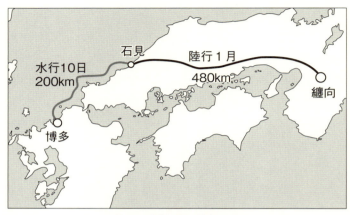

図4　水行10日陸行1月
（博多から纒向に至る旅程）

がらこれも何とか行ける距離でしょう。図4のようになります。

　このルートの方が島々が複雑に入り組んだ瀬戸内海を行くよりもより直線的に九州に行けるのが分かります。晋の役人に話したのは当然、この逆ルートです。

　長野正孝氏は「瀬戸内海が普通に通れるようになったのは六世紀、大和朝廷が瀬戸内海に船乗りに食糧供給基地の屯倉(みくら)を開いてから」としています。それまでは図に示すようなルートを主に使っていたのではないでしょうか。このルートは馬を使ったとしても大変な難路です。そうそう簡単に行けるものではありません。この時代、纒向政権は初

期型前方後円墳を各地に造り出してはいましたが、それは動物で言うマーキングレベル＊であり、まだ各地を支配するまでにはほど遠い状況だったはずです。各地をある程度支配下に置くようになったのは"倭の五王の時代"になってからのことだと思います。

　＊マーキングは動物が建物や岩などに体をこすりつけたり、糞・尿などで臭いをつけて縄張りを示す行為。

　旅程「水行10日陸行１月」の謎をまとめると"邪馬台国は伊都国や奴国など玄界灘沿いの国から遠くはないという表記とこの旅程は矛盾があり、この旅程は邪馬台国に至るものではなく博多湾岸から纏向へ至るものである"ということになります。

2-4　『魏志倭人伝』とそれぞれの遺跡の照合

　これまでの検証から近畿説には無理があることは分かっていただけたと思います。しかし、これくらいのことで熱心な近畿説の方が「納得した」ということにはならないでしょう。特に「水行10日陸行１月」が九州から纏向までの旅程を示すのであれば纏向遺跡が邪馬台国だったのではないかという疑問は依然としてつきまといます。300年にわたるこの論争に決着をつけるには更なる検証が必要です。

論争が終結しない理由の一つとして "邪馬台国を決める評価項目や要件が人によってバラバラである" ことをあげました。統一されたルールで検証しなければなりません。誰もが納得できるように、遺跡から判明した考古学上の成果を『魏志倭人伝』の内容と照らし合わせる作業です。『魏志倭人伝』に記載されている内容の一つ一つを考古学の成果と照らし合わせ、どちらの遺跡がより『魏志倭人伝』の記載内容に近いか、その優劣を比較することで論争決着の糸口を導き出したいと思います。

　本来、この作業は関係者一同が集まり項目や要件を合意しなければならないのですが、今回は私一人でやるしかありません。比較する項目や要件で異なる意見がある場合はそれらを見直せばいいのです。

　この作業をする上で注意しなければならないことがあります。それは女王国を30もの国から構成される連合王国としたことです。このため女王国について考える場合はある特定の遺跡にそれを求めず、一方で邪馬台国を考える時はある特定の遺跡で考えることになります。つまり○○遺跡は邪馬台国として相応しいかどうかとはなりますが、その遺跡が女王国として相応しいかどうかとはなりません。

　先に近畿説は最初から有利だと述べたように、たとえ『魏志倭人伝』の内容が九州的であっても、それは女王国を構成する国々の中の九州に所在する国のことを言っているに過ぎないとなってしまうからです。2-1で渡邉義浩

テーマⅠ　九州説の証明　**謎解き2**

氏があげた民俗や風俗が南方系であることがそうです。たとえ、民俗や風俗が南方系で九州的であっても、近畿説の女王国は九州を含むのですから、当然のことになります。従ってこの検証ではその部分は除いて考えてみたいと思います。

1）候補となる遺跡が存在した時代

歴史の基本は"いつ何が起きたのか"です。これが指標となるため、学校では"何年何月に何が起きた"ということを丸暗記させられました。丸暗記は無駄にも思えますが、前後関係が逆になれば歴史のストーリーは全く異なってしまいます。

プロローグで述べたように、『魏志倭人伝』には「其の国、本と亦た男子を以て王と為し、住まること七・八十年、倭国乱れ、相攻伐すること歴年、及ち共に一女子を立てて王と為す」と記載されています。「倭国乱れ」は『後漢書』では「倭国大乱」となっており「桓帝と霊帝の間（146〜189）」のこととしています。歴年は数年、あるいは何年もと解されます。ここで言う其の国とは倭国であり女王国です。従って先の文章は**"女王国は同じ場所に7、80年存在した後、数年にわたって攻防が繰り返された"**というように読み取れます。その期間、女王国が移動したという記載はありません。

さらに「其の（正始）八年（247）、倭の女王卑弥呼、狗

奴国の男王卑弥弓呼と素より和せず」と狗奴国と長年対峙していたような記載があり、ここでも移動していないと読み取れます。これらの文章から女王国はこの乱から7、80年以上前の“遅くとも2世紀初頭から卑弥呼が死んだ3世紀半ば近くまで、日本のどこかに継続的に存在していなければならない”と考えました。

　図5は女王国が存在していた時代にあった近畿と九州の有力な遺跡を列記したものです。これらの有力な遺跡のどれかが邪馬台国の候補となるはずです。それぞれの遺跡の存在時期は様々な見解があり異論もあるでしょうが、図5のように描いて異議を唱える人は多くはないでしょう。

　この図について少し説明します。弥生時代と古墳時代の区分には様々な見解がありますが初めての大型前方後円墳である箸墓古墳が出来て、それが列島各地に急速に拡がることをもって古墳時代と定義するなら、3世紀中頃が一番相応しいと言えます。前方後円墳時代と定義する専門家もおり、古墳という曖昧な表現より、この言い方の方が適切なのかも知れません。

　この図にある“女王国が存在した時代”は『魏志倭人伝』で女王国が存在したはずの範疇であって、実際には破線で囲った前後の枠を超えて、もっと長い期間、女王国そのものは存在したと考えています。『魏志倭人伝』に記載された女王国の存在は1000年以上続いた弥生時代の最終段階ということになります。

テーマⅠ　九州説の証明 謎解き2

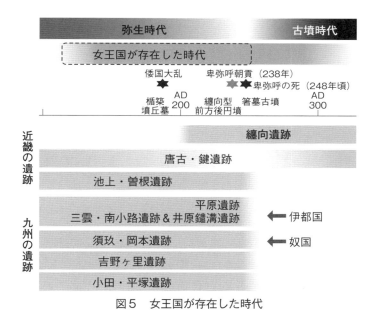

図5　女王国が存在した時代

　そして近畿説で考えると少なくとも近畿以西は女王国ということになり、纏向遺跡＝邪馬台国は女王国の中でも東に偏った場所にあったことになります。この図で最初に気づくことは、纏向遺跡はこの女王国が存在した時代の最終期に存在していたことです。女王国の存在した時代の最初から3分の2から4分の3を過ぎる頃までは存在していません。そうなるとこの遺跡単独では要件に合致していないことになります。周辺に存在する他の近畿の遺跡が邪馬台国の前身であり、その遺跡が纏向遺跡と繋がることでよう

やく要件に合致することになります。

　一方で最後の頃が女王国の存在した時代の最終期まで存在したかどうかでは少々疑問があるものの、九州には複数の候補となり得る遺跡が存在します。しかし、伊都国や奴国は遺跡が特定できるものの、邪馬台国そのものは九州のどの遺跡が相応しいのかは分かりません。

　近畿と九州のそれぞれの遺跡についてもう少し詳細に見てみてみましょう。

近畿の遺跡

　奈良県桜井市にある纏向遺跡は有名な箸墓古墳など創成期の前方後円墳があり、宮殿を思わせる大型建物群が見つかっています。この遺跡の発掘調査に大きく貢献された橋本輝彦氏は「３世紀初頭に直径１キロくらいの集落が突然出来たような状況で庄内式から布留式土器の最盛期（３～４世紀前半）には２キロ～1.5キロ位の大きな面積を持つ」と述べています。寺沢薫氏によるとその規模は日本最初の計画的都市と言われる７世紀の藤原京に比肩できるということです。詳しくは4-1でさらに見ます。

　纏向には箸墓より古い古墳、いわゆる纏向型前方後円墳として石塚古墳や矢塚古墳など５基がありますが、それらの古墳は早くても２世紀末のものであり、建物群は３世紀前半以降ということです。そして、この地には弥生時代の遺跡は一切発見されておらず突然出現したものです。従って、纏向遺跡は〝２世紀初頭から３世紀半ば〟という条件

テーマⅠ　九州説の証明 謎解き2

を満たしていないことになります。つまり単独では邪馬台国としての資格がありません。従って近隣の遺跡から纏向遺跡に移動して来たことを考慮しなければ候補になり得ません。

　纏向遺跡に一番近い有力な弥生遺跡が同じ奈良盆地の田原本町にある唐古・鍵遺跡です。纏向遺跡からこの遺跡までは３キロも離れていません。

　この遺跡こそ邪馬台国に違いないと言う専門家も多くいます。この遺跡は一時的に洪水被害で消滅したことはあるものの、弥生時代前期から古墳時代まで継続的に存在してきたとされています。時代的には要件を満たします。そして東海や吉備など広い範囲の土器が集まっています。しかし、邪馬台国の資格があるかどうかという見方からすれば次のようになります。

・九州の土器は全く出ておらず、九州との交流はなかった。
・朝鮮半島製土器の出土もなく大陸との関係は極めて希薄
　だった。
・鉄器や銅製品が出ていない。唯一翡翠の勾玉を入れた褐
　鉄鉱の容器が出ているものの鉄器とまでは言い切れない。
　また銅鐸鋳型など作った形跡があり、銅鐸のかけらは見
　つかったものの銅鏡や銅剣・銅矛など実際の銅製品は見
　つかっていない。

という状態であり、唐古・鍵遺跡はこれから挙げる邪馬台国であるための要件を満たしているとは言えません。

99

他に纏向近隣の大規模弥生遺跡を見てみると大阪府和泉市の池上・曽根遺跡があります。この遺跡と纏向遺跡との距離は40キロほどであり、近隣の遺跡という意味ではギリギリでしょうか。しかし、この遺跡からも鉄器や銅製品は出ておらず、邪馬台国の要件を満たしているとは言えません。池上・曽根遺跡はその最終期に、そして唐古・鍵遺跡は100年ほど纏向遺跡と共存しています。

　しかし纏向遺跡は前方後円墳という全く新たな墳墓形式を持ち、副葬された多数の鉄器や銅鏡が出土し、池上・曽根遺跡や唐古・鍵遺跡など周辺の弥生遺跡とは全く異質な遺跡だと言えます。従って、近隣の遺跡から纏向遺跡への移動は認められず、近畿には２世紀初頭から３世紀半ばまで継続して存在した候補となる遺跡がないことになります。そのためか寺沢薫氏は九州勢力が卑弥呼の時代より前に移動してきたとの説を述べています。このことについては5－1の纏向遺跡の誕生で考えてみます。

北部九州の遺跡

　北部九州の大規模弥生集落には紀元前から３世紀まで継続した複数の遺跡があり、平原遺跡を始め王墓に相応しい墳墓も複数存在します。九州の遺跡からは多くの大陸渡来の土器が出ています。例えば、吉野ヶ里遺跡からは朝鮮系の無紋式土器の甕や牛角把手付壺などが出ています。須玖岡本遺跡からは多数のガラス装飾品が出ています。このよ

テーマⅠ　九州説の証明 **謎解き2**

うに3世紀初頭まで朝鮮半島製の土器も多く出土し大陸との関係も深く邪馬台国としての多くの要件を満たしています。

　九州のこれらの遺跡は卑弥呼の時代にはすでに衰退していたと考えられていますが、吉野ヶ里遺跡で学芸員の方の説明を聞くと衰退はしていたかも知れないが、存在はしていたということでした。それに、後述するように自説では3世紀半ばには衰退していて当然です。

　纒向遺跡から発見された大量のモモの種は西暦135年〜230年の間のどこかということであり、2世紀前半という可能性は残っています。しかし、専門家は土器など他の遺物の出土状況などから纒向遺跡の誕生は早くても2世紀末を大きく遡ることはないと考えているようです。

　今後、2世紀初頭を示す証拠が見つかり、纒向遺跡の誕生が大きく遡る可能性が出てくれば、年代の要件をクリアすることになります。現時点において時代という見方をすれば、近畿には纒向とその近隣の遺跡を合わせても、その候補となる遺跡が存在しないと結論づけるべきでしょう。一方で九州の遺跡は完全とまではいかないものの、その可能性は高いということになります。

2）邪馬台国の所在地を示す方向と距離

　旅程「水行10日陸行1月」は陳寿の勘違いで書かれた可

能性が高く、この旅程から邪馬台国の位置は特定できないと結論付けました。ここでは方向と距離に着目してみたいと思います。

伊都国や奴国から見た邪馬台国の方向

『魏志倭人伝』の記載では邪馬台国は伊都国や奴国から南になることが三度も出てきます。最初が「南、邪馬台国に至る」であり、次に「水行10日陸行1月」でも述べたように邪馬台国は伊都国や奴国を北としていることから、これらの国の南にあったことになります。また「女王国より以北には特に一大率を置きて」と伊都国に置かれていた一大率が邪馬台国の北に位置すると記載してあります。

執拗に"南に位置する"ことを述べているのが分かります。方位は陸路では山などが遮って不確かになりますが、海上を行く場合は日の出の方向から正確に見定めることができます。

ところが近畿説では日本列島が南北に長く描かれた15世紀の朝鮮の古地図「混一疆理歴代国都之図」で龍谷大学が所有する龍谷図（図6右）を根拠に古代中国では日本は南北に長いという認識があったとし、南を東に置き換えています。しかし、龍谷大学の村岡倫氏は著書『世界最古の世界地図「混一疆理歴代国都之図」と日本』の中で、同類の地図は他に3枚発見されており長崎県島原市の本光寺所蔵の図（図6左）が示すように他の3枚は全て日本列島が東西に描かれているとしています。これらの地図では列島

テーマⅠ　九州説の証明 謎解き2

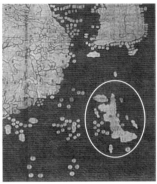

図6　混一疆理歴代国都之図（左＝本光寺図、右＝龍谷図）

部分はいずれも奈良時代の僧侶・行基が作ったとされる行基図を参考にして描かれています。

　行基図は時代を経て様々な人が携わったようで様々な形があり、その中には南北に長く描かれたものもあります。龍谷図はたまたま南北に長く描かれた行基図を挿入したものであり、氏はこの地図は古代中国で日本を南北に長いと考えていた根拠にはならないと述べています。そして2018年6月に広島県福山市の県立歴史博物館が発表した列島全体が記された日本最古の日本地図も龍谷図と同様に南北に描かれよく似ています。昔の日本人には東西とか南北の違いなどなかったのかも知れません。

　さらに、5世紀の倭王武の上表文では「東に55国、西に66国」と国の配置を述べており、少なくとも5世紀段階の中国では日本列島が東西に長いという認識があったはずで

103

す。千年以上も後の15世紀の地図を根拠に３世紀の中国で南北に長かったという認識があったとするのは無理があります。そして近畿説の多くの専門家が主張しているにもかかわらず、古代中国で日本は南北に長いという認識があったという直接的な証拠を探すことはできませんでした。

　このように古代中国で日本は南北に長いという認識があったとするのは根拠に欠け、『魏志倭人伝』の記載そのままに"邪馬台国は南にあったとすべき"ということになります。

　九州では伊都国や奴国の南には筑後平野が拡がり、吉野ヶ里を始めとするいくつかの有力な弥生遺跡が存在します。

帯方郡からの距離
『魏志倭人伝』には「郡より女王国に至る萬二千余里」と出ています。この時の郡とは「帯方郡」のことであり、後述しますが、女王国の後に「の境界」が抜けており、「萬二千里」は女王国と狗奴国の国境までを指します。そしてこの時の"１里"は場所が確定している帯方郡から伊都国までの国々の位置関係から算出すると、だいたい"70～80メートル"になります。いわゆる短里説が妥当だということになりますが、そこから算出すると「萬二千里」＝１万2000里は960キロであり帯方郡から伊都国までの累計を差引くと残り120キロとなり邪馬台国は九州内に留まります。

　漢の時代の１里は通常400メートルほどであり、短里については未だ確定的な証拠は見つかっていません。しかし、

テーマⅠ　九州説の証明 **謎解き２**

測量の専門家である谷本茂氏は「季刊邪馬台国」35号の中で中国最古の天文算術書といわれる『周髀算経』の中で短里に近い数字を見出したと述べています。髀とは〝八尺の棒〟のことであり、夏至の日にこの棒の影の長さを測ることにより、南北であれば遠隔地間の距離を正確に測定できるというのです。影の長さで１寸の違いを1000里とすれば１里は実距離の76〜77メートルになり、ちょうど短里で言う１里になります

「萬二千里」については、魏の西方に存在した月氏国までの距離と等しく、東側にもそれに相当した距離を邪馬台国に持ってきたという考え方があります。しかし、別の考え方もできます。『魏志倭人伝』には「其の道里を計るに、当に会稽の東治の東に在るべし」とありますが、この文章は「１万2000里から推測して、まさに会稽の東治の東にあるはず」という意味になり、上記の１里は実距離の76〜77メートルで計算すると会稽の東治（現在の浙江省・紹興市）は帯方郡があったとされるソウル付近からピッタリ１万2000里になるのです。

　従って、当時南北は遠距離でもかなり正確にその距離が測定できたことが分かります。〝短里は南北の距離を測定するために考案された方法で、倭国が帯方郡の南の方向にあることを前提に採用した〟のではないでしょうか。当時東西の距離は測れませんでした。そのため、末盧国から先の東に向う国々は１里が90メートルから200メートルにな

ってしまい、実距離との間で誤差が大きくなったのではないかと考えます。

3）記載された国々

『魏志倭人伝』には30あまりの国が紹介されていて、その特徴と共に配置、戸数が記載されています。

国々の数

『魏志倭人伝』には「使訳通ずる所三十国」とあります。現在の遺跡と比定できる伊都国や奴国から見てこれらの国々は現在の市町村かせいぜい郡レベルの広さです。その前の文に「舊百余国」とあり、九州内に存在した国々だと思われますが、卑弥呼の時代までに30国に統合され減少したと考えられています。倭国の領域が増え国々の統合はさらに進んだはずの5世紀の倭王武の上表文では「東に55国、西に66国」となっています。近畿説ではそのころ西半分だったとしても30では少な過ぎます。

国々の配置

邪馬台国の南（近畿説では東）には「遠絶で詳らかにできない国々（21国）」や「狗奴国」があり、さらに「女王国の東、海を渡ること千余里にして、復た国有り、皆倭種なり」とあります。近畿説では21国や狗奴国に当てはめる国を探して配置するだけでも難しいのですが、「海を渡った東」は近畿説では北となってしまい、そこは日本海になってしまいます。

テーマⅠ　九州説の証明 **謎解き2**

　一方、九州説では3-3で示す図8のように倭人伝に記載された国々を地図上に合理的に配置することができます。九州説では東の海を渡った倭種の国は本州や四国を指すことになります。

伊都国の重要性

「……女王国の以北には、特に一大率を置きて、諸国を検察し、諸国之を畏れ憚る」とあります。国を支配する上で伊都国が重要な機能を持っていたことが分かります。しかし、近畿説では伊都国は西の端となり、あまりにも遠隔地となってしまい不可解です。

　中国王朝は馬の利用で広範囲の支配を可能とすることができました。倭国には馬がいなかったことを前提にすると近畿説での伊都国の配置は2-2でも述べたようにあり得ないことです。

国々の戸数

　鬼頭宏氏は邪馬台国の存在した1800年前の人口を畿内約3万人、北部九州約4万人と推測しています。寺沢薫氏もほぼ同様の見解です。ところが『魏志倭人伝』の邪馬台国の戸数は7万戸となっており1戸5人とすると35万人となり、邪馬台国だけで鬼頭宏氏が推計した畿内や北部九州の人口の約10倍になってしまいます。

　律令制施行によって精度が向上し人口が著しく増えた8世紀の北部九州（福岡、佐賀、長崎、大分）全体の人口が約34万人と推定されていることからもこの戸数は多過ぎま

す。さらに、重要な国であり大規模な遺跡が残る伊都国を千戸としていることからも不可解です。従ってこの７万戸という戸数は誤認か誇張されており判断材料にはなり得ません。

国の周囲

「倭の地を参問するに、海中洲島の上に絶在し、或いは絶え或いは連なりて、周旋五千余里可りなり」とあります。周旋の意味には様々な説があり、狗邪韓国から邪馬台国までの距離だという説もありますが、この文面からすれば単純に「周囲」と解するのが一番よさそうです。5000余里は短里で400キロほどになり、後述する北部九州の女王国の周長に相当します。近畿では周長だけでなく直線距離で測っても短すぎます。

４）産物

『魏志倭人伝』には様々な産物が登場します。当然、そこに記載のある産物が実際の遺跡から出土していなければなりません。ただ、絹、真珠・ヒスイ、水銀などは女王国の一部で見つかっていても決定的とは言えないかも知れません。しかし、女王国の首都であったはずの邪馬台国で鉄や絹製品が見つからないのはおかしいと言えます。

鉄器

倭人伝の中には「鉄鏃」の記載があり鉄が使われていたことが分かります。大陸と交渉し、戦乱の時代です。先端

テーマⅠ　九州説の証明　謎解き2

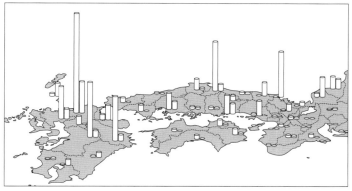

図7　弥生時代後期中葉～終末期の鉄器出土量
（野島永『弥生・古墳時代の鉄器文化』より）

の技術を有していたという点からも鉄の保有は当然です。しかし、図7に示すように弥生終末期の奈良から鉄はほとんど出ていません。

　1世紀半ばから3世紀初めにかけて存在した淡路島の五斗長垣内遺跡（神戸・兵庫の郷土史Web研究館による）や舟木遺跡から多数の鉄器と共に鉄器工房跡が見つかっていますが、唐古・鍵遺跡や池上・曽根遺跡からは鉄器は見つかっておらず、五斗長垣内遺跡で作られた鉄器がどこに行ったのか不明です。この遺跡と周辺の弥生遺跡との関連はまだはっきりしていません。これからの課題と言えますが、出雲に行った可能性が高いと考えられます。

　一方、筑紫平野から熊本北部にかけての多くの弥生遺跡からは多数の鉄器が出土しています。

絹製品

「蚕桑、絹績し、細紵・縑緜を出だす」（桑で蚕を育て、上質で細やかな布を作っていた）とあり、絹織物を作っていたことが分かります。さらに卑弥呼の最初の朝貢や魏の使節が倭国に来た時、多数の織物を下賜されており、その中に絹織物もありました。その返礼の意味もあってか卑弥呼の２回目の朝貢のときは「倭錦、絳青縑」を献上しています。

森浩一氏によると、これは赤と青の縦糸と横糸を織り出した最高級の絹織物だそうです。どうやら卑弥呼は下賜されたものより、一段上の絹製品を献上したようです。魏は辺境の野蛮国と思っていた倭国からこのような高級品が贈られたことに驚いたはずです。当時から絹は日本の特産品であったことが分かります。

絹は吉野ヶ里遺跡の甕棺に付着した絹が出ており、日本製ということが分かっています。佐賀や福岡からいくつも見つかっていますが、近畿からは見つかっていません。

真珠・ヒスイ

「真珠・青玉を出す」とあります。弥生時代の真珠の採取については千葉県立中央博物館の黒住耐二氏が『真珠の考古学―未知の真珠採取遺跡を目指して』の中で「現時点では、少なくとも弥生～古墳の真珠採取遺跡は玄界灘の九州北部には存在していた可能性が高く、伊勢・志摩地域では可能性は低いと言えるのではないか」と述べています。

テーマⅠ　九州説の証明　**謎解き2**

　青玉とはヒスイのことです。ヒスイは糸魚川産のものが縄文時代から北海道を含む全国各地・朝鮮半島から見つかっています。糸魚川では縄文時代から石斧を材料としてヒスイを利用していたようです。しかし、ヒスイは全国各地から見つかっていて所在地を決める根拠にはなりません。

　水銀

「其の山には丹有り」とあります。丹＊とは水銀のことであり、朱の原料となっていました。近畿では多量の水銀を産していました。徳島県阿南市の若杉山遺跡で水銀朱採掘の坑道が発見されたとの新聞掲載があり、この遺跡は弥生時代後期から古墳時代初頭にかけて辰砂（硫化水銀の含まれた鉱物）を採掘・精製しており、未精製用の石臼や石杵が出土し、日本最古の坑道の可能性があるとのことです（2018年2月1日付日経新聞）。

　一方、九州では水銀を産したという直接的な証拠はありません。九州説で唯一の劣勢と言える項目です。しかし豊後国風土記には海部郡のこととして「昔時之人は、此山の沙を取りて、朱砂を該う」とあり、続日本紀にも「豊後国真朱を献ず」とあります。古代には豊後（大分）で水銀を産出していたことが分かります。鉱脈となる中央構造線が九州、四国、奈良を貫いており、この中央構造線に沿って水銀と関係が深い丹生神社も多数あり、古代は採取可能だったと考えられます。

　＊丹とは赤色の顔料のこと。水銀は硫化水銀が朱として顔料に使

111

われた以外に、遺体の保存などに使われ、また金アマルガムとして金メッキなどに広く使われ、その需要は多かった。

5）墳墓

埋葬形式

「棺有りて槨無し」とあります。唐古・鍵遺跡は棺のみで槨（墓室内部の棺を安置する施設）はありませんが、ホケノ山古墳を始め、纏向の墳墓には槨があります。一方、九州の弥生遺跡の墳墓には槨はありません。九州説の安本美典氏はこのことを強く主張し、纏向遺跡＝邪馬台国を強く否定しています。

墳墓の大きさ

『魏志倭人伝』には、卑弥呼の死ついて「卑弥呼以て死し、大いに冢を作るに、径百余歩、徇葬＊する者は、奴婢百余人」とあります。この時の百余歩という数字が1歩145センチとすれば箸墓の後円部の径が150メートルに近いということで卑弥呼の墓ではないかと言われています。しかし、殉葬者の人数も百であり、それぞれ独立した特定の数字が二つ並ぶということは偶然とは言えません。『魏志倭人伝』には百という数字が6回も出てきます。一番多く登場する数字です。そして『魏志扶余伝』にも「殺して徇葬する。多いときには百を数える」と殉葬の習慣が載っていますが、ここでも殉葬者の数は百です。

＊魏志人伝では『徇』の字が使われているが『殉』と同じ意味。

テーマⅠ　九州説の証明 **謎解き２**

　これらは偶然ではないと考えるべきです。「ひふみよ」
と発する日本の数え方には十より大きい数は明確には存在
しません。百歳の百が数字の100ではなく、長寿や長い年
月を意味するように、百は"大きいとか多い"を意味する
と考えられます。「大きな墓に、多くの奴婢を殉葬した」
とするべきです。仮にそうではないとした場合でも『魏志
倭人伝』で採用されている短里が正しいとすれば１歩は25
センチになり百余歩だと30メートルほどになってしまいま
す。

　また箸墓の場合、前方後円墳の特異な形状に触れず長さ
でなく後円部の径で表すのは不可解です。後円部が先に出
来たという説もありましたが、最近の研究では後円部の石
槨は上から掘るのではなく、前方部の方から土手を造るよ
うにして石槨を造ったことが分かってきました。そうなる
と後円部だけ先に完成することはないということになり、
現在では後円部が先に出来たという説は否定されています。
『魏志倭人伝』には葬儀の風景を「其の死するや……冢を
作る。……」と書いてありますが、ここでの葬儀は王の葬
儀ではなく一般人の葬儀と考えるべきでしょう。その一般
人を葬るのが"冢"であったことから"冢"は箸墓のよう
に超大型の古墳ではなかったと言えます。以上のことから
"大きさで卑弥呼の墓の特定はできない"と言えます。

113

６）宮殿・楼観・城柵

「居処の宮室・楼観・城柵、厳しく設け」とあります。「居処の宮室」とあるので、まさに卑弥呼の住んでいた場所、邪馬台国のことに相異ありません。よく知られているように吉野ヶ里遺跡にはこれらの宮殿・楼閣・城柵の三つが全てそろっています。

　一方、池上・曽根遺跡は環濠に囲まれた居住区が25万平方メートルの広さを持ち、約80畳もある大型建築物の跡がみつかっていますが、紀元前後のものであり女王国の時代の建物は見つかっていません。唐古・鍵遺跡からは楼閣が描かれた土器が見つかり注目を集めたものの、実際の大型建築物は見つかっていません。纏向遺跡では宮殿、楼閣は見られますが城柵はありません。九州説が有利です。

７）朝鮮半島との交流

『魏志弁辰伝』には「国は鉄を産出し、韓、濊、倭など皆、これを採りに来る」とあります。弁辰とは弁韓とも言い、『魏志倭人伝』で言う狗邪韓国があったとされる朝鮮半島南部の地域ですが、倭人が鉄を採取しにくるとあり、この地域と日本とは盛んに交流がなされていたことが分かります。倭人が朝鮮半島で活動した痕跡がなければなりません。

　2-2の2）で藤田憲司氏が「朝鮮半島との交通は西北部九州の集団が一手に担っていたと考えるのが自然である」と述べているように、『魏志弁辰伝』にある記述は九

州の倭人の朝鮮半島における活動を述べたものであり、近畿の倭人ではなかったと言えます。

　以上のように『魏志倭人伝』を中心に記載してある項目を考古学的事象と照らし合わせてみました。まだ他にも項目あるのでしょうが、個人ではこれが限界です。専門家の目から見ればこの照らし合せ作業は別の結果になるかも知れませんが、このようなやり方が一番平等に比較できることは分かっていただけると思います。一応ここまでの範囲で実施したことをまとめてみました。

　1）候補となる遺跡が存在した時代
　　　・２世紀初頭から３世紀半ばまで継続的に存在

　　　　　　　　　　　　近畿説　×　　　九州説　○

　2）邪馬台国の所在地を示す方向と距離
　　　・伊都国や奴国から見て南方向

　　　　　　　　　　　　近畿説　×　　　九州説　○

　　　・帯方郡からの距離は１万2000里

　　　　　　　　　　　　近畿説　×　　　九州説　○

　3）記載された国々
　　　・存在する国々の数が30国

　　　　　　　　　　　　近畿説　×　　　九州説　○

　　　・国々の配置のしやすさ

　　　　　　　　　　　　近畿説　×　　　九州説　○

　4）産物

・鉄器	近畿説	×	九州説	○
・絹製品	近畿説	×	九州説	○
・真珠・ヒスイ	近畿説	△	九州説	○
・水銀	近畿説	○	九州説	○

5) 墳墓

・埋葬形式	近畿説	△	九州説	○
・墳墓の大きさ（大きさでは特定できず）				
	近畿説	―	九州説	―

6) 宮殿・楼観・城柵

・宮殿・楼閣・城柵の３つがそろっていること

近畿説	△	九州説	○

7) 朝鮮半島との交流

・朝鮮半島で倭人が活動した痕跡があること

近畿説	×	九州説	○

　真珠や水銀は産地を見ているので、必ずしも邪馬台国が持っていなければならない必須条件ではないかも知れません。しかし、それらを除いても九州説が圧倒的に有利だということが一目で分かっていただけると思います。もちろんこれは個人的な判定結果です。『魏志倭人伝』をできるだけ素直に読み取ったつもりですが、項目を選択し直すなり、判定をやり直せば自ずと結果は変わってきます。しかし、現状の判定では〝近畿説が多くの点で×を○にしようとその可能性を求めている状況なのに対し九州説はすでに

テーマI　九州説の証明 **謎解き2**

確定的なものが多数ある"と言えるのです。

謎解き２で得られた結論

四つの検証の結果は下記のようになります。

① 近畿説は"邪馬台国は近畿に違いない"という強い
　思い込みの下でつくられてきた。

② 近畿と九州は異なる文化を持ち、同じ共同体とは考
　えられない。従って伊都国や奴国が九州である限り近
　畿説には矛盾がある。

③ 旅程「水行10日陸行１月」は邪馬台国は玄界灘沿い
　の国々から遠くはないという表記と矛盾があり、この
　旅程は邪馬台国に至るものではなく博多湾岸から纏向
　へ至るものである。それは陳寿が266年の倭国の使者
　を邪馬台国から来た使者と勘違いしたため生じた。

④ 近畿と九州のそれぞれの遺跡を『魏志倭人伝』と照
　合すると近畿の遺跡に比べて九州の遺跡の方が圧倒的
　に一致点が多い。

結論　邪馬台国は九州に存在した。

117

謎解き3　女王の国々と狗奴国とは どのような国々だったのか？

　女王国は30もの国々から構成されています。邪馬台国は その女王国の首都であり、そこは九州内だったと今回結論 づけました。国とは言っても現代の国家とは異なり、一つ 一つは小さな集落だったことになります。現在の村レベル です。そして『魏志倭人伝』には女王国以外にも狗奴国* の記載があります。その国は女王国の南だとされています。 女王国の国々と狗奴国、それらの国々は九州のどこにあっ たのか、そしてどのような国であったのかを知らなければ 邪馬台国論争は決着したとは言えません。

　まず狗奴国から考えてみたいと思います。この国と女王 国との関係を知ることが女王国を知ることにも繋がるから です。

＊京都大学名誉教授で東洋史学の冨谷至氏は「くどこく」と読ん でいます。匈奴に代表されるように「奴」とは異民族の国名につ けられ、卑下の接尾語として使われる。確かに、辞書を見ると 元々「奴」の字の発音に「な」はなく、唯一「ど」だけが音読み となっている。本当は奴国も「なこく」ではなく「どこく」と言 うべきなのかも知れない。

テーマⅠ　九州説の証明　**謎解き3**

3-1　狗奴国とはどのような国だったのか

　狗奴国は『魏志倭人伝』に2回登場します。最初に登場するのはその場所と風俗の説明からですが、2回目に出てくる狗奴国はセンセーショナルです。まずそこから始めてみたいと思います。

1）女王国と狗奴国との攻防

「其の八年、太守王頎、官に至る。倭の女王卑弥呼、狗奴国の男王卑弥弓呼と素より和せず、倭の載斯、烏越等を遣わして郡に詣らしめ、相攻撃する状を説く。塞曹掾史（帯方郡太守の下の武官）張政等を遣し、……」とあり、狗奴国との攻防が始まり女王国を支援する目的で張政という武官が派遣されたことが書かれています。中国王朝が日本に応援の武官を派遣するのはその後の日本史にはなく、この時が最初で最後であり如何に大変なことであったのかがうかがわれます。この文章は『魏志倭人伝』の核心の一つであり、この狗奴国との攻防がこの倭人伝が詳細に書かれた理由の一つとも考えられるのです。

　このような記載を読めば狗奴国を詳しく知りたくなります。しかし、『魏志倭人伝』から得られる狗奴国に関する情報は多くはなく、そのため狗奴国とはどのような国であったのか、多くの歴史愛好家が想像を膨らませ、様々な説

119

が生まれてきました。当然、私も挑戦してみました。そうすると『魏志倭人伝』には狗奴国のことを詳しく書いてあることが分かったのです。

２）狗奴国の場所が記載された箇所

　狗奴国は女王国の30あまりの国々の紹介に続いて登場します。下記の「　　」に記載された文章の中で、アンダーラインで示す「其の南に……女王に属さず」の文章が従来から狗奴国の説明だとされてきました。そこには"女王国の南に位置していること"と"男王がいること"、その男王の名前は上記の「其の八年……」に続く文章の中で「卑弥弓呼」だということが分かります。そしてさらに"狗古智卑狗という官があること""女王国には属していないこと"など四つのことが分かります。

　しかし、この文章からは狗奴国の人がどのような人達だったのかは分かりません。私は改めて狗奴国に関する部分を読み直してみました。そのためには上記の一般的な狗奴国の説明とされた個所に続く文章が必要です。

　それは三王朝交代説で有名な水野祐氏が非常に興味深い説を述べているからです。

「……次に奴国があって、此れ女王の境界の尽くる所なり。其の南に狗奴国有りて、男子を王と為し、其の官に狗古智卑狗有り、女王に属さず。郡より女王国に至る萬二千余里（１万２千余里）。男子は大小と無く、皆黥面文身す。古よ

り以来、其の使中国に詣るや、皆自ら大夫と称す。夏后小康の子、会稽に封ぜられ、断髪文身して、以て蛟龍の害を避けしむ。今の倭の水人、好んで沈没して魚蛤を捕え、文身し亦た以って大魚・水禽を厭わしむるに後、稍以て飾と為す。諸国の文身各おの異り、或いは左にし或いは右にし、或いは大にし或いは小にし、尊卑差有り。其の道里を計るに、当に会稽の東治の東に在るべし。其の風俗淫ならず。男子は皆露紒し……蚕桑、緝績し、……有無する所、儋耳・朱崖と同じ。」

3）水野祐氏の考え方

　この文章について水野祐氏は「郡より女王国に至る萬二千余里」は文脈上、女王国の後に（の境界）を省略したもので1万2000余里は帯方郡から女王国と狗奴国との国境までを指し、これ以降の「……儋耳・朱崖と同じ」までの文章は全て狗奴国の説明であると主張しています。その理由は以下のようになります。

「此れ女王の境界の尽くる所なり」とあり、ここまでで女王国の説明は一旦終わります。続いて「其の南に狗奴国有りて……」として、これから狗奴国の説明に入るわけですが、少しだけ狗奴国の説明をして、唐突に「郡より女王国に至る萬二千余里」と女王国までの距離が出て来ます。そして、それ以降は女王国の説明に戻ってしまい、いかにも不自然です。普通「〇〇国まで何里です」と言った場合、

その国の入り口かまたは中心までのことを指しますが「此れ女王の境界の尽くる所なり」と女王国はここで終わっている（出口）ことを述べ、女王国の説明もここで終わっているはずなのに、少し狗奴国を説明した後、突然女王国までの距離が示されるのです。

　そこで水野祐氏は「女王の境界」に対応して、「郡より女王国に至る」の女王国の後に「の境界」が省略されており、その境界、つまり女王国の終わり（出口）までの距離が１万２千里だったと考えられたのです。そうなると「其の南に狗奴国有りて……女王に属さず」の文章は狗奴国の説明文のイントロということになり、それ以降も狗奴国の説明が続き多くの狗奴国の情報が記載されていることになります。

　この説は私には非常に魅力的に思えたのですが、専門家に近畿説が多いせいか、この水野祐氏の説はその後あまり注目されてこなかったようです。この説をさらに推し進めた説を見つけることはできませんでした。唯一、私が見つけたのは森浩一氏が著書『語っておきたい古代史』の中で「半分そう思えるが、それだとおかしい所も出てくる」と述べていることです。水野氏の解釈の仕方が正しいとすれば、それに続く風習や産物は狗奴国のことになるわけですが、そこには「蚕桑、絹績し」（桑で蚕を育て紡績すること）という文章が出てきます。ところが狗奴国は熊本中部以南だとする森浩一氏は南部九州からは絹などが見つかっ

ていないことに疑問を投げかけたのです。

　確かに、そのまま狗奴国の説明が「……儋耳・朱崖と同じ」までずっと続くのはやはり不可解です。私はその前のどこかで女王国の説明に戻っているのではないかと考え、それがどこであるのか探してみました。

４）新たな狗奴国の説明箇所

　その視点で読み直すとヒントが見つかりました。まず「其の道里」は前出の「萬二千余里」を指しているのは明かです。このことに誰も異存はないでしょう。つまり「其の道里を計るに、当に会稽の東治の東に在るべし」の文章は「１万２千余里から推測して、まさに会稽の東治の東にあるはず」という意味になります。そうすると「萬二千余里」から「会稽の東治の東に在るべし」とその位置を特定して、"この間の文章が一つに括られている"ように思えてきます。そうなると狗奴国の範疇は「其の南に狗奴国有りて……」から始まって上記の「……東治の東に在るべし」までではないかと考えられるのです。

　さらにその視点で文章を見ていくと「萬二千余里」に続く文章「男子は大小と無く……」は何も付けずに風俗の説明に入っていますが、「……東治の東に在るべし。」に続く文章は「其の風俗」と改めて「其の」をつけて風俗の説明に入っています。つまり「其の道里を計るに、当に会稽の東治の東に在るべし」の文章によって風俗の説明が明らか

に二カ所に分断されていることが分かります。分断された
風俗の文章を二つのアンダーラインで示すと下記のように
なります。

「……次に奴国がありて、此れ女王の境界の尽くる所なり。
其の南に狗奴国有りて、男子を王と為し、其の官に狗古智
卑狗有り、女王に属さず。郡より女王国（の境界）に至る
萬二千余里。男子は大小と無く、皆黥面文身す。古より以
来、其の使中国に詣るや、皆自ら大夫と称す。夏后小康の
子、会稽に封ぜられ、断髪文身して、以て蛟龍の害を避け
しむ。今の倭の水人、好んで沈没して魚蛤を捕え、文身し
亦た以って大魚・水禽を厭わしむるに後、稍以て飾と為す。
諸国の文身各おの異り、或いは左にし或いは右にし、或い
は大にし或いは小にし、尊卑差有り。「其の道里を計るに、
当に会稽の東治の東に在るべし」。其の風俗淫ならず。男
子は……蚕桑、絹績し、……有無する所、儋耳・朱崖と同
じ。」

　この解釈が正しいとすれば、最初の「男子は大小と無く
……」に続く文章は"狗奴国の風俗"の説明であり、２回
目の「其の風俗……」の「其の」は女王国のことを指し、
それ以降の文章は"女王国の風俗"ではないかと思えてき
ます。

　このように考えると補強材料が出て来ました。この考え
だと「黥面文身」（顔と身体に入れ墨を入れること）は狗
奴国の風習ということになりますが、後述で「朱丹を以て

其の身体に塗ること、中国が粉を用うるが如きなり」という文章が出てくるのです。つまり女王国では体を朱でもって赤く塗っており、それは中国風であったことが分かります。そもそも「黥面文身」と「朱を塗る」という体への装飾の風習が二つも出てくることが不可解です。それぞれが別の国の異なる風習だったと解釈するとこの矛盾が説明できます。このように考えてくると上記の文章は"女王国と狗奴国のそれぞれの風習の違いを説明している"ということになります。

5）狗奴国のこととして分かったこと

これらのことから「其の南に狗奴国有りて……郡より女王国（の境界）に至る萬二千余里。」が狗奴国の説明のイントロになって、その後「男子は大小と無く、皆黥面文身す。……東治の東に在るべし」の範疇が狗奴国の詳しい説明になっていることが分かります。この文章から狗奴国のことを整理すると以下のようになります。

① 狗奴国の男子は全員が顔や身体に入れ墨をしていた。

②「其の使中国に詣るや、皆自ら大夫と称す。」とあるように狗奴国は朝貢国であった。

③ 狗奴国の人は入れ墨をして水中に入り、潜って魚を捕るのが得意だった。

④「諸国の文身各おの異り」とあり、狗奴国の中にも女王国のようにいくつかの国々が存在していた。

⑤ 会稽の東治の東にあるのは女王国ではなく、"女王国と狗奴国との国境"のことである。

これらのことについてもう少し詳しく考えてみたいと思います。

6）入れ墨の風習

「黥面文身」とは顔や身体に入れ墨をしていたことですが、狗奴国ではその仕方が国々や身分の違いで左右や大小と異なっていたのが分かります。一方、女王国では中国人が「粉（おしろいのこと）」を塗っていたように「朱丹」で身体を赤く塗っていたということになります。身体への装飾の仕方が女王国と狗奴国で異なっていた訳です。

現在、教科書にも弥生時代の日本人は入れ墨をしていたとあり、そのことは広く一般的に言われています。その根拠の一つとして『魏志倭人伝』の記載が挙げられてきました。しかし、上記の判断ではやや状況が異なります。顔に入れ墨をしていたのは狗奴国ということになります。顔への入れ墨の風習は縄文時代の土偶に多く見られます。私は"狗奴国は縄文色の強い国"であり"女王国は中国からの弥生渡来人の国"ではなかったかと考えました。

入れ墨は古墳時代の銅鐸や埴輪にも多く見られますが、東大教授の設楽博己氏は埴輪の入れ墨は下層階級のみであると述べています。このことは古墳時代までは縄文の風習を持った倭人と弥生時代以降やって来た渡来人との民族的

テーマⅠ　九州説の証明 謎解き3

平準化が進んでいなかったためだと解釈できます。

　日本書紀にも神武天皇紀にある伊須気余理比売が求婚の使者として来た大久米命の入れ墨を見て驚いた話や、第17代・履中天皇が入れ墨を禁止した話があり、下層階級には入れ墨の風習があったことが記載されています。縄文時代から続く入れ墨の風習が古墳時代まで倭人の一部に残っていたことになります。

　一方で女王国では朱を塗っていました。「中国が粉を用うるが如きなり」とわざわざ中国風であることが記載されています。粉を塗るのが中国のどこの風習であるか知りませんが、恐らく中国から渡来してきた人達だったと考えられるわけです。

7）狗奴国は朝貢国

「狗奴国の男王卑弥弓呼」とあり、王名が載っています。歴博教授の仁藤敦氏は「王」という表記は中国王朝が承認しない限りできないと述べ、狗奴国が朝貢国であったとしています。今回、狗奴国の説明箇所がハッキリしたことでそのことが直接的に裏付けられたことになります。中国王朝は朝貢国以外の王は認めていません。朝貢国だからこそ『魏志倭人伝』に狗奴国に王がいたことを記し、その王名を記載したのです。

　つまり“中国王朝は女王国と狗奴国という二つの国を正式に認めていた”ということになりますが、このことはど

127

ういうことを意味するのでしょうか。

　卑弥呼は朝貢したとき皇帝から「親魏倭王」に任じられています。だとすれば「倭国とは女王国のこと」になります。ところが狗奴国は「女王に属さず」となっています。しかし狗奴国の人達も倭人だったはずです。さらに「女王国の東、海を渡ること千余里にして、復た国有り、皆倭種なり」とあります。狗奴国以外にも女王国＝倭国に属さない倭人がいたことになります。倭人とは言っても狗奴国の人達のように女王国とは異なる種族だったのでしょう。それを「倭種」という言葉で一様に同じ種族と見なそうとしています。

　そして"海の向こうにまた国がある"というこの文章は女王国＝倭国が九州内であることを匂わせ、九州以外の地、恐らく本州や四国にも国があるとしているのです。だから『魏志倭人伝』が「倭人伝」であり、"倭国伝"や"倭伝"とはしなかったのではないかと考えられます。

　ここで狗奴国がいつ朝貢したのかが気になります。『後漢書』に「建武中元二年（57）、倭の奴国が謹んで貢献して朝賀した。使人は大夫を自称する。倭国の極南界なり。光武帝は印綬を賜る。」の文章があります。ここでは「使人は大夫を自称する」となっています。『魏志倭人伝』で言う狗奴国も「皆自ら大夫と称す」とありますが、卑弥呼の使い難升米も大夫でしたが、自ら大夫とは名乗っていません。そして『魏志倭人伝』では狗奴国は3-2で述べる

ように邪馬台国の南の21国のさらに南とあり極南界に位置
します。この『後漢書』にある57年に朝貢した奴国は狗奴
国だったのかも知れません。

　そうすると、その時の朝貢で中国王朝は狗奴国の存在を
知ったことになります。そして志賀島でみつかった「漢委
奴国王」の印がこの時のものであったのなら倭国（＝女王
国）が狗奴国から印を取り上げたということになります。

8）水中に潜って魚を捕る習慣

　縄文人のことについて骨考古学者の片山一道氏はその著
書『骨が語る日本人の歴史』の中で、「縄文人にはサーフ
ァーやダイバー、海女さんなど頻繁に海に潜る人がなり易
い「外耳道骨腫」という外耳の骨に“こぶ”のようなもの
ができる人骨が多く」さらに「縄文人は素潜り漁、海藻類
などの採取、波かぶりの小舟での釣り漁などが盛んだった
のであろう」と述べています。

　このことは前述した狗奴国の記載箇所とした文章にある
「今、倭の水人、好んで沈没して魚蛤（魚や二枚貝）を捕
え、文身し亦た以って大魚・水禽を厭わしむる」という記
載とも一致します。このことからも狗奴国は縄文人的要素
の強い国であったことが裏付けられることになります。ち
なみにこの場合の「今」は「いま」ではなく「この」と訳
すべきだと思います。

　末盧国の記載でも「好んで魚鰒（魚やアワビ）を捕え、

129

水の深浅と無く、皆沈没して之を取る」と狗奴国の風習と似たような説明文がありますが文身（入れ墨）はしていません。そして狗奴国では「好んで沈没して」と末盧国よりも潜水が得意だったことが示されています。

9）狗奴国の大きさ

「諸国の文身各おの異り」とあり、入れ墨の仕方が国によって様々であったことから、狗奴国の中に複数の国が存在し、その領域はかなり広かったことが推測できます。狗奴国は女王国と同じようにいくつかの国々が連合した連合王国だったと思われます。

10）会稽東治の東

先述したように「東治」は『後漢書』では「東冶」とされ、通常の書籍にはまるでこれで決まったかのように書かれています。東冶とは現在の福建省福州近くと言われ、沖縄より少し南です。しかし、『魏志倭人伝』では明らかに「東治」と記載されています。

古代史を探求する技術者 S. Mizuno 氏はブログの中で会稽東治は長江河口に近い紹興酒で有名な現在の浙江省の"紹興市"としています。また狗奴国の説明文の中にも「夏后小康の子、会稽に封ぜられ」とあり、この会稽は現在の紹興市であったことからもそれが裏付けられます。この地にある夏王朝を建てた王"禹"を祀った場所は歴代の

テーマⅠ　九州説の証明 **謎解き3**

中国王朝にとって特別の場所でした。そのことを『史記』
には次のように記載してあります。

「過丹陽、至錢唐。臨浙江、水波惡、乃西百二十里從狹中
渡。上會稽。<u>祭大禹、望于南海、而立石刻、頌秦德</u>」（『史
記』秦始皇本紀、始皇三十七年）

「祭大禹」以降のアンダーラインしたところの訳は次のよ
うになります。

　秦の始皇帝は「（会稽山に登って）大禹を祭り、海をの
ぞんで石碑をたて、そこに自らの王朝を称える言葉を刻ん
だ」（ＮＨＫ：よみがえる英雄伝説「伝説の王・禹〜最古
の王朝の謎〜」より）。

　始皇帝は夏王朝を建てた禹が死を目前に最後に選んだ場
所である会稽を訪れ、そこに石碑を建てて彼を祭り、そこ
から海を臨んで自分の王朝を称えたとしているのです。会
稽山から「海をのぞんで」ということは"東を向く"こと
であり、そこで天下を治めることを誓ったのでしょう。ま
さに"東治"の地であったということになります。

　紹興市はソウル近くにあった帯方郡から南に960キロと
なり、短里でちょうど１万2000里になります。紹興市から
真東だと屋久島辺りです。『後漢書』にある「東冶（とうや）」は福
建省と言われていますが、帯方郡から1400キロほどで１万
7000里になり合致しません。また一般的な１里400メート
ルを採ると１万2000里は5000キロを超えインドネシアの南
になってしまいます。「東冶」は後述するように『後漢書』

131

の著者・范曄が近畿説的な主観に基づく先入観で書き直したものです。

3-2　女王の国々と狗奴国の位置関係

　狗奴国について多くの情報が得られこの謎の国が鮮明になってきました。次に女王国について考えていかなければなりません。この項では女王の30の国々を探し求めながら、そのことによって狗奴国をさらに鮮明にさせていきたいと思います。

1）玄界灘沿いの国々

「女王国（邪馬台国）自り以北、其の戸数道里得て略載す可きも」の文章で、女王国以北で戸数や道里が示された国は対馬国、一大国、末盧国、伊都国、奴国そして不弥国の6国であることは明らかです。対馬国と一大国については、すでに1-2で述べました。他の国々についても考えてみたいと思います。末盧国、伊都国、奴国、不弥国については次のようにあります。

「又た一海を渡り、千余里にして、末盧国に至る。四千余戸有り。山海に浜うて居り、草木茂盛し、行くに前人を見ず、好んで魚鰒（魚やアワビ）を捕え、水の深浅と無く、皆沈没して之を取る。東南に陸行すること五百里、伊都国に到る。官を爾支と曰い、副を泄謨觚、柄渠觚と曰う。千

余戸有り。世よ王有るも、皆女王国に統属し、郡使（帯方郡からの使い）の往来に常に駐まる所なり。東南して奴国に至る百里。官を兕馬觚、副を卑奴母離と曰う。二万余戸有り。東行して不弥国に至るに百里、官を多模と曰い、副を卑奴母離と曰う。千余家有り。」

　末盧国だけが漁業に従事していたとありますが、伊都国を除く他の国々は戸数と道里や旅程、官名だけの内容であり情報は限られています。末盧国は通説通り佐賀県の唐津で考えてみたいと思います。使節は船で来て直接唐津に上陸したのか、それとも同じ唐津市でも壱岐から一番近い鎮西町や呼子町辺りに上陸し、その後陸路を取って鬱蒼と草木の茂る道を末盧国まで来たのか判然としません。唐津には弥生遺跡として最も古い水稲耕作の痕跡がある菜畑遺跡があります。

　末盧国から伊都国の方向は東南となっていますが、末盧国をここに比定すると伊都国に比定される三雲南小路遺跡などが地図上では東になってしまうことが気になります。ひょっとすると、末盧国は呼子だったのかも知れません。そうすると最初は唐津まで南下し、そこから東に向い、三雲南小路遺跡は呼子から東南になります。ただ菜畑遺跡の横にある末盧館で聞いた所、呼子には目立った弥生遺跡がないということでした。唐津にしても呼子にしても戸数が四千余戸となっている末盧国に相応しいのかどうか疑問が残りますがこれ以上推測しようがありません。

伊都国の有力候補は福岡市の西隣の糸島市です。平原遺跡、三雲南小路遺跡、井原鑓溝遺跡などから日本最大の銅鏡を含む多くの副葬品が出た王墓がいくつもあり、女王国で重要な役割を担っていた国として相応しい遺跡です。伊都国だけはここだと言って間違いないでしょう。

　奴国の戸数は２万余戸とあり『魏志倭人伝』に記載された国で３番目です。通説通り福岡市南区の南隣に位置する春日市の須玖岡本遺跡が一番相応しいと思われます。ここにも立派な王墓があり、多数の青銅器の鋳型が見つかっています。この遺跡は３世紀中頃には博多湾岸の西新町遺跡や比恵那珂遺跡に追い越されますが、博多湾岸の遺跡からは王墓クラスの墓は見つかっていませんし、２世紀段階ではまだ須玖岡本遺跡を超えていなかったと思われます。しかし、ここでも伊都国から奴国が東南となっているのが気になります。平原遺跡から須玖岡本遺跡はほぼ真東になるからです。不弥国は奴国の東になっています。この国は記載情報も少なく比定するのが難しいのですが一般的には博多区の東隣に位置する糟屋郡宇美町一帯とする説が多いようです。

　このように、記載された国々を現在の土地に当てはめていくと、それらしい遺跡は存在するのですが『魏志倭人伝』に記載された距離や方向が完全に一致するわけではありません。途中に山が存在し、方向を見定めることが正確

にできなかったためだと思われます。伊都国だけは特定していいかも知れませんが、残念ながら『魏志倭人伝』の情報からは末盧国、奴国そして不弥国の３国は佐賀から福岡北部の玄界灘沿いにあったとするくらいに留まり、断定には至りませんでした。

２）玄界灘沿いの国々や
##　　其の余の旁国と邪馬台国の位置関係

　次に玄界灘沿いの国々やその他の国々と邪馬台国との位置関係を考えてみたいと思います。旅程「水行10日陸行１月」からは邪馬台国の場所を突き止められないことはすでに述べました。しかし、この旅程がなくても下記の文章、特にアンダーラインが引いてある所から邪馬台国のおおよその場所を特定することができます。

　「南して投馬国に至るに、水行二十日。官を弥弥と曰い、副を弥弥那利と曰い、五万余戸可り。南、邪馬壹国に至り、女王の都する所にして、水行十日、陸行一月。官に伊支馬有り、次を弥馬升と曰い、次を弥馬獲支と曰い、次を奴佳鞮と曰う。七万余戸可り。<u>女王国自り以北、其の戸数道里得て略載す可きも、其の余の旁国は遠絶にして、得て詳かにす可からず。次に斯馬国有り、……次に奴国がありて、此れ女王の境界の尽くる所なり。</u>

　この文章で戸数と道理が記載されている伊都国や奴国など６国を女王国（ここでは邪馬台国のこと）の以北として

135

いることから"邪馬台国は戸数と道理が記載されている国々の南側にあった"ことになります。そして"其の余の旁国（21国）は邪馬台国よりさらに南にあった"ことになります。続いて斯馬国以下21国の名前だけを取上げた後「此れ女王の境界の尽くる所なり」とそこまでが女王国であることを明記し、さらに先ほどの「其の南に狗奴国有りて」と狗奴国の紹介に続きます。"狗奴国は其の余の旁国のさらに南にあった"ことになります。

このままでは投馬国が取り残されますが、投馬国には道里が記載されていません。従って、戸数と道里が記載されている６国の中には含まれないと言えます。投馬国の位置に関する情報は伊都国から見て南にあったということと旅程「水行20日」だけです。先に述べたように邪馬台国の「水行10日陸行１月」は266年の倭国の使者から聞き出したものだとしました。となると投馬国のこの旅程も同じ時に倭国の使者から聞いた日数に違いありません。

私は投馬国を宮崎に比定しますが、元々、投馬国は遠くて曖昧な記載しかなかったのだと思います。そこには道里の記載もなかったため倭国から来た使者に問うた所、水行20日という答えが返ってきた。そんなことだったのではないでしょうか。

伊都国や奴国など６国を邪馬台国の北としていることから遠絶で詳らかにできない「其の余の旁国」である21国は邪馬台国の南側になります。そして「遠絶」で詳らかにで

テーマⅠ　九州説の証明 **謎解き3**

きないということから "邪馬台国と其の余の旁国（21国）の間には山などの障壁があった" ことがうかがわれます。

　さらにその21国の南側に狗奴国があったということになるのです。女王国と狗奴国の位置関係を整理すると北から順番に次のようになります。

　玄界灘沿いの戸数と道里が分かる6カ国───────
　　　　　　⇒邪馬台国
　　　　　⇒障壁となる山々　　　　　　 この範囲が**女王国**
　　　　　　⇒其の余の旁国（21国）
（女王国と狗奴国の国境：伊都国からここまで120キロ）
　　　　　　⇒狗奴国

　これだけ条件がそろえばこれらの国々を九州島の中に配置するのはそれほど難しいことではありません。次に九州内に上記の条件に合うように国々の場所を地図上に探してみましょう。

3) 女王国と狗奴国との国境

　3-1の結果から女王国と狗奴国の国境の北側は弥生渡来人的要素が強く、南側は縄文人的要素の強い地域であることが分かりました。女王国の一番南に位置するのが21国でその南の狗奴国との境界までが帯方郡から1万2000余里であり、伊都国までの累計を差し引けば残り1500里、約120キロとなります。

　上記の位置関係と3-1で検討した両国の特徴の違いを

137

前提に、女王国と狗奴国の境界を九州内で探すとその有力候補は熊本中央を流れる緑川が当てはまります。2016年4月に起きた熊本地震の震源となった場所です。伊都国から120キロとも一致し"緑川以北が女王の21国、以南が狗奴国"となります。この川を国境に定めると、そこは紹興市から見て真東に対し北に約15度ずれますが、この程度の差異はおおよそ東と言っても差し支えないでしょう。ここを女王国と狗奴国の国境にした場合のそれぞれの特徴が3－2で検討した特徴に一番合致すると考えます。

4）21国に比定される北部熊本の弥生遺跡

　図7で示されたように熊本県は福岡県と並び弥生時代の鉄器の出土では突出しています。特に緑川以北の熊本平野から阿蘇にかけては多数の鉄器を有する大規模な弥生遺跡が数多く存在し、ここが女王国の「其の余の旁国」である21国に相応しいと言えます。

　山鹿市の方保田・東原遺跡は東西1200メートル、南北350メートルに及び、弥生時代後期から古墳時代前期まで存在した、まさに邪馬台国時代の遺跡ですが、全国唯一の石包丁形鉄器など多数の鉄器や青銅製品が出土しています。そしてビールのジョッキを思わせる土器や山陰〜近畿地方までの西日本各地の土器が出土しています。そしてこの遺跡以外にも熊本市を流れる白川周辺には神水遺跡や五丁中原遺跡など大規模な弥生遺跡があります。

テーマⅠ　九州説の証明 **謎解き3**

　これらの遺跡からは多数の鉄器や青銅器が出ていますが、漢鏡をモデルとして国内で作られた小型の仿製鏡も福岡県についで多く、熊本平野最南端の宮地遺跡群は緑川のすぐ南側ですが、中国銭貨も複数発見されており大陸との交易も考えられます。

　また世界最大級のカルデラ・阿蘇でも津留遺跡を初め多数の鉄器が出土したいくつもの遺跡があります。菊池秀夫氏はその著書『邪馬台国と狗奴国』の中に鉄器が住居跡から多数出土し、投棄されていることから、鉄器が一般階層にまで普及した段階に達しているとしています。そして海から遠いこの地に多くの鉄器が出ることから豊富に産出される褐鉄鉱を利用した製鉄の可能性も指摘しています。弥生時代の日本で一番鉄器が発達していたのは何と阿蘇地域だったということになります。

　北部熊本はこのように福岡と並んで最も弥生文化の発達した地域でした。狗奴国は女王国と対峙する強力な国であったはずだとの前提から熊本県北部を狗奴国とする説は多いのですが、狗奴国は縄文色の強い地域でなければいけません。従ってこの地は女王国に属し「其の余の旁国」の21国に比定するのが一番相応しいと考えます。この地は土器などの関係から北部九州との交流が多かったと考えられますが、また独自性も見られ、そのようなことが「遠絶にして詳らかにできない」という表現に繋がったのではないでしょうか。

139

5）狗奴国に比定される南部熊本

　大規模な弥生遺跡が存在する南限は熊本県中部を流れる緑川です。宮地遺跡＊を南限にそれより南には大規模な弥生遺跡は存在せず、鉄器の出土も多くはありません。弥生時代には珍しい入れ墨をした土偶が出土し、緑川以北とは様相が異なります。

　南九州の山地では昭和30年代まで縄文時代から続いてきたと言われる焼畑農業が行われていました。私は大学の教養課程で考古学を１度だけ習ったことがあります。ご教授いただいたのは当時の熊本県立女子大学（現・熊本県立大学）教授でその後、國學院大學教授になられた乙益重隆氏です。大学の講義で覚えている話は多くはありませんが、この先生の話だけはいくつか覚えています。その中に、「僕は昭和30年代に九州山地（五木村辺り）で縄文人に会った。彼らは山々を転々としながら焼畑農業を行い、お湯を沸かすのに水を入れた竹筒に焼け石をチュンチュンと入れていた」というものでした。

　「えっ！」と皆がビックリしましたが、20世紀後半になっても南九州には縄文人のような生活をしていた人達がいたことになります。それくらい南九州は縄文色が強く北部九州とは対照的であったと言えるのです。『魏志倭人伝』はそのことを特徴的に描いたのではないでしょうか。

　　＊宮地遺跡は私が女王国と狗奴国の国境とする所に位置します。

テーマⅠ　九州説の証明 **謎解き3**

この遺跡で発見された中国銭貨は貨泉や半両銭と言って前漢時代から新王朝（紀元8～23年：王莽が前漢を滅ぼして作った王朝）の時代のものでした。これらの銭貨は玄界灘に位置する大陸との経済活動が活発な遺跡からは出ていますが、福岡南部や北部熊本からは発見されていません。玄界灘から遠い宮地遺跡に大陸との交渉があったことが不思議です。

前項で少し触れたように57年朝貢の奴国は、やはり狗奴国のことであり、これらの通貨はその時、手に入れたのではないでしょうか。この遺跡からは台付舟形土器も発見されていることから海上交易活動にも関わっていたことが暗示されるとのことです。この集落は環濠集落であり明らかに弥生集落で同じ熊本県内にある方保田東原遺跡に匹敵する大規模な遺跡です。

しかし弥生時代後期前半に環濠を掘削し防御を固めたかと思うと、ほどなく濠の埋没が始まり姿を消しており、この地帯で攻防があったことが想像されるようです。女王国と狗奴国の攻防だったのかも知れません。すぐ近くには500基もの古墳がある塚原古墳群があり、この地域が古墳時代になっても重要な地域であったことが分かります（資料は伊都国歴史博物館・狗奴国浪漫より抜粋）。57年の朝貢が狗奴国のことだとすれば魏の使節が訪れてもいない狗奴国の情報が『魏志倭人伝』に詳しく書かれている理由も分かります。

狗奴国の候補地としてよく言われるのが、その官名・狗古智卑狗の発音が似ていることからその所在地を熊本県の

141

免田式土器
（あさぎり町教育委員会提供）

北部に位置する現在の菊池市辺りに求める説です。そして平安後期から室町時代まで長く九州で活躍した菊池氏との関係を言われることもあります。しかし、菊池氏は藤原氏の一族で菊池に赴任後、菊池の姓を名乗るようになったと言われています。菊池という地名の方が先にあったと思われ、地名との関係はあっても菊池氏との関係はなさそうです。いずれにしても、狗奴国は縄文色の強い地域でなければならず、この場所は21国には相応しいが、狗奴国には相応しくはないと思います。

　縄文色が強いと言って焼畑農業を例にあげましたが、狗奴国は弱小国ではなかったはずです。朝貢もしていた国であり、様々な国が存在していたことから女王国のようにいくつかの国から構成される連合王国だったと推測できます。狗奴国の中心としては人吉盆地が候補に上げられます。

　ここは弥生式土器で最も美しいと言われる免田式土器（写真）の中心地ですが、この土器にある重弧文は縄文時代からの流れを汲むと言われ、私には鹿児島県霧島市の縄

テーマⅠ　九州説の証明 **謎解き3**

文遺跡上野原遺跡から出土した7500年前の「壺型土器」と
似ているように思われます。ちなみに免田式土器の名付け
親は旧免田町出身で私の恩師の乙益氏だそうです。

　次に私の主観も入れて狗奴国のことをまとめてみます。
① 弥生時代、稲作が始まったとは言え、米が主体であ
　った訳ではない。むしろ縄文時代からの麦やヒエなど
　に頼っており、北部九州と比較して、その点では南部
　九州の方がむしろ有利であった。先に挙げた鬼頭宏氏
　（前掲書）の人口推計でも、この時代の人口は北部九
　州（福岡、佐賀、長崎、大分）の4.05万人に対し南部
　九州（熊本、宮崎、鹿児島）は6.46万人になっている。
　熊本における女王国の人口比率をどう考えるかにもよ
　るが、それを考慮しても、人口的には北部九州の女王
　国と同等以上であったと言える。
② 人吉盆地一帯は奈良盆地に匹敵するだけの広さがあ
　る。鉄器など金属製品では劣っていても免田式土器の
　水準から見て北部九州に対抗できるだけの文化水準を
　持ち、中国への朝貢国であったことなどから、狗奴国
　は縄文的要素の強い国ではあるが、北部九州に劣らな
　い勢力を持っていたと言える。
③『魏志倭人伝』では女王国と狗奴国の関係は「倭の女
　王卑弥呼、狗奴国の男王卑弥弓呼と素より和せず……
　相攻撃する状を説く」としかなく、両者の間の戦闘は

143

激しかったようには思われない。互いの王名が極めて
似ていることや免田式土器が北部九州にまで広く分布
していることなどから攻防がありながらも、北の女王
国との交流が盛んであったと思われる。

　以上が狗奴国のまとめになります。狗奴国とは熊襲では
ないかと言われていますが、森浩一氏は「記紀では景行天
皇と日本武尊の時の2度に亘ってクマソ征伐に出かけてい
る。そして日本武尊はだまし討ちするようにしてクマソの
頭を殺しています。それだけ強力な相手だったということ
です」のようなことを書かれています。記紀の記載も狗奴
国が強力な国であったことを示しているのではないでしょ
うか。

6）女王国の範囲

　邪馬台国は伊都国や奴国から遠くない南にあったという
ことから筑紫平野のどこかにあったとすると、その南側に
は断層をなした耳納山脈が壁のように東西に立ちはだかり、
そのまた南側はいくつもの山並が熊本北部まで続きます。
緑川以北の熊本平野が「遠絶で詳らかにできない」21国で
あったと想定できます。結果的に、女王国は熊本平野以北
の福岡、佐賀にかけての **"豊富な鉄器を産出する"** という
ことで特徴付けられるゾーンに設定され、その中で **"邪馬
台国は筑紫平野にあった"** とするのが一番相応しいと考え

ます。

　骨考古学者の片山一道氏はその著書『骨が語る日本人の歴史』の中で、西北九州（長崎方面）を除く北部九州は、弥生渡来人的要素が強いと述べ、それ以外の日本列島は縄文人と弥生人またはその混血がまだら模様に残っているとしています。ひょっとすると北部九州の弥生人とそれ以外の地域では言葉すら通じなかったのではないでしょうか。

　そのことが吉野ヶ里に代表される堅固な環濠を周囲に巡らせた集落を造らせることになったと想像できます。弥生渡来系の人々が顕著なのは日本全体を見渡しても西北九州を除く北部九州のみであり、この地域を女王国に設定すると女王国はほとんどが弥生渡来系の人達で構成される特異な地域だったということができます。そのことが片山氏の描く "人骨から言える弥生渡来人の分布とほぼ一致する" ことになります。

　投馬国は南に「水行20日」となっています。投馬国には里程の記載がなく、邪馬台国より以北の国には属さないと考えることができます。この水行20日から考えると邪馬台国の南になってしまいます。そうすると、やはり女王の国々の一つとして "鉄" にこだわり、投馬国に一番相応しい候補地としては、南部九州で唯一多数の鉄器が出る宮崎の川床遺跡周辺があげられます。その近在には「妻」や「都萬」の地名があり「つまこく」とも読める投馬国と通じます。後の西都原古墳群の近傍であり、伊都国から海路

145

で400キロ、水行20日はかかります。

3-3　邪馬台国は九州のどこか？

　女王国は北部九州であったことが分かり、女王の国々と
狗奴国の姿も鮮明になってきました。九州説の証明はほぼ
できたことになります。早く騎馬民族説の証明に進みたい
私にとってこれ以上の邪馬台国の追求は不要なのですが、
読者がこれで許してくれるとは思われません。
　近畿説の専門家も九州説に欠けているのは遺跡を決めて
いないことだと言っています。纏向という特定の遺跡を有
力候補とする近畿説にとって九州説が遺跡を特定しないの
は受け入れがたいことのようです。

1）邪馬台国の要件

　邪馬台国の場所探しを難しくしていたのは「水行10日陸
行１月」でした。この旅程から邪馬台国に相応しい場所を
探そうとすると、南九州よりさらに南になってしまいます。
しかし、もうこの旅程に縛られることはありません。邪馬
台国は筑紫平野の中で『魏志倭人伝』の記載内容に一番当
てはまる遺跡を探せばいいのです。ではこの平野のどこな
のでしょうか。筑紫平野は福岡県と佐賀県に跨がる九州最
大の平野であり、最大の河川・筑後川が流れています。そ
していくつもの有力な弥生遺跡が存在します。果たしてそ

テーマⅠ　九州説の証明 **謎解き3**

の中のどの遺跡が邪馬台国に相応しいでしょうか。

　女王の国々で伊都国までは方角、距離、官名、戸数、そして対馬国や一大国はその国の描写も詳しく書いてあり、狗奴国はさらに詳しく書いてあることも分かりました。

　テーマ1の冒頭で定義したように邪馬台国は女王国の首都ですが、『魏志倭人伝』の描写のどこまでが邪馬台国のことなのか、それとも女王国のどこかのことなのか判別できません。旅程「水行10日陸行1月」を外すと、7万戸という戸数、四つの官名と女王の都であること、そして恐らく「居処の宮室・楼観・城柵、厳しく設け、常に有りて、兵を持して守衛す」という文章は邪馬台国のことに違いないと思われます。宮室・楼観・城柵の三つが揃っていることが必須条件ということになります。そして、7万という戸数は誇張されてはいますが、女王国の中で最大の人口を擁する国だったはずです。

　分かった範疇で邪馬台国の遺跡として相応しい要件を整理すると次のようになります。この四つの項目を要件として設定し、邪馬台国を探さなければなりません。

　① 少なくとも2世紀初頭から3世紀半ばまで継続的に
　　 存在していたこと。
　② 筑紫平野にあること。
　③ 北部九州で最大の遺跡であること。
　④ 宮室・楼観・城柵が存在すること。

遺跡から見た場合、多量の銅鏡が出た伊都国に比定され

147

る平原遺跡とその周辺の遺跡が現状では邪馬台国に一番相応しい候補だとする専門家も多くいます。しかし、この遺跡は条件②で外れてしまいます。やはりこの遺跡は伊都国に一番相応しいと言わざるを得ません。

　四つの条件から最初に浮かび上がってくるのが吉野ヶ里遺跡です。そして二つ目に弥生時代最大と言われる小田・平塚遺跡があります。三つ目は神籠石のある髙良山です。そして卑弥呼の墓の最有力候補として祇園山古墳を紹介したいと思います。

２）吉野ヶ里遺跡

　この遺跡は改めて紹介するまでもないでしょう。1986年の発掘調査で大規模な弥生遺跡であることが分かり、あまりにも有名になりました。そして宮室・楼観・城柵の三つが全てそろっています。この三つが全てそろっている遺跡は吉野ヶ里だけだと言われています。『魏志倭人伝』に記載されている内容との一致点が数多くあることが注目されます。佐賀女子短期大学元学長の高島忠平氏によれば「南北５キロの丘陵一帯に広がる埋葬や住居などのまとまりは300ヘクタールで45ヘクタールの環濠集落はその南端にあるものです。」と述べています。規模的には小田平塚に譲るとしても弥生時代を代表する大規模遺跡であることには相異ありません。寺沢薫氏が言う３世紀前半の纏向遺跡のマチの広さが１キロ四方100ヘクタールですから、どこま

での広さで比較すればいいのか難しいところですが、広さ
では負けていないことになります。そして歴代の王墓があ
り、ＢＣ２世紀から紀元２〜３世紀まで祭りが行われてい
たということです。

　しかし、意外なことにこの遺跡を候補とする専門家は多
くはありません。専門家に近畿説が多いということもあり
ますが、もう一つの理由は３世紀半ばにはすでに衰退して
いたというものです。しかし、後述するように自説ではそ
のことは当然です。また銅鏡の発掘が少ないという意見も
ありますが、周辺の遺跡からは多数出ているので、周辺の
国々に下賜してしまったと考えることができます。

　この遺跡は公益財団法人日本城郭協会が定めた日本百名
城の一つになっているように城または城塞都市と言っても
おかしくない構造です。全体をＶ字型の深い濠が2.5キロ
に渡って取り囲み、木柵、土塁、逆茂木で防御されていま
す。後の天守閣と言っていい物見櫓があり、大型の倉庫と
合せて長期の攻防に耐える構造になっています。今回、一
番の弱点だった旅程「水行10日、陸行１月」を要件から外
しました。改めて吉野ヶ里を邪馬台国の候補として見つめ
直してみる価値は高いと思います。

３）小田・平塚遺跡群
　朝倉市に所在するこの遺跡は多くの弥生遺跡の集合体で
す。九州説の複数の専門家が邪馬台国の候補としている遺

跡です。全てを合せると400ヘクタールにもなると言われ、吉野ヶ里より広くなります。3世紀時点での纒向遺跡の広さを上回る弥生時代最大規模の遺跡だった可能性があります。当時の列島最大の遺跡が邪馬台国だと定義するのであれば、この遺跡こそ邪馬台国に相応しいことになります。

　ただ、残念なことにこの遺跡の大部分は田圃であり、発掘が進んでいません。現在までに発掘の進んでいる平塚川添遺跡もこれまで出てきた遺物はそれほど多くはなく、青銅製品はありますが、鉄製品はありません。今後、画期的な遺物が出れば有力な候補となり得ます。

4）髙良山

　髙良山は筑紫平野の南に東西に横たわる耳納山脈の最西端に位置する標高312メートルの山です。耳納山脈は断層山脈であり、筑紫平野から見ると屏風のようにそそり立ち行く手を阻んでいます。北部九州から南に行くには髙良山の下を西に迂回しなければならず、南へのルートを見下ろすこの山は古代から要衝の地だったと言われています。

　この遺跡は③、④の要件をクリアしていません。①についても不確かです。候補としたのは神籠石に惹かれたからです。ここの神籠石は明確な年代も確定されておらず、何のため造られたのかも分かっていません。

　私は卑弥呼の墓の有力候補ではないかと言われている祇園山古墳を見に行って神籠石が近いということに気づき、

髙良神社の方に歩きました。神籠石は神社の鳥居をくぐって登っていく山中にありました。鬱蒼と茂る木々の中に存在する神籠石と周りの雰囲気に不思議なものを感じたのです。

　神籠石は日本書紀や続日本紀に記載のない白村江の戦い直後に造られた山城を指すということですが、髙良山の神籠石は白村江に敗れた大和朝廷が防衛のため作った物とは思われません。太宰府防衛のためとされる大野城や水城とは全く異なります。岡山の鬼ノ城も同様ですが、海から遠く離れた場所に外国から守る防衛施設を造るはずはありません。これらは国内の敵に向けて造られた構造としか考えられないのです。そして髙良山の神籠石は朝鮮式には見えません。

　後述するように邪馬台国は扶余に対し防戦一方だったはずです。卑弥呼は本来の首都だった伊都国を避けて南に避難し、鉄壁の城塞の中にいてもおかしくはありません。髙良山全体が城だとすれば、その防衛のためだったと思われてきます。すなわち扶余に対する防衛のためではないのか、鬼ノ城は明らかに朝鮮式山城ですが、吉備に進出した扶余が周辺の倭人に備えるため造った城ではないか、などと想像してしまいます。

5）祇園山古墳

　髙良山の麓にある祇園山古墳は森浩一氏などが取り上げ

卑弥呼の墓として有力候補となったことがあります。築かれた時期がはっきりしていないのが難点ですが、3世紀中頃から遅くても4世紀初頭のものと言われ、最古クラスの古墳に属するのは間違いないようです。現地の説明板を読むと次のように書かれています。

「祇園山古墳は、古墳時代前期に築かれたと見られる古墳です。墳丘形態は方墳（平面形が方形の古墳）で、規模は東西約23.7メートル、南北約22.9メートル、高さ約5メートルを測ります。墳丘は本来の地形を整形した上部に盛り土を行うことにより構築されており、墳丘裾部と上段の盛土部分には葺石が確認されています。

　埋葬施設は、墳頂部のほぼ中央に納められた箱式石棺です。石棺の大きさは、底部付近で長さ2メートル、幅約90センチ、深さ90センチで、棺内には蓋石も含めて朱が塗られていました。

　石棺は古い時代に盗掘を受けたと見られ、内部からの副葬品の出土はありませんでした。祇園山古墳は現在久留米市内で確認されている古墳の中で最も古い段階で築かれた首長墓です。

　祇園山古墳の墳丘外周からは、発掘調査時に甕棺墓3基、石蓋土壙墓32基（未調査5、不明2を含む）、箱式石棺7基、竪穴式石室13基、不明7基の埋葬施設が確認されています。また第一号甕棺からは、銅鏡片や勾玉・管玉が出土しています。」

152

テーマⅠ　九州説の証明 謎解き3

　何と60基あまりの埋葬施設が周囲にあることになります。卑弥呼の死に伴う殉葬は奴婢であり、きちんとした埋葬施設に入れたのかという疑問は残りますが、明らかに殉葬と思われる多数の埋葬施設が残る墳墓は他にはありません。よく候補に挙げられる平原1号墓は14×12メートルであり、この墳墓より小さく殉葬の跡も明確ではありません。23.7×22.9メートルの大きさだと対角線で32.9メートルになります。2－4で述べたように短里で百余歩だと約30メートルになり、百が100を意味するのであれば大きさでも一致することになります。年代さえ合えば祇園山古墳が最有力候補になるのは間違いないでしょう。

　この古墳はすぐ下を現在九州縦貫道路が走っています。久留米の市街地を見下ろし、かつては景観のいい所だったと思われます。仮に卑弥呼の墓だとすれば自分の領土を眼下に見下ろし、そのすぐそばに神籠石に守られた高良山の要塞があったということにはならないでしょうか。高良山にある高良大社は筑後国一宮であり、社殿は九州最大です。そして正殿の御祭神、高良玉垂命は記紀には登場しない神様です。そのことも邪馬台国と何らかの関係がありそうな気がしてきます。

6）邪馬台国まとめ

　私は邪馬台国が扶余族に征圧されながらも存続し続け、九州では依然として王朝のような存在であり、6世紀の磐

井にまで繋がったのではないかと考えています。2013年、福岡県古賀市の6世紀末〜7世紀初めの船原古墳から新羅製と思われる豪勢な馬具が出ました。磐井との関係が推測されていますが、地方の一豪族が新羅からこれほど厚遇される磐井とはよほど格式の高い一族であったに違いありません。かつての倭王の血を引く一族だったからと考えるのですが？

　邪馬台国を求めてとりとめもない話になってしまいました。旅の目的地が定まりそうもありません。このままでは漂流することになってしまいます。

　再度整理してみると現在の状況からすれば吉野ヶ里遺跡が邪馬台国の候補としては一番相応しいと考えます。しかし小田・平塚遺跡が規模の点でそれに勝るというのであれば、完全に特定はできません。『魏志倭人伝』に記述のある邪馬台国の戸数7万戸は信憑性がありませんが、かなりの広範囲のことを意味している可能性があります。そうすると将来画期的な発見がなされれば別ですが、吉野ヶ里遺跡、小田・平塚遺跡、高良山を含む、“筑紫平野全体が邪馬台国だった”というのが現時点で一番正解に近いのではないかと考えます。

　実際の地図上に載せると図8のようになります。この地図をみれば邪馬台国自身がピンポイントで決まらなくても、女王国がどのような国であったのかがよく分かると思います。そろそろ次の旅に向かって急がなければなりません。

154

テーマⅠ 九州説の証明 謎解き3

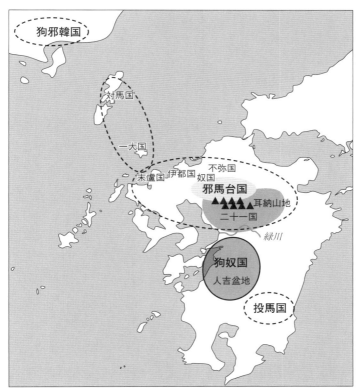

図8 女王国と狗奴国 (破線の範囲が女王国)

テーマ1における邪馬台国論争はこれで終わりにさせてもらいます。

謎解き3で得られた結論
三つの検証の結果は下記のようになります。
① 女王国は中国からの弥生渡来人の国であった。一方、狗奴国は縄文色の強い国で両国とも朝貢国であった。
② 女王の国々は北から順番に戸数、道理の分かった伊都国や奴国などがあり、その南の筑紫平野に邪馬台国、その南の熊本平野北部に遠絶で詳らかにできない21国があり、そこまでが女王国であって、その南に狗奴国があった。女王国と狗奴国の国境は熊本県の中央を流れる緑川であり、それより以北が女王国、南が狗奴国である。
③ 現時点で"邪馬台国は筑紫平野全体"とするのが一番ふさわしい。そして、女王の国々と狗奴国を地図上に合理的に配置することができた。

> 結論 邪馬台国を含む女王の国々は熊本中部以北の北部九州に存在した中国からの弥生渡来人の国であった。一方、狗奴国は熊本中部以南に存在した縄文色の強い国であり、女王国と同様中国王朝への朝貢国であった。

テーマ II

新しい騎馬民族説の提案

邪馬台国論争から騎馬民族説へ

　邪馬台国を求める旅はこれで決着がつきました。と言ってもまだ５合目に到着したにすぎません。今回の九州説が本当に正しいと受け入れてもらうには、この説がヤマト王権誕生に向かってどのように繋がっていくのか誰もが納得できるストーリーが必要です。これまでの九州説の多くは邪馬台国が奈良に入ってそこに新しく政権を築いたとするいわゆる邪馬台国東征説でした。

　しかし、この説への疑問が、多くの専門家がこれまで九州説を受け入れてこなかった理由の一つとなってきました。そして、多くの専門家が近畿説に傾いてしまうのも、近畿説がヤマト王権誕生に向かってのストーリーを構築しやすいことにあるのは明らかです。九州説をもとにヤマト王権がどのように誕生したのか、誰でもが納得できるストーリーができた時、初めてその説は正しいと言ってもらえるのだと思います。

大きな変化の謎を求める旅

　これまで述べてきたように３世紀の日本列島では各地で大きな変化が起きています。このような列島各地の大きな変化がどうして生じたのか、その謎の原因を知ることがすなわちヤマト王権誕生の謎の解明に繋がることは間違いありません。

　さあ、それでは次なる謎解きの旅に向かってスタートし

テーマⅡ　新しい騎馬民族説の提案

ましょう……。とは言っても読者の中にはまだ近畿説に未練のある方や、九州内でも、もっと違う場所があるのではないかと思われている方がいることでしょう。しかし、ここでは邪馬台国はどこだったのかということは一旦忘れてください。邪馬台国は九州だった以上の追求はあまり意味のあるものではありません。それ以上に重要なのは纏向遺跡とは何だったのかです。３世紀に突然誕生した当時最大、最新と言われるこの遺跡を誰がどのようにして造ったのか、そしてそれがヤマト王権誕生にどのように繋がるのかです。

　近畿説に未練のある方もここでは女王国は九州だったということを一旦了解していただきたいと思います。ご了解していただけるでしょうか。そうすると女王国を九州だったと了解していただいた時点で、“女王国は纏向遺跡と併存していた”という事実を認めなければなりません。それも突然併存することになったのです。女王国は卑弥呼が女王になる前の遅くても２世紀初頭から継続して北部九州に存在していました。そこに“３世紀になって邪馬台国とは別の全く新しい政権が奈良の纏向に突然誕生した”のです。その政権がどのようにしてできたのか、そのことが分からない限り日本の歴史はスタートラインに立てないままとなってしまいます。私はその答えを騎馬民族に求めることにしました。

　しかし、５世紀前後に騎馬文化を受け入れたとするこれまでの騎馬民族説では、もちろん３世紀の変化は説明でき

159

ません。テーマ２ではこれまでの騎馬民族説をリニューアルし、３世紀に騎馬民族が来たという新たな説を提案し、この大きな変化の急速な拡大の原因を求めてみました。纏向遺跡成立の要因として、この新しい説が成立可能なのかについて考え、そして『魏志倭人伝』の謎の解明に向かって行きたいと思います。

テーマⅡ　新しい騎馬民族説の提案 謎解き4

謎解き4　古墳時代のきっかけを作ったのは誰なのか？

　箸墓古墳は3世紀に限って見れば恐らく世界最大の墓だと言うことができます。このように巨大な墓が中国だけでなく朝鮮半島を通り越して、東アジアの東の隅の日本でなぜ可能となったのでしょうか。そしてなぜ突然誕生したのでしょうか。そのことを考えていきたいと思います。

　先に古墳時代の始まりを箸墓古墳ができた時だとしました。そして、それは纏向遺跡誕生の時でもあります。しかし、専門家の間では纏向遺跡誕生をもって古墳時代とするのか、弥生時代のままとするのか、決めるのは難しいようです。そうは言っても古墳時代のきっかけを作ったことは誰しもが同意することでしょうし、一つの時代のきっかけを作るほど大きな意味を持つ遺跡であり、大きな特徴を持った遺跡だと言うことができます。

　纏向遺跡を誰が造ったのかを考えるに当たって、最初に3世紀の日本各地で生じた大きな変化がどのようなものであったかを見ていかなければなりません。そしてその変化を起こしたのが騎馬民族だったという仮説を立て得るのかを考え、その証明のため、この時代の最大の特徴である前方後円墳の起源に迫ってみます。果たしてこの新しい仮説

161

は成立しうるのでしょうか。

4-1　3世紀の列島各地に何が起きたのか

　纒向遺跡が注目を集めるようになったのは長い邪馬台国論争の中で言えば、ごく最近のことでしかありません。吉野ヶ里遺跡が1990年代になって注目を集めている頃、この遺跡はまだ邪馬台国の有力候補ではなかったように思います。注目を集めるようになったのは2009年になって大型建物群が見つかってからではないでしょうか。そして、現在も重要な遺構が次々と見つかっています。

　纒向遺跡にまつわる近畿説は三百年にわたる邪馬台国論争の中で、その候補として登場したばかりだということになります。この新参者の誕生を考えるのに近畿で起きたこと、日本各地で起きたこと、北部九州で起きたことの三つに分けて考えてみたいと思います。その上でどのような仮説を立て得るのか考えなければなりません。

1）近畿で起きたこと

　これまで述べてきたことからも分かるように、この時代、近畿では奈良県を中心に大きな変化が生じています。改めて、纒向遺跡を中心にその変化を見ていきたいと思います。纒向遺跡の発掘に多大な功績のあった寺沢薫氏や橋本輝彦氏の考え方などを取り入れてまとめてみました。

テーマⅡ　新しい騎馬民族説の提案 謎解き4

① 纏向遺跡は弥生時代に何の痕跡もなかった場所に突然現われた計画的に出来た集落で、その規模は当時列島最大であった。

② 吉備や東海など広い範囲＊から搬入された土器が出ている。

＊全国の土器が出ていると言われているが、九州の土器の搬入は 2-2 で述べたように極めて少ない。

③ ３世紀中頃、全長250メートルの当時世界最大クラスの墳墓・箸墓古墳が造られた。

④ それに先立つ３世紀前後辺りから箸墓と同形状の纏向型前方後円墳と言われる石塚、矢塚、勝山、東田大塚、ホケノ山など五つの前方後円墳が造られた。

⑤ 導水施設と祭祀施設は王権祭祀、王権関連の建物。吉備の王墓に起源する弧帯文、特殊器台・壺などが発掘されている。⇒多くの専門家が吉備の強い影響を述べています。

⑥ この地域で弥生時代にはほとんど見られなかった鉄器の生産が始まり、３世紀前半まで北部九州を下回っていた鉄の出土状況は前方後円墳の副葬品としての鉄器があり、３世紀後葉には近畿が上回るようになる。

⑦ 遺物には生活用具が少なく土木具が目立ち、巨大な運河が築かれ大規模な都市建設の土木工事が行われている。纏向遺跡は３世紀終盤から４世紀初頭にかけて最盛期を迎える都市計画に基づく住居跡のない政治色

の強い大規模遺跡と言える。

⑧ 建物群は大型の掘立柱建物と柱列からなり、纏向遺跡の居館域にあたると考えられる。3世紀前半に建てられた中心的な位置を占める大型の掘立柱建物は19.2メートル×約12.4メートルの規模に復元でき、当時としては国内最大規模である。建物群の廃絶時に掘削されたとみられる4.3メートル×2.2メートルの大型土坑から意図的に壊された多くの土器や木製品のほか、多数の動植物の遺存体などが出土し王権中枢部における祭祀の様相を示している。

⑨ それまでの近畿にはなかった大陸色の強い鉄器や画文帯神獣鏡など呉の鏡と思われる漢鏡や呉鏡をベースとしたと思われる三角縁神獣鏡などが出ている。⇒このことから纏向に出来た政権は呉と関係が深かったことがうかがえます。

2）北部九州で起きたこと

北部九州は大陸と一番近いだけに最初にその影響を受けます。当然、弥生時代も北部九州から始まり、日本各地に拡がって行きました。古墳時代は近畿から始まったとされていますが、女王国のあった北部九州でも纏向誕生とほぼ同時に同じような大きな変化が生じています。

① 近畿への鉄の流入や相互の土器の発掘から近畿にそれまで希薄だった朝鮮半島との関係が強まり、九州で

テーマⅡ　新しい騎馬民族説の提案 謎解き4

の朝鮮半島との関係は糸島地域から博多湾岸に移った。
⇒このことは『魏志倭人伝』にある "狗邪韓国（く や かんこく）と伊都
国の交流関係" から "金官加耶（きんかん か や）＊と近畿＆博多湾岸の
交流関係" に変化したと言えます。

＊狗邪韓国も金官加耶も金海市（き メ）（釜山市の西隣）にあり、2つは
同じであり、狗邪韓国が金官加耶に変わったとする考え方もある
が、一方でこの時代に、支配層が北方民族系に変わったとする考
え方もある。そして金官加耶の遺跡からは中国東北部の馬具が出
土し、中国系の品々が輸入され、王族の遺跡からは倭から送られ
た品々も副葬されていた。

② 纏向遺跡の興隆と同時に吉野ヶ里遺跡や奴国王がい
たとされる須玖・岡本遺跡が衰退を始め、それに対し
て博多湾に近い比恵・那珂や西新町遺跡が興隆し、都
市計画に基づく道路跡や近畿系土器と言われる庄内式
土器が多数出土し、その様相は纏向遺跡と似ている。

③ 西新町遺跡からは多数の朝鮮半島系土器が出土し、
多くの住居にカマドが備わっており、朝鮮半島から渡
って来た人が住んでいたと思われ、国際的な港となっ
ていた。金官加耶から鉄器や馬具と共に晋式帯金具な
どが倭にもたらされ、それらは奈良や兵庫の古墳から
出土している。そして金官加耶からは中国東北部の馬
具が出土している（高田貫太『海の向こうから見た倭
国』）。⇒これらのことは中国東北部、金官加耶、博多
湾岸、近畿の地域が関連しあっていたことを示すと言

165

えます。また"纏向を作った人々と博多湾岸の遺跡を大きく変化させた人々が共通であった可能性"を見いだすことになります。

3）列島各地で起きたこと

一方近畿や九州だけでなく、大きな変化が日本各地に伝播していきます。

① 纏向で発生した全く新たな墳墓、前方後円墳が南は鹿児島から北は福島の内陸まで日本各地に短期間に広まった。そして次頁の図9に示すように、箸墓古墳と纏向型前方後円墳の拡がりは北は福島から南は鹿児島まで1500キロを超える。この古墳の拡がりを歴博名誉教授の広瀬和雄氏は「水滴が作った波が拡がって行くような感じではなく、ほとんど同時に各地に生じた」と述べている。⇒このことは銅鐸文化圏や銅剣・銅鉾文化圏をはるかに凌ぐ新たな権力者の威光が、それまでにない広い範囲に急速に拡大したことを示す。その地の権力者の意向で造られたのであれば、同一規格ではなく、その地の権力者の嗜好が反映され、全国一律とはならない。

② この中で福島県会津坂下町に存在する臼が森古墳は全長50メートル規模であるが標高170メートルの場所に築かれ内陸であるため、川を利用するとしても人力だけではかなりの困難が予想される。

テーマⅡ　新しい騎馬民族説の提案　謎解き4

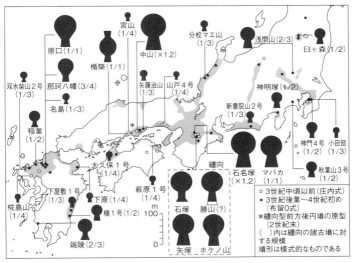

図9　纒向型前方後円墳の分布（寺沢薫『王権誕生』講談社より）

③ これらの纒向型前方後円墳は最古の土師器＊である
　庄内式や布留式土器を伴って発見される。

＊土師器は弥生式土器の流れを組む素焼きの土器だが、それまでの弥生式土器は保存目的が主だったのに対し、庄内式土器は煮炊きすることが中心とされる。そのため底が丸くそれまでの土器に比べ極端に薄く、1〜2mm程度の厚さしかない。日本各地で発見されているが、特に畿内と北部九州に多く出土している。庄内式土器は最初大阪府豊中市の庄内小学校の校舎建設場所から発見されたが、その後、八尾市を中心にした中河内で多く見つかっている。誕生地については諸説あるが、最近では吉備説が有力にな

っている。

④　３世紀末までに各地の環濠集落や瀬戸内海を中心に
した高地性集落＊が急速に消滅し、集落の防御的要素
がなくなった。⇒環濠集落や高地性集落の消滅は統治
する側が地域を支配下にしてしまい、戦闘に備える必
要性が低下した結果と言える。

＊高地性集落とは平地の集落に対し、やや高い丘陵や大地に造ら
れた防御のためや畑作農耕を営むために造られた集落であり、防
御的機能を備えた集落だと考えられ、特に瀬戸内海沿岸地域に多
く見られる。

⑤　近畿を中心に東海、中国、四国に拡がっていた銅鐸
が廃棄され、祭祀の方法が銅鏡を中心にしたものに変
わった。それまでの銅鐸圏は〝墳墓への副葬の習慣が
なかった〟が、前方後円墳には〝多数の副葬品が伴
う〟ようになり大きく変化した。⇒このことは近畿で
の祭祀の方法が大きく変貌したことを示す。

⑤　４世紀後半、ヤマト王権が朝鮮半島に進出し高句麗
と対峙するまでになる。

４）３世紀の大きな変化のまとめ

このように３世紀になって日本各地で大きな変化が起き
ています。特徴的なところをまとめてみると次の四つに集
約できると思います。

①　３世紀に何もないところに突然出来た纏向遺跡は列

168

島最大規模であり、それまでの近畿にはなかった大陸色の強い、政治色の強い遺跡である。

② 近畿を中心にする銅鐸文化圏では祭祀の方法や墳墓形式が大幅に変わり、新しく誕生した前方後円墳が3世紀中頃までに日本各地にほぼ同時に見られるようになった。

③ 環濠集落や瀬戸内海を中心にした高地性集落など各地の防御的集落が消えた。

④ 博多湾岸では纏向と同じようなことが同時に起きており、朝鮮半島との関係が強くなっている。

⑤ 中国東北部、金官加耶、博多湾岸、近畿までの繋がりが確認できる。

4-2　仮説をどうやって立てたか

かつては縄文時代にも馬がいたという説がありましたが現在は否定され、弥生時代までの日本列島に馬の飼育は確認されていません。馬の存在がはっきり確認されるのは早くても4世紀末です。しかし、私の説では3世紀に馬がいたことを前提とした仮説に基づきこの本を書き綴ってきました。ご存じのように、これは科学の世界ではごく一般的に使われている立証法です。

それに対し、日本の考古学会、歴史学会では仮説は立てないと言う人の方が多いようです。しかし実際には<u>2-1</u>

で述べたように近畿説も三角縁神獣鏡魏鏡説という仮説に基づいて築かれていますが、それでも判明している事象を積み上げていく"実証法"で取組んでいるとしています。証明されていないことを前提にその後を組立てていくと都合のいい所だけを利用し、とんでもない結論を導き出してしまうというのが、その理由のようです。

　しかし、邪馬台国論争へ大衆が加わることに火をつけた一人である推理小説家の松本清張氏は「学者が「実証」に依らずば十分にモノを言えぬ状態のようです」と言い、「所詮、仮説を立て得ないものは発想の貧困をものがたるだけです」とまで言っています。そして、よく考えてみると、近畿説では邪馬台国であるのなら当然存在したはずの鉄も絹も城柵もないのに、ここが邪馬台国だとし、いずれ見つかるはずだと言うのです。このことから仮説法と実証法との違いは最初にありもしないことを言うのか、最後になってありもしないことを言うのかの差でしかないことに気づきました。やはり都合のいい事実だけで構成してきた点では近畿説も同じだったことになります。

　そして、仮説法では最後に残される不明事項は仮説だけに留まりますが、それが発見されれば全てが決着するのに対し、実証を積み上げる方法ではどこまで証明すれば決着するのか分かりません。結局積み残したまま決着させてしまい、そして最後になっても私が仮説を立てた理由"何故前方後円墳が急速に拡大し得たのか"という事象は説明し

170

きれないままとなってしまうのです。何らかの仮説を設定しない立証は不可能だと言うことができます。

　前項で３世紀の列島各地で起きた様々な大きな変化を見ました。それは日本の歴史の中で明治維新かそれ以上の大きな変化でした。そして、その変化を起こしたのは騎馬民族だという仮説を立てました。しかし、仮説を立てるとは一体どういうことでしょうか。仮説法は科学の世界でも間違って使われてきたことが多々あります。一つの例が"ＳＴＡＰ細胞"の場合です。小保方さんは都合のいいデータだけを探し説明しようとしたのではないでしょうか。仮説証明に当たっては都合のいいデータだけでなく、むしろ都合の悪いデータを探し、それが合理的に誰もが納得できる説明となっているのかを徹底的に検証しなければなりません。
　この項では、どのようにして仮説を立てたのか、またこの仮説を立てることが可能なのかについて考えて行きたいと思います。

１）仮説の立て方

　色々な場面で原因を探る場合、多かれ少なかれ仮説を立てます。原因がハッキリしていたら仮説は立てないとした場合に限って、その原因が外れると戸惑うことになります。迅速さを求められる犯罪捜査の場合などは特にそうです。

最初の仮説の立て方が悪く、初動で見逃した結果、未解決事件になってしまった犯罪は数多くあります。そして実証法が多いと言われる日本の考古学でも多くの場面で仮説を立てています。ただその領域がある特定の遺物の使われ方や特定の事象の考え方などやや狭い領域になっているだけです。

　仮説は根拠なく立てるのではありません。ある事象を説明するのにこういうことがあったのではないだろうかとか、こういうことがない限りそんなことは起こりえないとして仮説を立てるのです。例えば二つの離れた地域で似たような土器が出たとしましょう。Aという地域で出た土器がBという地域で出た土器より少し古かった場合、A地域に住んでいた人達がB地域に移動したのではないかという仮説と、B地域の人がA地域に出かけて土器の作り方を学んだのではないかという二つの仮説が成り立ちます。どちらの仮説が正しいのかについては二つの土器をより深く観察、検証すると共に周辺状況も加味して仮説の修正を繰り返し証明していかなければなりません。

　実証法と言われるやり方で立てる仮説は恐らくこの範疇です。しかし、時代全体を見渡す場合、その範疇だけに留まっていてはいけません。全体を見渡すように最初はできるだけ広く着目することが大切です。

　私は開発エンジニアでしたが、その最終期の仕事は開発

テーマⅡ　新しい騎馬民族説の提案 謎解き4

部門に所属したまま品質関連に従事することでした。多発するクレームに業を煮やした会社は、クレームを根源から絶ち切らない限り品質は良くならないという考え方に立ち、開発部門に品質関連の組織を作り、開発の人間が先頭に立って、クレームの原因解析と対策案の考案・推進、場合によってはリコール対応までやり、一連の対応から得られた成果を開発にフィードバックすることにしたのです。

　開発エンジニアがこの任務に当たることに対し当初は心情的に強い抵抗がありました。しかし、やってみるとこれまで培ってきたエンジニアの経験を最大限に活かす職場であることが分かり実に面白いものとなったのです。探偵か刑事にでもなったかのように、原因となった製造現場を探して農家の庭先にまで行き、部品製作を副業としていた農家の主人に事情を聞き出したりもしました。

　その職場には全世界で起きている全てのクレームが迅速に寄せられ、毎朝、全員が集まりクレーム１件１件が紹介され、内容を把握し、どういう事象であるかがつぶさに検討されました。重大性がなく、原因がすぐ分かるようなものは即決されますが、人身に関わり重大クレームに繋がる恐れがある場合は、開発した人間による解析チームが結成され、原因究明が始まります。しかし、そもそも厳しい要件で開発され厳重な品質管理のもと作り出されたはずの製品です。それでも発生したクレームですから簡単に原因が分かるはずがありません。原因究明には、非常な困難を伴

173

う場合が多々あります。そして手順を間違うと迷路に嵌まり、クレームはどんどん増えていきます。原因が分からない限りリコールもできないからです。そして会社の屋台骨を脅かしてしまうような事態にまで発展してしまうのです。

原因究明に当たって最初に注目するのが、クレームの発生地です。クレームが限られた特定の地域で発生しているのなら、その地域特有の風土や使われ勝手が影響している可能性があります。欠陥を持つ部品がその地域だけに売られた可能性もあります。しかし、あるクレームが全国や全世界で一様に発生しているなら欠陥のある部品が全国や世界中に拡がっていることになり、その部品が特定の期間に作られた物なのか、それともある特定の業者で作られた物なのかを調査究明しなければなりません。

２）前方後円墳の急拡大をどう読み取るか

話を戻しましょう。同じような見方を３世紀中盤の日本に当てはめた時、どのようなことがどの地方で起きているのかを知ることが最初にしなければならないことです。この時代で一番特徴的なのは巨大な構造物である前方後円墳が急速に列島各地に拡がったということです。現代なら差し詰め次のようなセンセーショナルなニュースがテレビやネット上で流れるでしょう。「最近、意味不明の奇妙な形をした山のような大きな盛り土が全国各地で造られています。中には100メートルを超えるものもあり、丸い山状の

形に四角い台形状の形が合体した不思議な形をしています。地域住民には造成に駆り出された者も多くいて、どのような集団が一体何のために造らせたのかを調べるためのチームが結成されました」というものです。

この情報の中で1番のキーポイントは"全国各地"ということです。北部九州や吉備だけのニュースであれば、地方の一部の物好きな首長が気まぐれに造ったのだろうとして大きなニュースにはなりません。しかし、全国各地となると話は別です。一体どこの誰が福島から鹿児島にまで足を伸ばし、何の目的でこんな巨大な構造物を造ったのだと日本中が大騒ぎになるに違いありません。

この前方後円墳拡大のニュースを聞いたとき、次のように色々なことを考えてしまいます。

① これだけの大きな構造物を造るのに、いったいどれくらいの人数が関わり、その人達はどこからどうやって集められたのだろうか。

② こんなものを誰が造らせたのだろうか——ニュースには前方後円墳の詳しい情報も付け加えられ、形状は全国一律で相似形をしており、かなりの技術がないと造れないとあるでしょう。

③ どうやって技術者は列島各地の遠隔地に足を運んだのだろうか。

④ 墳墓を造る目的は何だろうか（もっとも墳墓だとし

175

ていいのかどうかもありますが？）
等々の疑問です。
　これらの疑問を一つずつ解いていこうとするのがいわゆる実証法です。これも大切なことなのですが、その方法では全ての疑問が解けない限り全体に起ったことは分かりません。解くのに多くの年月を要することになります。それに対し、全体に共通する仮説を立てて解明していけば個々の疑問が効率よく解けることになります。着眼点を絞ることができるからです。

３）初期型前方後円墳の拡大

　寺沢薫氏によれば３世紀の前半から造られ始め、前項の図９のように列島各地に拡がった初期型前方後円墳は前方部の長さと後円部の長さの比率は全て一定で２分の１であり、その比率は一定のまま２分の１、３分の１と大きさが規格化されているとのことです。さらに奈良大学の小山田宏一氏は土の盛り方には高いレベルの技術が必要であり、当時、中国で城壁などを造る際に行われていた版築工法（土を突き固める工法）とも異なるやり方だと述べています。

　それは円錐または円錐台（円錐の上面を平にしたもの）や四角錐台形状の小型の盛り土を複数造ってその周辺にさらに盛土して平坦な土壇を造り、それを何層にも重ね繰り返して墳丘を造る方法だったとしています。単に土を盛る

だけでは簡単に雨に流されてしまい、すぐに原型が崩れて
しまうはずで、千数百年経った今もその形を留めていると
いうことがそれを実証しているのです。

　図面も測量器具もない時代、どのようにしてこのような
大型の相似形の構造物を造ることができたのか不思議です
が、かなりのスペシャリスト集団でなければ造ることがで
きないのは間違いありません。そして彼ら自身が直接全国
各地に赴き、当然、その地の民を労働力として指揮し動か
さなければ築けません。彼らがどの程度の規模の集団であ
ったのかは不明ですが、かなりの人数が南は鹿児島から北
は福島の各地に移動したはずです。

　彼らは専用の道具を持ち、最低限の食料は持参したこと
でしょう。さらに不足する食料は現地で調達したはずです。
現地の民を動かすだけの強力なリーダーシップが要求され
ます。当時の古墳の多くは葺石に覆われています。そのた
め大量の石も必要としそれも運ばなければなりません。

　そして当時日本各地で起きたことは前方後円墳の誕生だ
けではありません。銅鐸や環濠集落の消滅が列島各地に急
速に拡がっています。その範囲はそれまでの北部九州を中
心とした女王国や山陰のみの出雲、さらに吉備などが影響
を及ぼした範囲に比べて格段の拡がりです。このことは
“輸送手段・移動手段の変革なしにはありえない”という
理由で私は“３世紀の日本に騎馬民族が来た”という仮説

を立てました*。

> *これら各地に拡がった古墳の分布と記紀にある四道将軍や景行天皇、日本 武 尊（やまとたけるのみこと）の巡幸のルートは一致すると言われています。東京大学拳法会・元会長の伊達興治氏は日本武尊をモデルとして『倭国創世紀』という本を書かれています。この本はかなり空想的な要素も含んでいますが、尊（みこと）の奮戦ぶりを見事に描いています。そして、この本での尊は馬を上手に乗りこなしています。空想的な本とは言え、東西に広く活躍する尊の活動は"馬に乗る"という行為なしでは描けるものではなかったのだと思います。

　この格段の拡がりを他の理由で説明できるでしょうか？　　この時代になって街道のようなものが整備され、駅伝制が出来て徒歩でもかなりのスピードで遠距離まで行けるようになったと言うのなら話は別です。しかし、この時代にそれらは証明されていません。船についても丸木船を舷側板で囲った準構造船は弥生時代中盤以前の遺跡からすでに見つかっており（下長遺跡ホームページより）、技術的には古墳時代に向かって大きな変化があったようには思われません。そして川の利用はもっと以前からあったはずですが、この時代になってなぜ内陸深く入れるほど容易になったのか、その理由を見つけることはできません。

4）前方後円墳の造営

　前方後円墳を造るのには多くの工数が必要です。箸墓古墳の場合で考えてみましょう。箸墓古墳は周りの濠を掘っ

テーマⅡ　新しい騎馬民族説の提案 謎解き4

たときの土を利用した盛土で築き上げられており、同様の方法で造られた大山古墳（伝仁徳天皇陵）を造る工数について、大林組の試算があります。そこには15年8ヶ月で延べ680万7000人、1日平均で1190人になり、ピークで2000人となっています。

　大山古墳は475メートル（近年の宮内庁の三次元測量調査で525メートルに修正）ですが、箸墓古墳は280メートルで、高さはほぼ同じなので工数は面積に比例し、ほぼ三分の一になります。これを大山古墳より短い10年で造ったとすれば平均で630人、ピークでは1060人必要になります。大山古墳は箸墓古墳より150年以上新しいものですが、箸墓古墳は女王国の時代に造られたものであり、これまで何度か述べてきたようにまだ道らしい道はなかった時代です。これだけの人数をどうやって一カ所に集め、どう指揮し、どう食料を調達したのかを考えなければなりません。

　纏向遺跡に一番近く3キロほどしか離れていない唐古・鍵遺跡の人口は2000人程度と推計されています。この集落は畿内で最大規模ですが、恐らくこの集落のみではピーク時に必要な1000人を集めることはできません。この人数はこの集落の半分の規模になってしまい、大人のほとんどが駆り出されたことになってしまいます。しかし、ケモノ道しかないような状況では畿内以外から人を集めることができたとも考えられません。

　2-2の図2で示された纏向遺跡に搬入された土器の大

多数は大和となっています。このことから集められた人の多くは畿内人だったと思われます。畿内とその周辺のいくつかの集落からそれぞれ数十人規模の人員を集めたと思われます。

　鬼頭宏氏の人口統計で1800年前の畿内（京都・大阪・奈良）の人口は約３万人です。1000人だとその人口の３％程度ですが、男性だけの人口に限ると６％になり、さらに子供を除外すれば10％以上になると思います。ギリギリ動員可能な人数と言った所でしょうか。しかし同じ畿内でも纏向と京都、大阪間は数日かかったはずです。駆り出された集落との間で密接な連絡ができなければ、食料提供もしてくれないでしょう。そのようなことが徒歩だけで可能だったとは考えられません。

　この時代、大和川は大阪湾（当時は河内湖）と奈良を結ぶ重要な交通ルートであり、物資の輸送はこの川を利用したはずです。奈良と大阪の高度差は100メートルばかりですが、ＪＲ関西本線の車窓から見える大和川は途中何カ所か早瀬が見えます。人間の力だけで船を曳くのはかなりの労働になります。ここでも馬を利用したと考えられます。

　馬の脚は細くて長く、深く流れの急な川でもその抵抗は人間に比べて小さく力も強い。もちろん、川に入らなくても岸を曳く場合はさらに強力です。そして先に紹介した長野正孝氏は運搬用として陸上でも船を曳いて移動した可能性があると述べています。そうなると川でも陸でも人間が

引くより馬の力に頼るのが一番いいはずです。

そして纒向の箸墓古墳だけでなく、日本各地の遠隔地にまで行き多数の古墳を造ったのです。行くだけでも大変ですが、現地での実際の造成にはもっと多くの苦労があったはずです。資材の運搬、特に葺石の材料は運ぶだけでもかなりの労力を必要とします。そして、工数は箸墓ほどではないとしても、現地での指揮命令系統がしっかりしていなければ造れるものではありません。圧倒的な武力とカリスマ性そして迅速さが求められたと思います。

5）今回の仮説

改めて、4-1で集約した四つの特徴をみていきたいと思います。そこには〝纒向遺跡は突然生まれた〟とあり、また〝大陸色が強い〟ともあります

そのような背景から纒向遺跡を造った人達が誰だったのかを考える時、従来から日本列島にいた倭人にそれを求める必要はないと思われます。むしろ突然生まれたという背景から新たにやって来た人達を最初に考えるべきではないでしょうか。倭人かそれとも新たに大陸から来た人間かと問われたら〝新たに大陸から来た人達〟とする方が自然だと思うのですが、専門家が倭人にこだわる理由はよく分かりません。少なくともどうやって大陸の新たな文化を得たのか、そこに新たな来訪者の可能性がないのかを先に考えた上で、その可能性がないと言うのであれば、次に倭人の

181

可能性を考えるべきではないでしょうか。

　私は３世紀に新たに大陸から来た人達として "騎馬民族" しかないと考えました。そして、忘れてはいけないことは纒向遺跡と併行して九州には女王国が存在していたということです。つまり "３世紀の前半、日本列島には九州に女王国があり、近畿に新たな纒向政権ができた" ということです。このことを前提にこれから先のストーリー作りを考えていかなければなりません。これまでの近畿説、九州説ではお互いが邪馬台国を主張するあまり、この視点が欠けていたと思います。

　前方後円墳は日本で生まれた日本独自のものだと言われて来ました。最近、韓国の全羅南道の栄山江流域で10を超える前方後円墳が発見されましたが、６世紀前後のものと分かりました。韓国の前方後円墳も日本から伝わったものだったのです。３世紀に纒向に突然誕生したこの特徴ある墳墓がどのように発生したのかその起源は謎のままです。

4-3　騎馬民族の可能性はあるのか

　これまで騎馬民族という言葉をあまりにも安易に使ってきたようです。これから取り上げる扶余を騎馬民族と言っていいのかどうかについては異論があり、馬に乗る習慣を身につけた農耕民族と言った方がいいのかも知れません。しかし、ここでは単に馬に乗ることのできる人達というこ

とを含めて騎馬民族としたいと思います。

　騎馬民族として多くの人が最初に思い浮かべるのはモンゴル人でしょう。モンゴル人は遊牧騎馬民族です。馬と乗り手が一体となって活動する騎馬民族とはどのような民族で、彼らは歴史上どのような役割を果たして来たのでしょうか。そして彼らが日本を大きく変える可能性があったのか、そのことについて考えてみたいと思います。

1）騎馬による領土拡大

　古代から自動車や汽車が発明されるまで、騎馬が単なる交通手段としてではなく、領土拡大の上で重要な役割を果たしてきたのは間違いありません。アレキサンダー大王やローマの騎馬軍団、そして東アジアでは秦の始皇帝や漢の武帝などが、北方の騎馬民族を取り込んで広大な領土を獲得しました。紀元前4世紀から紀元前後にかけて、騎馬という手段を使うことで東西ほぼ同時に広大な国家が誕生したことになります。そしてその極めつけが13世紀にアジアからヨーロッパにまたがる一大帝国を築いたモンゴルです。

　日本でも同じようなことが言えます。5世紀の全国各地の古墳から馬の埴輪が現われ、大量の馬具が出ていますが、ヤマト王権が騎馬を利用することで日本各地を影響下に置いたことが分かります。そして武士が活躍するようになる鎌倉時代から戦国時代には、そのことはより顕著になるのです。馬は各地を統治するための重要な手段であり、武士

は馬に乗ることによって威厳を保つことができると共に、短期間に各地に馳せ参じることができました。鎌倉時代から戦国時代にかけては馬あっての武士であったと言っても過言ではありません。武士とは騎馬民族だったともいえるのです。

　戦争における騎馬がその役割を終えたのは自走式の戦車が登場した第一次世界大戦からです。秋山好古に代表されるように日露戦争当時までは陸軍における騎馬の役割は非常に重要でした。騎馬による領土拡大は実に2000年以上にわたって続いたことになります。

２）騎馬民族の起源

　人類による馬の家畜化がいつであるのかの定説は確立されていないようです。ロシアやカザフスタンでは紀元前4500年〜3500年にかけての遺跡で多数の馬の遺体が発見されており、轡の形跡もあるそうです。一方、紀元前2500年頃のメソポタミアでは戦車部隊の描かれたシュメール絵画が存在します。しかし、荷物運搬手段として荷を載せた駄馬や馬車では大きな領土を得ることはできませんでした。人間が騎乗することは戦場における機動性に優れるだけでなく、山河を問わずどこにでも行けることにその能力を発揮します。そして馬なら道端の草を食んでどこまでもいくことができます。その点、ガソリンなしでは限られた距離しか移動できない自動車よりも優れています。

184

テーマⅡ　新しい騎馬民族説の提案 謎解き4

　馬に乗るという行為はかなりのハイテク技術です。飼育や繁殖させるためのノウハウが必要なだけでなく、調教や乗馬技術、それに加えて乗馬に必要な轡や鐙などの道具を作る技術も必要であり、多くの専門の人間が関わらなければなりません。馬はけっしておとなしい動物ではありません。調教された馬でもちょっと気に入らなければ乗っている人間を振り落としてしまいます。古代人にとって馬に乗るという行為は現在のＦ１やモトクロッサーに乗ることと同じようなハイテク技術だったに違いありません。

　騎乗が確認されるようになったのはずっと新しく紀元前８世紀頃、現在のウクライナを舞台に活躍したイラン系遊牧騎馬民族スキタイだと言われています。しかしユーチューブを見ると、手綱代わりにたてがみを使って騎乗するモンゴル人の姿を見ることができます。騎馬の愛好家に聞くと轡・鐙・鞍は最低限必要だと言いますが、実際の騎乗の開始はこれらの馬具が発明されるよりずっと古い話だったに違いありません。

３）古代中国での騎馬による領土拡大

　中原に発生した夏・殷（紀元前17〜11世紀）が誕生したきっかけは青銅器や漢字の発明と共に馬車の発達であり、殷は大量の戦車で領土を拡げました。その後、秦の始皇帝は北方騎馬民族から取り入れた騎兵によって、より広い範囲を支配可能とし中国史上初の統一王朝を作りました（紀

185

元前221）。そのことは多数の馬が出土した兵馬俑を見ればよく理解できます。さらに漢の武帝は40万の騎馬軍団で匈奴を北方に退け、タクラマカンの西にまで領土を広げました。このように中国では"騎馬は領土拡大にとって不可欠なもの"でした。

　東アジアで初めて歴史に登場する騎馬民族は中国北部で活躍した匈奴や東胡であり、紀元前4世紀のことだとされています。恐らくスキタイの騎馬技術が草原の遊牧民の間で伝わって来たものでしょう。遊牧騎馬民族の匈奴が東胡を滅ぼし、それが鮮卑と烏丸に分かれたのは紀元前3世紀の終わり頃です。そして同じ頃、春秋戦国時代に現在の北京から遼東半島までを統治した燕出身の衛萬が漢に追われて朝鮮半島に亡命して半島で最初の国家・衛氏朝鮮を造りました。

　しかし、衛氏朝鮮は漢の武帝によって紀元前108年に滅ぼされ、楽浪郡、玄菟郡など漢の四郡が設置されます。しかし、2世紀になると鮮卑が現在のモンゴルから満州に至る広大な地域を支配するようになり、後漢も太刀打ちできないほどの大きな脅威となりました。漢の作った四郡は四方を勇猛果敢な騎馬民族に取り囲まれる形となり、扶余など周辺諸国も圧迫されます。このように東アジアの国々はいくつもの騎馬民族を中心にめまぐるしく変貌していたのです。

　多数の馬車・戦車を保有した殷でしたが、支配した中原

テーマⅡ　新しい騎馬民族説の提案 謎解き4

の広さは大阪～東京間にも満たない400キロ四方程度でした。先に示した前方後円墳の広がりの3分の1もない広さです。馬車での山河越えには限界があり、支配もそれくらいが限度だったのでしょう。徒歩でなら尚更です。船で行ったとしても海岸線や緩やかに流れる川沿いだけに限られてしまいます。馬車の行けない所でも騎乗してなら行けます。世界史的には馬車の活躍が先に始まりますが、日本ではいきなり騎馬が登場します。それは日本が山河や湖沼が多く、火山灰で覆われた柔らかい土壌が馬車の行く手を阻んだからだと思います。

4）騎馬民族征服王朝説

　従来の騎馬民族説、正式には『東北アジア騎馬民族系王朝の日本征服・統一国家（大和朝廷）樹立説』（通称：騎馬民族征服王朝説）は江上波夫氏が戦後間もない1948年5月に考古学者・八幡一郎氏、民俗学者・岡正雄氏、同・石田栄一郎氏の三氏との座談会で提起された話から始まったと言われています。戦前の皇国史観から解放された中、この説は大きな反響があり、現在でも多くの人々の共感を得ています。それはこの説が4世紀末から5世紀初めにかけて一気に騎馬文化が日本の広い範囲に拡がり、7世紀まで続く古墳時代を通してその強い影響下にあったことや草創期のヤマト王権が朝鮮半島に展開できたことを一番よく説明できるからです。

187

高校時代に歴史に目覚めた私にはこの説は素晴しく魅力的に思えたのです。その頃は江上波夫氏が数々の賞を受賞されている頃で騎馬民族征服王朝説がまだ世間を沸騰させていた時代だったと思います。大学入試の日本史でもその関連の問題が出たように記憶しています。

　江上氏は朝鮮半島からの騎馬民族による征服者の動きが２回あったとし、１回目が３世紀の崇神天皇時代に北部九州へ、２回目は巨大な前方後円墳や多くの馬具が出現する４世紀末〜５世紀に北部九州から近畿です。

　しかし、この説は佐原真氏を始めとする多くの専門家から否定されました。日本に馬を去勢する習慣がないことや、纏向に発生した前方後円墳がその後大きな形状の変化もなく継続的に繋がって行くことなどから、４世紀末〜５世紀の変化は３世紀の延長に過ぎないということに反論できなかったことなどが上げられます。

　しかし、去勢は雌雄同一の群れで飼う場合に必要なのであって、群れで飼うことの少ない日本では必ずしも必要ではありません。競馬でも闘争心を高めるため去勢は避ける場合が多いのだそうです。また馬が来た当時は馬を増やしたい状況にあり、去勢の習慣が根付くはずもなかったのです。そして４世紀末〜５世紀の変化が３世紀の延長に過ぎなかったということは、逆説的に変化の起点が３世紀であり、騎馬文化の受容開始もこの時だったということに繋がります。

5）従来の騎馬民族説との違い

　江上波夫氏は騎馬民族の候補として扶余を挙げています。この民族の神話やこの民族から分かれたとされる高句麗の神話が記紀の神話と類似点が多数あるからです。

　私も騎馬民族の候補は“扶余”としました。『三国志』や『後漢書』にある民族で倭国に来た可能性を見出せるのはこの民族しかいないからです。そして勢いのあった鮮卑や高句麗ではなく、それらの国に圧迫されたからこそ移動せざるを得なくなったと考えました。それには扶余がぴったりです。そして江上氏が４世紀末〜５世紀の変化にその理由を求めたのに対して、私は３世紀の変化にそれを求めました。江上説の１回目の移動は３世紀に北部九州まででしたが、自説ではこの時、近畿まで到来したことになります。氏が騎馬民族説を唱えられた時には纏向遺跡はまだ発見されていません。発見されていたのかも知れませんが、注目を集めるほどの遺物はまだ出ていなかったと思います。仮に江上氏が存命中にこの遺跡が詳しく分かっていたなら、氏の説も自説と同様になっていたのかも知れません。

　4-1で述べたように３世紀が明治時代に匹敵するような大きな画期であったことは歴史の専門家なら誰しもが否定しません。纏向遺跡の近年の発掘の成果は江上氏が取り上げた４世紀末〜５世紀の変化以上に大きな変化であったことを示しています。しかし、この画期が何故生じたのか

については誰も正解を提示していません。そして私自身も
この時代の変化が騎馬民族の到来だけで可能となったとは
考えにくいのです。

　そこで思い付いたのが"公孫氏"でした。この時代、中
国の遼東半島から朝鮮半島までの一帯を支配下に置いてい
たのが公孫氏です。そして纒向遺跡やこの時代の変化の中
に多くの公孫氏の影響が見られることを何人もの専門家が
指摘しています。私の騎馬民族説の特徴は３世紀であるこ
とと公孫氏が加担したことです。公孫氏についてはその可
能性を次の謎解き５で考えてみます。

思い出――

　私が幼い頃、熊本は馬の飼育頭数では全国一でした。ど
この農家でも農耕用の馬を飼っていました。母の実家は農
家であり、そこに行くと私は厩（うまや）の前で何時間も馬を見て過
ごしました。私にとって馬は動物園の柵の中にいる動物で
はなかったのです。犬猫と同様に身近な動物だったと言え
ます。しかし、悲しいことに耕運機が普及し始めた頃、馬
はその役目を終えました。私が育ち盛りの頃、馬肉はとて
も安いものになり、肉と言えば馬肉になりました。馬刺し
は一人で焼酎を飲む祖父のつまみとなり、祖父を除く家族
は七輪を取り囲み網焼きにして食べました。今でもそれを
思い出すと香ばしい匂いと楽しい家族団欒の風景が頭をよ
ぎります。しかし耕運機が普及してしまうと、馬肉は食卓

テーマⅡ　新しい騎馬民族説の提案 **謎解き4**

から消え去っていきました。そして熊本名物の高級肉となったのです。

　馬が身近な動物だったとは言っても、馬に乗ったことはありません。子供時代の私が知っている馬はおとなしそうに見えても、やたら気が荒く、気が向かないと乗った大人を振り落とし大けがを負わせました。子馬は元気でいつも後ろ足をピョンピョンと蹴り上げ、近づくことはできませんでした。そんな思い出が私を騎馬民族説に駆り立てるのでしょうか。

６）３世紀における馬の痕跡

　騎馬民族説を直接的に証明するためには証拠となる馬の痕跡そのものを見つけることが一番です。直接的な証拠がないか探してみました。

　日本でもかつては馬がいた可能性があるようですが、日本列島が大陸と離れてしまうと絶滅してしまったようです。何故、日本列島では馬が生息できなかったのか。それはこれまでも度々述べてきたように、日本列島があまりにも木が生い茂りやすい環境だったからだ思います。馬は草原の動物です＊。熱帯雨林に馬がいないように木が生い茂り草原の少ない日本列島は馬が生きていくのには適さなかったのではないでしょうか。

　＊世界最大級のカルデラ・阿蘇の外輪山の外側には日本で唯一と言っていい広大な草原が拡がっています。そして多くの牛や馬が

191

放牧されています。しかし、この草原は"野焼き"という人工的な行為で維持されているのです。この広大な草原が大好きだった私はこのことを知るとショックを感じました。当然、阿蘇の大自然が作ったものだと思っていたからです。環境省の自然再生プロジェクトの「阿蘇草原再生」のホームページを見ると日本書紀の景行天皇紀のこととして阿蘇の広大な草原のことが記載されています。古墳時代にはすでに野焼きが始まっていたのだということです。日本最大の草原もかつては森林だったのです。

そして再び馬の痕跡が日本列島に現われるのは早くても４世紀後半だというのが通説でした。しかし、調べてみると次のように３世紀の列島で馬の痕跡が全くないわけではないということが分かって来ました。

馬の線刻画の入った弥生土器

私は福岡市埋蔵文化財センターで角のない明らかに馬と思われる線刻画の入った弥生時代後期の福岡県大原（小こ莒）遺跡出土の土器を見ました。センターの方に「馬ですよね」と聞くと「でも、『魏志倭人伝』にも馬はいないとしていますしね？」と言って「鹿ではないですか」とはぐらかした上で「でも、中央競馬会から画像を借りたいと言って来たのですよ」との話でした。馬にしか見えないから中央競馬会から要請があったに決まっています。

馬形帯鉤
（ばけいたいこう）

長野市浅川端遺跡からは製造時期は４世紀後半と推定さ

テーマⅡ　新しい騎馬民族説の提案 謎解き4

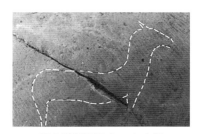

馬の線刻画の入った土器
大原（小萪）遺跡；弥生後期
（福岡市埋蔵文化財センター所蔵）
※点線は著者による加筆

浅川端遺跡の馬形帯鉤
（長野市教育委員会所蔵）

実物

実物の写真の加筆

箸墓古墳で出土した木製鐙（写真左：桜井市教育委員会所蔵）と
その復元図（左の実物に加筆したもの）

193

れていますが、2世紀後半の馬韓の遺跡の馬形帯鉤（馬の形をしたバックル）とよく似た物が出ています。

木製の鐙

　私は自説を思い描き始めた頃、纏向を旅しました。箸墓古墳で思いを巡らし昼食を取ろうと立寄った「山本そうめん」の方から木製の鐙の話を聞いたのです。この時、これこそ3世紀に馬が来たという動かぬ証拠だと思いました。桜井市にある纏向学研究センターのホームページに記載されている内容をそのまま載せてみます。

　「木製輪鐙は箸墓古墳後円部裾で行われた纏向遺跡第109次調査で出土しました。輪鐙が出土したのは幅約10mの箸墓古墳周濠の上層に堆積した、厚さ約20〜25cmの植物層の中層からで、古墳が築造されて暫く後に周濠に投げ込まれたものと考えられます。

　輪鐙はアカガシ亜属の材を用いて作られていますが、輪の下部を欠損しています。現存長は16.3cm、最大幅10.2cm、柄の部分は上部がやや開き、他の輪鐙の類例よりは若干長めのものです。柄の長さは11.2cm、上方幅3.2cm、下方幅2.6cm、厚さは1.5cm程度で、柄の上部には縦1.5cm、横1cmの縦長の鐙靼（鐙をつるための皮のヒモ）孔が明けられていますが、孔の上部から柄の上端にかけては鐙靼によって摩耗したと考えられる幅1cm程度の摩耗痕が認められ、この鐙が実際に使用されていたものであることを物語っています。

194

輪鐙が出土した植物層には土器片と少量の加工木が含まれ、輪鐙の所属時期は層位やこれらの遺物の年代観から布留1式期（4世紀初め）の国内最古の事例と考えられています。」

この文章では4世紀初めとなっていますが、使われて摩耗した痕跡があるということから実際に使用されていたのは3世紀に遡る可能性が充分考えられます。そして木製であり、腐りやすいはずですが、この鐙は植物層に挟まれて偶然腐らなかったものと思われます。そうなると実際にはもっと多くの鐙が使われていた可能性が高いことになります。考古学の世界では一つモノが発見されると同様のものが100以上のあったと考えるのは常識だそうです。

これまで早くても4世紀末と言われていた馬の到来より100年ほど早まる可能性のあるこの鐙の発見はあまりにも唐突であったためか、考古学の世界ではあまり議論されていないようです。あってはいけないものを見つけてしまったとの感があります。

7）なぜミッシングリンクとなったのか

このように見てくると、馬の存在を示す直接的な遺物は非常に少ないものの確実に存在していたことが分かり、箸墓が出来た時代に騎馬の習慣を持った人達がいた可能性は誰にも否定できないと思います。しかし、箸墓古墳から出土した鐙も考古学的見解はまだ確定したものではありませ

ん。私自身は可能性を見出したとの強い思いがあるものの、一般的には、せいぜいグレー程度になっただけかも知れません。残念ながら現時点では "3世紀での馬の存在はミッシングリンク" とするしかなさそうです。

　仮説が正しいとして、なぜミッシングリンクとなったのか、その理由を次のように考えました。

① 当時の日本で馬が繁殖されていたわけではなく、その都度輸入していたが、船が小さく輸送能力が小さいため "馬の頭数が少なかった"。

② 日本は "酸性土壌" のため遺骸が残りにくい。古墳時代になって馬の化石が見つかるのはアルカリ度の高い貝塚や遺体が保存されやすい石棺の中からである。⇒同じ理由で中国やヨーロッパなどに比べ、日本の人骨の発見は非常に少ないそうです。

③ 東アジアにおける "主要な騎乗用馬具の発明は4世紀だった"。従って馬具の有無では馬の存在は確かめられない。"なかった物は見つからない"。⇒南シベリアのアク・アラハ遺跡などからBC5〜4世紀頃の装飾馬具が見つかっていますが鐙はまだなく、4世紀の東アジアの装飾馬具には直接は繋がっていないようです。

④ 乗馬の得意な "騎馬民族は馬具を使わない"（森浩一氏）。⇒この点、扶余に起源があると言われる百済から馬具の出土が少なく、新羅の方が豪勢な馬具の出土

テーマⅡ　新しい騎馬民族説の提案 謎解き4

ツキノワグマ　　日本鹿　　　　渡来馬　　　　弥生人

図10　渡来馬と弥生人・動物の大きさの比較

が多いことや、『後漢書』には111年に「歩兵と騎兵七、八千人で楽浪郡に侵攻し多くの民を殺傷した」とあり、扶余では多くの馬がいたと思われるのに見つかった馬具は少数の轡(くつわ)など、非常に限られることが挙げられます。

8）少数の騎馬民族で列島支配は可能なのか

　当時の船では一度に多くの民が朝鮮半島から日本に渡って来ることはできません。騎馬民族が来たとしてもごく少数の集団であったはずです。少数の騎馬民族によって列島各地にわたる展開が可能となるのか考えてみました。

　当時、日本列島にすむ最大の動物は鹿やツキノワグマでした。それに対し図10に示すように小型とはいえ、渡来馬（現在の日本在来馬）は大きさ、体重でこれらの動物に勝り最大の動物となったのです。この大型の気の荒い動物に跨がり自在に操ることのできる人間に対し、**"倭人は畏敬**

197

の念を抱き神のごとく思った"はずです。このことが、
"ごく少数の騎馬民族による支配を容易にした"と考えます。多くの神社で馬が奉納され馬にまつわる伝承が多いことも、そのことに由来しているように思われます。

9）定説への疑問

　馬の繁殖、飼育、調教、さらに騎乗には高い技術力を要します。３世紀時点で、それらができる人間は列島内には少なく馬はその都度、朝鮮半島から運んで来ていたはずです。弥生時代には丸木船の上に竪板や舷側板を組み合わせた準構造船がすでに使われており帆の形跡も見つかっていることから馬を運ぶ海上輸送機関としての船の性能は５世紀と比べて遜色なく不可能ではなかったはずです。

　これまで日本が騎馬文化を取り入れたのは小林行雄氏などによって「４世紀終盤から日本が朝鮮半島進出を果たし、騎馬軍団を持つ高句麗と戦うようになり、そのことによって騎馬の必要性を知った倭人は、長い時間をかけて騎馬戦術を学んでいった」と説明され、これが５世紀前後に馬が来たとされる理由となっていました。それに対し白石太一郎氏は『騎馬文化と古代のイノベーション』の基調講演「日本の騎馬文化はどのようにして始まったか」の中で「７世紀に延喜式などに記載のある数多くの官営の牧は５世紀前後には各地に設定されていたものと考えられる」とし「４世紀終わりの高句麗との戦争の必要性上、長い時間

（４世紀終盤から７世紀まで200年以上）をかけて、倭人は騎馬戦術を学んでいったということでは説明できない」として日本書紀に366年のこととある卓淳国（加耶国の一つ）を介した百済との接触の中で、騎馬文化を取り入れたのではないかとしています。

しかしその時点から５世紀前後では30年ほどにしかなりません。騎馬という高度な技術が日本各地で習得され根付いて行くには、小林行雄氏が考えたようにもっと長い年月が必要なはずです。この点からも騎馬の導入時期は３世紀とするのが合理的と言えるのです。

初期の前方後円墳を拡げるために各地に赴いた一団は馬を伴っていました。その時、各地の倭人は初めて馬を見ることになったのです。それから100年以上の時を経て少ないとは言え、各地で馬が飼われるようになった中、４世紀に中国で発明された馬具が日本に伝わると、騎馬はポピュラーなものになると同時にその痕跡を見出しやすくなり、そのことが５世紀になって日本各地で、騎馬文化が一斉に花開いたように見える現象を作り出したのではないかと思います。

4-4　前方後円墳の起源を扶余に求める

多少なりとも痕跡があるとは言うものの、残念ながら３世紀に騎馬民族が到来したとまで言い切るにはやや無理が

ありそうです。更なる証拠を探して前方後円墳に焦点を当ててみたいと思います。

　前方後円墳は日本独自だと言われています。世界的に見てもユニークな形状をしたこの墳墓を誰が何の目的で、どのようにして造ったのか、誰しもが興味を抱くことです。そしてその謎を解くことが３世紀の大きな変化の謎を解くことにも繋がると考えられます。ここでは前方後円墳の起源を扶余に求めることができるのか考えて行きます。

１）楯築墳丘墓

　前方後円墳の誕生は謎だとは言うものの、３世紀初頭から始まる初期型前方後円墳は木槨墓や特殊器台などから吉備の楯築墳丘墓（図11）にその源流を見出すのが定説となっています。

　楯築墳丘墓を岡山大学埋蔵文化財調査研究センターの『吉備の弥生時代』に書いてある内容でその特異性を整理すると次のようになります。

① 全長80メートルの弥生時代では突出した大きさの墳墓。

② ユニークな形状をした双方中円墳

③ 32キログラムに及ぶ大陸産と思われる水銀朱

④ 排水施設を備えた複雑な大型木槨墓＊

＊直接遺体を収納する箱を棺と言い、その棺を置くところを槨という。粘土や木、石で造られている。

テーマⅡ　新しい騎馬民族説の提案 謎解き4

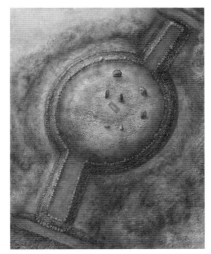

図11　楯築弥生墳丘墓の想定図
（山陽新聞社提供）

⑤　副葬品：鉄剣──弥生時代の墓出土では突出した長さ
　　　　　玉類──メノウ。質がよく、青みがかった管
　　　　　玉(たま)は朝鮮半島の石材
⑤　特殊器台、特殊壺、弧帯石
⑥　墳頂部の巨大な立石と墳頂部を取り囲む列石
⑦　それまでの吉備のものとは大きく異なる人形土製品
　前方後円墳はこの墳墓の双方の方形部の片方を除いたものと考えられています。寺沢薫氏はこの墳墓の円丘部の前後の突出部の比は２：１で纏向型前方後円墳の比率と同じだとしています。木槨墓や大量の水銀朱や鉄剣など大陸の

強い影響が見られます（福元明氏）。専門家の多くはこの地方の倭人の首長が造ったものだとしていますが、木槨墓は複雑な構造であり、現地で一緒に造ったことがない限り造れる代物ではありません。それ以前の吉備では大陸の影響は少なく倭人にその造り方を知る手段はなかったはずです。この地方の倭人が造ったとするには無理があります。

歴博名誉教授の広瀬和雄氏も「漢代の墓室は地下深く埋め込まれるから、実際の葬送儀礼に参列した経験を有した人間か、その構築にかかわったものでないとその再現は難しい。彼の地からの渡来人が関与したとみるのがもっともふさわしい」と述べています。またこの時代の吉備は比較的平和であり墳墓を作り威信を示す必要もなく、この地の弥生文化の変化は加速度を増していたというものの連続的であり、そのような中で楯築墳丘墓の出現は突出的だと言えます。

楯築墳丘墓についてその特徴を簡潔にまとめると次のようになります。

① それまでの日本列島にはなかった弥生時代最大のユニークな形状の双方中円墳である。

② 大型木槨墓や大量の水銀朱や副葬品はそれまでの吉備にはなかった大陸色の強いものである。

③ 特殊器台は葬送儀礼に使われたものであり、それまでの器台の使われ方とは全く異なる。

このように楯築墳丘墓ではそれまでになかった形状、大

陸色の強い埋葬形式や副葬品、異なる風習が突然生まれたということから広瀬和雄氏も言うように渡来人が関与し"被葬者は新しく大陸から来た人間"と考えるべきです。

2）特殊器台は何故生まれたか

次に副葬品として楯築墳丘墓で初めて登場する特殊器台について考えたいと思います。従来の吉備の器台は収穫祭などで使う祭祀の道具でした。しかし特殊器台はそれまでの器台と全く異なり特殊壺と共に墳墓で使われ、被葬者のための葬送儀礼の道具だったとされ、使われ方が全く異なります。そのため特殊という言葉を付加した名称がつけられたとのことです。そしてこの特殊器台が徐々に変わっていって埴輪になったというのが定説になっています（図12）。

特殊器台はそれまで吉備にあった器台が１メートルを超えるほど大型化したものです。私は岡山大学考古学研究所に行き、案内していただいた研究員の方に楯築墳丘墓は何故倭人が造ったと考えるのか質問してみました。理由は二つあるようです。一つはこれだけの墳墓を造るのに、何の基盤もない外来者では人々の協力が得られないこと、二つ目の理由はこの墳墓から出た特殊器台にあり、この器台が従前の吉備の器台が変化したものだということです。

一つ目の理由に対しては、これまでにない突出した規模の墳墓を造ることに対して、倭人の首長なら協力を得られ

| 吉備の器台 | 特殊器台 | 円筒埴輪 | 朝顔型埴輪 | 形象埴輪 |
| 弥生時代 | 2世紀末〜3世紀中 | 3世紀中〜 | 4世紀前後 | 4世紀前半〜 |

図12　特殊器台から形象埴輪への変遷
吉備の器台（甫崎天神山遺跡出土／岡山県古代吉備文化財センター提供）
特殊器台（宮山遺跡出土／岡山県立博物館提供）
朝顔形埴輪（姫宮神社古墳出土／埼玉県宮代町郷土資料館提供）

たのかです。よほどの理由がない限り協力は得られなかったことでしょう。そしてその理由がなぜ生じたのかという疑問が生じます。二つ目の理由に対しては、"特殊器台が何故突然大型化したのか"を考えなければなりません。そしてその誕生の理由を考えると異なる見解が可能となります。

　日本書紀に第11代垂仁天皇の時のこととして埴輪の起源について次のように書いてあります。「倭彦命の葬儀に際して、近習者を集め、陵墓のまわりに生きたまま、埋め立て並べた。数日しても彼らは死なず、昼夜悲しげに泣いた。ついに死んだ彼らを犬やカラスが食い荒らした。天皇は泣

204

テーマⅡ　新しい騎馬民族説の提案 謎解き4

き叫ぶ声を聞いて、心締めつけられる思いがした（藤井寺市ホームページ：埴輪の起源説話）。」と惨たらしい記載があるのです。この時、野見宿禰が垂仁天皇の思いに応えて出雲から土部100人を呼び寄せて人や馬などを形取った埴輪を作らせたとあり、埴輪の起源は殉葬をする際の生贄の代わりとなっています。

　しかし、この伝承では埴輪が人や馬の形象埴輪となっていますが、形象埴輪の登場は5世紀中葉からであり、史実ではないとされてきました。しかし、垂仁天皇は実在したのではないかとされる最初の天皇、第10代崇神天皇の次の天皇です。崇神天皇は御肇國天皇と称され、実在する最初の天皇としてその可能性は高いと考えられています

　私は記紀に詳しくもなく、そのまま信用しているわけではありませんが、図9（167ページ）の纒向型前方後円墳の拡がりと崇神天皇が派遣したとする四道将軍や12代景行天皇、そしてその皇子の日本武尊の行動ルートが一致することなどから、流れとして記紀の伝説は実際の日本の誕生を反映したものだと考えています。そして崇神天皇の没年は古事記にある戊寅年、258年説を取ると箸墓古墳が造られ初期型前方後円墳が拡がり始めた時代と一致するのです。そうすると次の天皇であった垂仁天皇も3世紀の可能性が強くなります。図12でも分かるとおり、その頃の埴輪は特殊器台か、または円筒埴輪の可能性が高く、人物埴輪ではありません。

記紀が書かれた頃には、すでに古墳も終焉していました。古墳が何の目的で造られたのか分からなくなっていたはずです。埴輪のことをよく知らない日本書紀の執筆者が、この古くからあった埴輪の起源伝承を人物埴輪のことと考えて執筆した可能性が高いと言えます。埴輪の起源伝承は実際にあったことだと言うことができるのです。

　特殊器台や初期の円筒埴輪とそれ以降の埴輪では配置の仕方が異なります。初期の前方後円墳の特殊器台や円筒埴輪は墳頂部や墳丘部に立てられていたのですが、その後の埴輪は各段のテラス部に置かれるようになり、明らかにその役割が変化しています。初期段階では殉葬に代わって特殊器台や円筒埴輪を使った葬送儀礼が墳頂部で行われ、その後変質したのだと考えられます。**"楯築墳丘墓は本来殉葬を伴うつもりの墳墓であった"**ことになります。

3）扶余の殉葬

　この時代、江上波夫氏の騎馬民族説でも取り上げられた半農半猟系の騎馬民族・扶余がいました。扶余については5-3でさらに詳しく述べますが、元々濊から別れ、次に高句麗が分かれて建国されたと言われ、高句麗とはルーツを同じくする民族だったと言われています。

　その扶余のことが書かれた『魏志扶余伝』には「人を殺して殉葬する。多いときには百を数える」とあります。『魏志東夷伝』の中で殉葬の記載があるのは扶余だけです。

上記の日本書紀の埴輪の起源伝承に加えて、出雲と対峙していた扶余が数に勝る倭人を懐柔するため"殉葬時の生贄に代わって、それまで吉備の器台を大型化させたのが特殊器台だ"と考えることができます。

殉葬を伴う木槨墓は金官加耶と思われる３世紀の釜山近くの大成洞遺跡＊にあり、韓国の考古学者・申 敬澈氏はこの遺跡は扶余族によって造られたと主張しています。

＊楯築遺跡は２世紀末であり、大成洞遺跡より造られた時期は早く、扶余族は金官伽耶より先に日本で本格的活動を始めたことになります。

４）出雲と楯築墳丘墓を造った人達との関係

楯築墳丘墓は２世紀末の吉備に突然誕生しました。そしてその後の吉備にはその痕跡は残っていません。双方中円墳という独特の形をした墳墓は奈良県と四国の高松に合計四つあるそうですが、いずれも３世紀末から４世紀のものであり、楯築墳丘墓より百年以上新しいものです。従って楯築墳丘墓の影響が次に現われるのは纏向で発生した前方後円墳ということになります。このことは楯築墳丘墓を造った人達は"吉備に突然やってきて、突然去り纏向に向かった"ということを示唆しています。それを考えるには吉備の北に位置する出雲を見なければなりません。

出雲のことは記紀や出雲国風土記に多くの記載がありますが、その状況を考古学を踏まえた歴史に辿りストーリー

を作ることは非常に難しいものになります。出雲は古くから楽浪郡など大陸と密接な関係にあったのは間違いなく、数度にわたる渡来人訪問の波があったと考えられます。そのことが国引き神話や大国主命の出雲神話の土台となったのではないでしょうか。

　出雲の墳墓としては四隅突出型墳丘墓が代表的であり特徴的です。この墳墓は1世紀頃、広島県の山間部の三次盆地に突然現われ、その後、3世紀中頃にかけて中国地方山間部や山陰から北陸にかけて拡がっていきました。次に述べるように、この墳墓形式も前方後円墳と同じく、そのルーツを北朝鮮の高句麗か扶余の遺跡に求めることができます。しかし、出雲の成り立ちは複雑であり、出雲神話との整合性も考えながら別の機会に考えていきたいと思います。

　四隅突出型墳丘墓が最も大きくなるのは楯築墳丘墓が出来た頃と同時期です。そして出雲最大の弥生遺跡、妻木晩田遺跡の西谷3号墓は楯築遺跡と同様の木槨墓であり、特殊器台も出ていることから楯築遺跡の被葬者と婚姻関係も考えられるとのことです（寺沢薫氏）。青谷上寺地遺跡の殺傷痕のある女性を含む100名を超える人骨＊と併せて考えると、楯築遺跡を作った扶余が出雲との融和策のため婚姻関係まで結んだが上手くいかず、出雲に赴いた一族は惨たらしく殺戮されたということが想像されます。

　＊鳥取県の青谷上寺地遺跡から弥生時代末の1800年前頃の人骨が
　　109体分見つかっている。鳥取大学医学部の井上貴央氏の『青谷

テーマⅡ　新しい騎馬民族説の提案 **謎解き4**

上寺地遺跡のひとびと』によると、これらの人骨はきちんと埋葬されたものではなく、バラバラで散乱した状況だった。そしてそれらの人骨には骨まで達する殺傷痕が見受けられ、ひどいものになるとひたいや頂部に穴が空いた頭蓋骨まであり、銅鏃が骨盤に刺さった状態のものもあった。男性ばかりでなく、女性や10歳程度の子供まで犠牲になったことが分かり、ほとんどが即死であったと思われ、かなり悲惨な状況にあったことが分かった。また推定身長が男162センチで縄文人の身長より高く、頭蓋の分析結果から朝鮮半島南部の遺跡の人骨と一番近い関係であることが分かった。

これらの人骨は何を物語るのでしょうか。一般的には時代的に一致することから「倭国大乱」と結びつけられていますが、邪馬台国九州説をとるとそう考える訳にはいきません。倭国大乱は九州内の出来事です。上記の悲惨な状況は恨みがあっての戦闘と思われ、従来から住んでいた人間と新たな来訪者との複雑に絡み合う人間関係から生じたのではないかと思われます。

自説に沿って考えると、吉備に定着しようとした扶余が北に接する出雲との融和策のため婚姻関係を結び、一旦は密接な関係になったものの、トラブルが発生し戦闘にまで至ってしまったと想像してしまうのです。

5）北朝鮮に前方後円墳の起源を探る

　1992年にＮＨＫ取材班と考古学者の江上波夫氏、森浩一氏の二人が北朝鮮に前方後円墳のルーツを求めて行った取材をまとめたのが『騎馬民族の道はるか』です。この本には北朝鮮における取材の困難さが書かれており、実際に現場に行くことができたのはたった１日になってしまったということで正確さには欠けるかもしれません。しかし、二人の著名な考古学者が同行しているのです。全く見当外れの情報だったはずはありません。

　そこには“雲坪里古墳群には前方後円形と四隅突出型の積石塚が多数存在していた”と書かれており、写真も掲載されています。その数は戦前の1920年代の調査では157基とあり、場所は中国との国境線を流れる鴨緑江のほとりです。墳墓の年代推定は難しいとのことですが、森浩一氏の見解では出現は紀元前１世紀から紀元後１世紀頃ではないかとされており、最後は６世紀から７世紀までのものがあるとのことで長期にわたって造られていたようです。この古墳群の大部分が犬の頭ほどの石を積んで造られた積石塚ですが、最後の頃のものは日本の古墳時代の後期にあたりそうな切石で造った石室を持つとのことです。

　この遺跡が高句麗のものか扶余のものかは判然としませんが、朝鮮半島最古の歴史書『三国史記』では紀元前37年に高句麗は扶余から分かれたことになっているので、紀元前後であれば、どちらの遺跡かを厳密に区別する必要はな

テーマⅡ　新しい騎馬民族説の提案 謎解き4

いと思われます。もし扶余が来たという仮説が成り立つの
であれば、前方後円墳も山陰の四隅突出型墳丘墓もこの辺
りがその起源だとすることができます。積石の大量確保が
難しかった奈良で葺石を利用した構成に変わったのではな
いでしょうか。そして上記の人骨が語る戦闘は同族間の先
に来た人間と後続の人間との争いであったということにな
ります。

　さらにこの本を読み進めると自説にとって注目すべき取
材班の記事がありました。「もし仮にこの積石塚が前方後
円墳に繋がるとすれば、日本で大型の前方後円墳が出現す
る３世紀後半にはすでに騎馬民族が入っていなければなら
ないとして江上氏の説より100年以上も早くなってしまう」
と江上説の矛盾点を突いているのです。この本が書かれた
時点では前方後円墳の誕生を３世紀後半とありますが、現
在では多くの考古学者は３世紀初頭としています。江上波
夫氏が提唱した騎馬民族説に対し150年以上遡らなければ
なりませんが“３世紀に騎馬民族が来た”という私の仮説
と同時代になり自説が裏付けられることになるのです。

　前述したように前方後円墳の成立に吉備の楯築墳丘墓が
大きく影響したことは多くの考古学者が述べているとおり
です。しかし、この墳墓だけでなくそれ以前からあった弥
生時代の墳墓が変化し影響し合って前方後円墳になってい
ったなどの説も存在します。例えば藤田憲司氏はそれまで

211

の円形周溝墓が次第に前方後円墳に変遷していく過程を述べています。しかし、その成立過程は他にも様々な説があり、未だ定説とはなっていません。

しかし、鴨緑江のほとりに点在する積石型の墳墓がその起源ということであれば、その墳墓が日本に伝わり直接的に前方後円墳に変化したことになります。騎馬民族説が下火になり、その後進展しなかった理由の一つとして、前方後円墳の起源と目される高句麗や扶余の遺跡の調査研究が進まないことが上げられます。これらの遺跡は現在中国東北部から北朝鮮にまたいで存在しますが、主要な遺跡は北朝鮮内にあるそうです。当然、学者でも現地に行くことができません。1990年代を最後に調査はほとんど進んでいないようです。北朝鮮との関係改善が謎を解き明かしてくれるのかも知れません。

日本でも四国や長野県などにいくつもの積石塚古墳が見られ、その多くが5世紀以降のもののようですが、四国には3世紀のものもあるようです。今後、これら国内の積石塚と北朝鮮のものとの関係が分かってくれば前方後円墳のルーツもより鮮明になってくるのではないでしょうか。

謎解き4で得られた結論

四つの検証の結果は下記のようになります。これで新しい騎馬民族説もグレーからホワイトに近づいてきたと思われます。

テーマⅡ　新しい騎馬民族説の提案　謎解き4

① 3世紀の日本列島に大きな変化が生じた。近畿を中心に生じた前方後円墳は全国各地に急速に拡がり、同時に各地の銅鐸、環濠集落が消滅した。そして近畿と博多湾岸の遺跡に大陸の影響が同時に発生する。
② ①の事象がなぜ生じたのかの説明は新たな渡来人、騎馬民族がきたということでしか説明できない。
③ 騎馬民族が来たという直接的証拠は現時点では少なく、ミッシングリンクとするしかない。
④ 前方後円墳の起源を北朝鮮に辿ることで、騎馬民族・扶余の可能性が一段と高まった。

結論　古墳時代のきっかけは騎馬民族の扶余によって作られた可能性が高い。

謎解き5　纒向遺跡を造ったのは誰なのか？

　３世紀の大きな変化を騎馬民族の扶余に求めることはできそうです。しかし、私達はまだ前方後円墳の起源を扶余に求めることのできる可能性を突き止めただけです。この時代の扶余の遺構は鴨緑江のほとりにぽつりぽつりとみられる墳墓くらいのものです。そんな彼らに前方後円墳の起源を求めることはできても、それを列島各地の広い地域に拡げ、自らの威光を示すといった発想が果たして生まれるでしょうか。

　17世紀になって清王朝という中国全土にわたる覇権を握った満州族ですが、この時代の扶余は中国東北部の一地域で周辺民族に圧迫されながら活動していた弱小民族にすぎません。そして私達は大きな変化の起点となった纒向遺跡を誰が造ったのかに着目しなければなりません。後の藤原京に匹敵するような壮大な遺跡を扶余だけで造れたのか、この謎解きでは纒向遺跡誕生の謎に迫ってみたいと思います。

テーマⅡ　新しい騎馬民族説の提案 **謎解き5**

5-1　纏向遺跡の誕生は
　　　どのように説明されてきたか

　4-1でまとめた四つの特徴を背景に纏向遺跡の誕生に
ついて考えてみたいと思います。最初に、このことがこれ
までの九州説や近畿説ではどのように説明されてきたのか
をみてみましょう。この中に何らかのヒントが隠されてい
るかも知れません。

1）邪馬台国東征説はありうるのか

　これまでも述べてきたように纏向遺跡誕生の説明として
九州説で一番多いのが邪馬台国東征説です。九州に存在し
た邪馬台国が東に移動して纏向遺跡を造ったというもので
すが、記紀にある神武東征は何らかの史実に基づいている
のではないかということがベースにあります。

　神武東征は古事記と日本書紀とで内容が異なりますが、
大筋では同じです。古事記によれば神武天皇が日向（宮
崎）を立って、大分と愛媛の間の豊予海峡を通り、北上し
て大分の宇佐に立寄った後、関門海峡を過ぎて一旦西に向
かい、現在は北九州市の黒崎にある岡田宮で1年過ごした
後、Uターンして東に進み、再度関門海峡を通って安芸で
7年、吉備で8年過ごした後、抵抗勢力に遭遇しながらも
苦労して奈良に入ったというものです。

215

このことは何らかの九州勢力が東に向かったであろうこ
とを匂わせています。しかし、もちろん近畿説を主張する
専門家の多くが神武東征は史実を反映した物ではなく空想
だとしており、京都大学名誉教授であった上田正昭氏も
"九州説の弱点は東征説をうまく説明できないことにある"
と言いきっています。また白石太一郎氏も大きな流れとし
て、九州から近畿ではなく、近畿から九州への流れとなっ
ており、東征説は成り立たないとしています。

　考古学者の否定論も加えて、自分でも東征説が成り立つ
のか整理してみました。

① すでに何度か述べたように『魏志倭人伝』では「本
　と亦た男子を以って王と為し、住まること七・八十
　年」とあることや、また長年狗奴国と対峙していたよ
　うな記載があり、移動したという重大事項にもかかわ
　らずその記載はない。従って"『魏志倭人伝』上は卑
　弥呼の時代までは東征はなかった"ということになる。
　もちろん他の文献にも記紀を除いてそれらしい記載を
　見つけることはできない。

② 4-4で述べたように、奈良県桜井市の纏向で発生し
　た初期型前方後円墳やその中に納められた木槨墓は北
　部九州より吉備の楯築墳丘墓にその要素を多く見出す。
　このことは支配層が九州ではなく吉備から移動して来
　た可能性が高いことを意味する。

③ 吉備の楯築墳丘墓と伊都国とされる福岡県の平原遺

跡群の墳丘墓は類似点があると言われている。しかし、そこから大量に出る銅鏡は楯築墳丘墓からは1面も出ておらず、平原遺跡と楯築墳丘墓の関係は薄いと言える。

④ 2-1で示したように纏向遺跡から出土する九州の土器は非常に少ない。このことは"九州から近畿への民の移動がなかった"ことを意味する。

⑤ 鉄の供給元であった朝鮮半島から遠く、当時、後進地域であった奈良盆地への"移動の動機が存在しない"。

⑥ 稲作農業による人口増加が原因で移動したとの考え方もあるが、途中の安芸や吉備ではなく何故、奈良盆地に定着したのかの説明が難しい。

⑦ 日本の中心地を目指したという考え方があるが、当時の倭人に日本のどこが中心なのか分かる術もなく、中央志向があったとも思われない。

⑧ 北部九州に卑弥呼がいた頃にはすでに初期型前方後円墳が造られ、巨大な建物群も出来つつあった。つまり纏向遺跡の誕生が3世紀初頭であれば卑弥呼の時代にはすでに存在していたことになる。東征説ではこの近畿勢力と九州の女王国との並立が説明できない。

⑨ 3世紀半ばから4世紀半以降に邪馬台国が纏向勢力を征服したというストーリーが必要になるが、3世紀初頭に誕生した纏向遺跡はこの間継続的に変化しており途中で大きな政権交代があったとは思われない。そ

れは江上波夫氏の騎馬民族説が否定された理由と同じである。

⑩ ３世紀初頭に纏向遺跡が突然出来たという説明にはなっていないため、東征説を主張する安本美典氏は纏向遺跡の誕生は４世紀だとしており、多くの考古学者の考えと対立している。

⑪ 銅鐸消滅と同時に弥生時代の近畿で使われていなかった銅鏡が近畿でも使われるようになったことが東征説の有力な根拠となって来た。しかし、北部九州で使われていた銅鏡は魏を中心にした内行花文鏡や方格規矩鏡が主だったのに対し３世紀半ば以降近畿から出るようになった銅鏡は三角縁神獣鏡を始めとした呉に起源を持つ神獣鏡がメインである。九州の邪馬台国ではほとんど接触のなかった呉との関係が東征後なぜ急速に出来たのか説明できない。

やはり多くの近畿説の専門家が述べているように東征説には説明の難しい点が多数あるようです。次に近畿説の専門家がこの遺跡の成立をどのように説明しようとしているか見てみたいと思います。

２）近畿説における纏向遺跡成立の考え方

東征説が成り立たないとすると、近畿説の方がより多くのヒントを与えてくれるかも知れません。先述したように

テーマⅡ　新しい騎馬民族説の提案 謎解き5

この遺跡は邪馬台国が存在した時代の最後の頃の3世紀に突然出現したものであり、その主体者は2-4で述べたように周辺の唐古・鍵遺跡などの人が移動してきたとするには無理があります。繋がりそうなのは吉備だけですが、専門家は纒向遺跡がどのようにして誕生したのかについて様々な構想を巡らしています。

　白石太一郎氏がその著書『古墳からみた倭国の形成と展開』の中で語っていることを中心にそのことを考えてみたいと思います。氏は、「瀬戸内海沿岸各地や畿内の首長達が鉄資源の安定的な入手を確保するためには、玄界灘沿岸地域と争い、あるいはこれに妥協を求める必要があったのではないだろうか。まさにそのために、畿内から瀬戸内海沿岸の首長たちが連合して九州北岸の玄界灘沿岸に圧力をかけ、一定の成果ないし勝利を収めたのではないだろうか」と述べ、その畿内勢力の中に鉄資源の独自ルートを持ち首長墓に多数の鉄器の副葬品が見られる山陰や丹後地域などの日本海沿岸は含めていません。

　あくまでもアンダーラインを引いた箇所の首長達が連合した理由は"鉄資源の確保"であったことが強調されており、"鉄を求めて首長達が連合を組んだ"という考え方を基本にしています。そして、「鉄資源の確保に有利な立場に立ち、また先進的な文物の入手などのより高い文化的、技術レベルに達していた北部九州に対して、なぜ三世紀になると、はるかに遅れていた東方の畿内から瀬戸内海を中

219

心に、北部九州をも含む政治連携が形成されることになったのか、を説明するための仮説に他ならない」としています。

　しかし、この説は旗色が悪いということを自ら認めた上で、氏の説に対する他の専門家の見解も紹介しています。「愛媛大学の村上恭通氏は「古墳時代前期になっても鉄器の出土量は北部九州が圧倒的に多く、鉄器製作技術にも九州と畿内では圧倒的な差があり、鉄の流通機構やその掌握が大和の勢力によってなされたとは考えがたい」とされています。福岡市埋蔵文化財センターの久住猛雄氏は「玄界灘沿岸では古墳時代になっても博多湾を中心とする貿易活動がそのまま継続することから、畿内・瀬戸内連合による「征圧」など考えられない」とされ、寺澤薫氏や東海大学教授の北条芳隆氏は「邪馬台国成立前夜の弥生末期の大和が鉄器の保有その他あらゆる面できわめて後進的であり政治的空白地帯であったとし、大和の勢力による主導権掌握はあり得ない」としています。」

　これらの見解に共通するのは **“先進地帯であった九州が邪馬台国の時代（古墳時代初頭）になって、なぜ近畿勢力の支配下になったのか”** という疑問です。

　そこで寺澤薫氏は「弥生時代終末期には奈良盆地の集落構造は瓦解しており、この「無主の地」である奈良盆地に、筑紫・吉備・播磨・讃岐（特に吉備が中心）などの西日本

各地の勢力からなる部族連合によって、「新政権」の中枢が打ち立てられた」と述べています。

そして氏はある講演会場で「新政権」の中枢を唐古・鍵遺跡とし、この遺跡を邪馬台国に求めていました。また北条芳隆氏は「大和以外の各地の諸勢力が、要衝の地奈良盆地東南部に結集して、弥生時代後期～末期の古い共同体的秩序にかわる新秩序を合議により打ち立てられたもの」としています。

この中で寺澤氏の考え方は近畿説とは言っても、いわゆる筑紫勢力＝北部九州勢力が近畿に移動したということが含まれるため邪馬台国東征説に近いものであり、その時期が一般的な九州説での東征説より早い段階にあったとする見方もできます。

しかし、このような考え方に対し、白石氏は「弥生時代の段階には、鉄やその他先進文物の保有で圧倒的な優位に立っていた北部九州に対し、古墳時代になると中国鏡など銅鏡の分布の中心は明らかに畿内に移り、また大和の大型前方後円墳には膨大な量の鉄製武器が副葬されるようになる。そうした考古学的な事実の背景をどのように説明できるのだろうか」と疑問を呈しつつ、さらに、「西日本諸地域の提携の結果とする寺澤さん、北条さんの考え方にはいくつもの難点があり、三世紀における広域の政治連合形成の事実やその理由が説明できているとは考えがたいのである。」と疑問を投げかけています。

近畿説の場合、“纏向遺跡の発生原因を考える”ということはそのまま“女王国の発生原因を考える”ことであり、そのことは自然な流れとして倭国大乱とは何だったのかに結びつけられて考えられてきました。“倭国大乱によってそれまでの弥生社会の秩序が一気に崩れてしまい、その結果新しい政権ができた”ということを前提にして話が構成されています。しかし、白石氏や氏以外の専門家の見解を入れてもその説明には迷走があり、“その解を見出していない”状況だと言えます。

　そう言った意味からは上田正昭氏が“九州説の弱点は東征説をうまく説明できないことにある”という九州説の状況と近畿説も同じだと言うことができます。専門家は九州説にばかり厳しいものを要求しているかのようです。

　そして近畿説、九州説にかかわらず、**“当時先進地域であった北部九州がなぜ後進地域であった近畿の支配下になったのか”**の理由を充分に説明できていません。「倭国大乱」に結びつけて、日本中が混乱した結果新たな秩序が出来たのではないかという説明の結果が白石氏の示す迷走に繋がっていると言えます。そして、いずれの考え方でも4－1で集約した３世紀の大きな変化の**“四つの特徴”**が何故生じたのかについて説明ができているとは思われません。いくつもの「なぜ？」が並ぶことになります。

　弥生時代に何もなかったと言われている纏向の地に中国の強い影響を受けた巨大遺跡がなぜ突然生じたのか、なぜ

テーマⅡ　新しい騎馬民族説の提案 謎解き5

それぞれ独自性を持った国々が一致団結することができた
のか、なぜ大陸色の強い遺跡を突然造ることができるように
なったのか。なぜ当時先進地域であった九州を捨てて辺
鄙な奈良盆地に移動したのか、それらのなぜが説明できな
い限り、論争の終結には至りません。

5-2　三角縁神獣鏡をもたらした公孫氏

　3世紀の大きな変化の出発地となった纒向遺跡、その誕
生の謎は迷路に嵌まっているかのようです。これまでの説
はヒントになりそうもありません。しかし、このことは当
然予想されたことです。鉄が注目されています。しかし、
この時代、鉄はそれまでの九州に代わって近畿でも大量に
見つかるようになったとは言っても、まだ日本各地に拡が
っていたわけではありません。一番特徴的な所が見落とさ
れています。

　自説に立ち返ってみたいと思います。纒向に最初に現わ
れたのは前方後円墳です。この時代、鉄以上に特徴的なの
はこの前方後円墳の出現であることを誰が否定できるでし
ょうか。この古墳がどうして日本各地に急速に拡がり得た
のか、この説明ができない限りこの時代の成立ちを説明で
きたことにはならないのです。そしてこのことを私は騎馬
民族が来たという仮説に基づいて究明し、扶余にその起源
を見出しました。

223

しかし、問題はそれ以降です。前方後円墳の急拡大や大規模な纒向遺跡の誕生が扶余のみで説明可能となるのか、そのことは前述した通りです。扶余以外の誰かを探さなければなりません。その時、注目しなければいけないのが公孫氏です。この時代に東北アジア一帯を実効支配していた公孫氏の影響を日本列島に見出すことを多くの専門家が語っています。なぜ公孫氏の影響が日本に、特に近畿に見られるのか、そのことを考えてみなければなりません。

　私はこの公孫氏の影響に着目し、自説が強化できないか考えてみました。そして前方後円墳と共にこの時代を特徴付ける三角縁神獣鏡にその糸口を見出したのです。公孫氏とは何者かについては次の5-3で詳しく述べます。

1）纒向遺跡への大陸の影響

　纒向遺跡の特徴については前項でも述べましたが、その中で特に大陸の影響についてまとめてみます。すでに木製の鎧については4-4で紹介しました。これも大陸の影響の一つだと紹介されていますが、纒向学研究センターのホームページの情報も含めて、さらにいくつか抜粋してみました。

①　3世紀中頃、突然出来た纒向遺跡では下記の点などに中国の影響が見られる。

　・三つの建築物が東西に直線に並ぶ⇒弥生時代の日本の建物は集落を取り囲むかバラバラに配置されてい

224

テーマⅡ　新しい騎馬民族説の提案 謎解き5

た。
・方形の柱穴⇒弥生時代までの柱は丸かった。
・都市計画に基づく構築

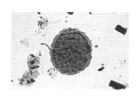

ベニバナ花粉化石
（金原正明氏撮影：桜井市教育委員会所蔵）

② この遺跡にはこの時代の普通の住居である竪穴式住居跡がない。この遺跡の住居跡は3世紀中頃に構築された一辺5メートルの方形の竪穴で、10センチ程度の浅い掘り込みを有している。竪穴内には4本の主柱穴と2本の補助柱穴があるが、炉跡や周壁溝がないことや、補助柱穴を持つことなどは通常の住居跡とは異なる点であり、竪穴式住居ではなく、掘り込み地業をともなった平屋、あるいは高屋の建物遺構とする見方もある。

③ V字型の溝から国内最古のベニバナの花粉の化石がみつかっているが、ベニバナは日本には元々自生しない植物で、染織など当時の最新技術を持った渡来人とともに伝来したとみられる。纒向遺跡の首長層が大陸系の高度な技術者集団を抱えていたことがうかがえる。

倭人は縄文時代から弥生時代かけてその住居はずっと竪穴式だったとされています。その竪穴式住居跡ではなく異なる種類の住居に住んでいたということはここに住んでいた人達が従来からこの地にいた人達ではなかった可能性が

225

高いことになります。そして纒向遺跡はそれまでの近畿地方にない中国や朝鮮半島などの大陸の強い影響を強く受け、その背景を何人もの専門家が公孫氏に求めています。

　何故なら"卑弥呼が朝貢する直前まで東北アジアを実効支配し倭国を支配下に置いていたのは公孫氏だった"からです。当然、卑弥呼も魏への朝貢以前は公孫氏に朝貢していたことになりますが、この公孫氏の影響が考えられる遺物をみてみたいと思います。

２）中平年号の入った鉄刀

　奈良県天理市の東大寺山古墳*を国立博物館所蔵の国宝や重要文化財をデータ化した"ｅ国宝"でこの古墳についての記事を見ると「奈良盆地東縁の沖積地との比高差70メートルの低丘陵尾根上に位置する。自然地形を利用した北向の前方後円墳で、全長約130メートル、後円部径約80メートル、前方部幅約50メートルである。1960年代に発掘調査され……多くの出土品が確認された。「中平」銘金象嵌花形飾環頭大刀は紀年銘をもつ日本最古の遺物で、中国製刀身部を改造して三葉環頭を基に退化した直弧文ないし竜文を施した日本列島独自の環頭部に交換したと考えられる。」と説明されています。

　この古墳には多くの貴重品が埋葬されていましたが、この文中にある紀年銘の入った日本最古の鉄刀が注目されます。その紀年とは"中平年号"で後漢末期の184〜189年の

ことです。金象嵌が施され、当時最長の110センチの鉄刀であり、金純度の高さから当時としてはかなりの貴重品であったと言われています。中平年間は公孫氏が遼東を支配していた時代であり、たとえ近畿説が正解で卑弥呼が近畿にいたとしても、後漢王朝から直接はもらうことはできません。公孫氏が漢王朝からもらったはずですが、公孫氏にとっても重要な刀であったに違いありません。なぜ公孫氏が卑弥呼に渡したのかが謎になってしまいます。

　しかし、自説ではその理由を容易に説明できます。この鉄剣は中平６年（189）公孫度が後漢から遼東太守に任命された時下賜された物だと考えられますが、5−3で説明する公孫度の子である公孫恭が身の証として日本に携えて来たと考えることができるからです。

　＊東大寺山古墳は海洋民と言われる和邇氏の古墳と一般的に言われているが、その副葬品の多彩さからかなりの有力者の墓であり大王に近い人物の墓と思われている。

3）徐州の銅鏡

　京都大学教授の岡村秀典氏はその著書『鏡が語る古代史』の中で次のように「徐州系の鏡が楽浪郡・帯方郡のあった朝鮮半島北西部と日本列島から多く出土している。なかでも畿内にそれが集中していることから、三世紀の三角縁神獣鏡に先だって、卑弥呼をいただく邪馬台国が公孫氏を通じて独占的に入手していた可能性が高い」と述べてい

ます。しかし、これは畿内説が成り立った上での話です。そして、邪馬台国は近畿だという前提なしでは生まれて来ない発想です。

　一方で、従来の九州説ではこのことをうまく説明することができません。九州にはこれらの鏡が出ていないからです。しかし自説ではこれも公孫氏が直接もたらしたとすることができます。

4）三角縁神獣鏡をもたらしたのは誰か

　1-1でも述べたように、三角縁神獣鏡は従来から邪馬台国論争の中心であり、特に近畿説を主張する際の中核になってきました。この鏡が魏で作られたものであれば、卑弥呼が魏に朝貢したときにもらった百枚の鏡ということに繋がり、近畿説の有力な根拠とされてきたのです。三角縁神獣鏡は近畿を中心に現在500面ほど見つかっており、魏鏡か、倭鏡かの論争が続いています。そして最近時は倭鏡である可能性が強まっており、この点で近畿説が見直しを迫られているのはすでに述べてきた通りです。

魏鏡説

　魏鏡説は富岡謙蔵氏に始まって梅原末治氏、小林行雄氏に引き継がれ完成したとのことです。富岡氏は(1)陳氏、張氏などの中国系工人の名が銘文中にある、(2)「銅出徐州」「師出洛陽」など中国の地名がある、(3)銘文が七字句や四字句の韻文の形式を取り、その内容が神仙思想に基づいて

いる、などから三角縁神獣鏡は魏鏡だと推定したのです。すでに述べたように小林行雄氏は富岡説、梅原説を継承し、魏で特別な理由で大量に作られたものであろうという仮説を立てました。

　そのような魏鏡説に対し、森浩一氏は三角縁神獣鏡が中国で1面も出ていないことなどから国産説を述べ、中国の考古学者・王仲殊氏は呉の工人が日本に来て製作したものだという説を1981年に出しています。また銅鏡の復元を手掛けている工芸文化研究所の鈴木勉氏は「彼らの言っていること（上記の(1)、(2)、(3)のことを指す）は中国風だということにはなるが、それで中国製だと断定することにはならず、系譜論であって製作地論ではない」としています。つまりイタリアのバッグによく似たバッグだからイタリア製とは限らないという意味です。日本製のイタリア風バッグなんて普通にあり得ます。

　これまで、三角縁神獣鏡はその作られ方を見ると、時代によって丁寧に作られているものと粗雑につくられているものがあり、そのレベルによって丁寧に作られたものが中国製、粗雑に作られたものが日本製と言われてきました。しかし、2015年に橿原考古学研究所が三角縁神獣鏡は同范技法で全て同じ鋳型を改修しながら作られ、全て日本製か全て中国製のどちらかであるとの見解を示し、これまでにも一部は明らかに日本製だとされていたことから、全て日本製であるという可能性が強くなっています。さらに鈴木

勉氏は三角縁神獣鏡の作られ方を丹念に調べた結果、原鏡と同型鏡とでは工人が異なり、各地で出る三角縁神獣鏡は古墳ごとに仕上げた工人が異なっていることなどから魏鏡説に疑問を呈しています。

このように三角縁神獣鏡の製作地論争を巡っては最近、日本製であると主張される傾向が強くなってきています。

銘文の検証による魏鏡説の補強

このような中、岡村秀典氏は銘文の解釈などから魏鏡説の補強を試みています。いくつかの三角縁神獣鏡には銘文が入っていますが、氏はその銘文から製作地が分からないかを研究しています。そして景初3年の鏡の銘文から製作地を割り出そうと試みられています。景初3年の紀年のある鏡に次のような銘文があります。

記銘文	訳文
景初三年	景初三年に
陳是作鏡、自有經述	陳氏鏡を作るに自ずから経述あり
本是京師、〇〇〇出	本より是れ京師より　〇〇〇出
史人詔之、位至三公	史人之れに照らせば、位は三公に至らん
母人詔之、保子宜孫	母人之れに照らせば、子を保ち、孫に宜し
壽如金石兮――	寿を金石の如くあらん

テーマⅡ　新しい騎馬民族説の提案 謎解き5

（○の部分は不鮮明で解釈に諸説あり）

　この銘文に対し、岡村秀典氏は「京師」は首都を意味し、この鏡が魏の年号を持つことから洛陽のことを意味するとしています。そして肝心な所が○となっており、判別不能なのですが、その三つの○にどのような字を当てるかで、四氏の考え方を紹介しています。

　福山敏男氏：杜○○出　笠野毅氏：杜地工出　王仲殊氏：絶地亡出　光武英樹氏：杝（他）地疋（所）出

　そして正始元年鏡の銘文と照らし合せて王仲殊氏の解釈の「絶地亡出」には無理があり、光武英樹氏の「杝（他）地疋（所）出」の解釈が一番いいのではないかとし、「もとより都の洛陽から他の地に輸出するところのものである」と意味するとして、「まさに卑弥呼が朝貢してきた時、陳氏が試行錯誤しながら本鏡を作成した」とするのが最も蓋然性が高いとしています。

　しかし、このことに対して、鈴木勉氏は充分な釈文作業がなされておらず、光武氏が「他地」としたいがために想像を膨らませて釈文案を作ったものを無批判に受け入れていると指摘しています。

　そして、鏡銘の釈文作業は伝統的な「拓本」のやり方では文字の復元が難しく、線画の裾の部分の輪郭をトレースするのが陽鋳文字の復元に近づける方法であるとして、独自に文字の復元を試みています。そして、王仲殊氏の案も

231

無理があるとし、復元の結果は「杜〇工出」になるとしています。結局〇部分は判読不能のままで、その意味する所までは述べていません。

では〇に入る文字は何でしょうか。ここで上記４氏の中で福山敏男を除く３氏が「地」を当てており、正始元年鏡も同じく「地」です。そうなると「杜地工出」となり、笠野毅氏の説と同じになります。この短い文についてどのような意味になるか、専門家に問い合わせてみました。しかし意味は分からないということでした。意味不明の文章なのか、それとも〇の中に入る字が「地」以外の文字なのかはとうとう分からずじまいでした。

岡村氏の意味する所が正しければ九州説は否定され、近畿説が俄然有利になります。しかし、岡村説が肯定されないのであれば、九州説はそのまま生き残ることになります。さらに自説を進めたいと思います。

自説から三角縁神獣鏡の製作地を考える

王仲殊氏が主張した呉の工人が日本に来て作ったという説は、その後、主流とはならなかったようです。多くの専門家が近畿説である中で、三角縁神獣鏡が倭鏡であることは近畿説に対し不利に働くためだと思います。しかし、その後の製作地論争で日本製の可能性が高まってくると、呉の工人がどのようにして日本に来たのかが課題になり、そのことが分かると日本製であることが明確になります。自説で王仲殊氏の説を補強してみたいと思います。

テーマⅡ　新しい騎馬民族説の提案 謎解き5

　初期の三角縁神獣鏡には製作者と思われる呉の“鏡師・陳氏”の記銘がありますが、古代中国史家の王金林氏は、その著『弥生文化と古代中国』の中で王仲殊氏が立てた呉の工人が日本に来て作ったという説を補強する形で次のように述べています。

「陳氏の銅鏡は全部で28面残っており三つに分類できる。７面が平縁の神獣鏡①で全て長江流域から出土したもので呉の年号の黄武７年（228）と黄竜元年（229）の紀年がある。残りの21面は全て三角縁神獣鏡で７面が景初３、４年と正始元年（240）の魏の年号②が入っている。紀年のない残り14面③の中に「海東に至る」の銘文があり日本で作ったと思われる。」

　さらに、

「平縁の神獣鏡①と三角縁神獣鏡は製作年代に10年の空白期間があり互いの銘文の内容は全く関連がない。一方で三角縁神獣鏡の銘文内容は洛陽の尚方作の銘のある方格規矩鏡の強い影響が見られる。従って三角縁神獣鏡は呉の神獣鏡と洛陽の方格規矩鏡の両方の影響を受けていると言える。」とし、その銘文の内容から「陳氏は当初、呉にいたが続く10年の空白期間は洛陽にいて魏の紀年の入った７面の三角縁神獣鏡②を作り、直後に日本に来て紀年のない三角縁神獣鏡③を作った。」と述べています。

　３種類の銅鏡にアンダーラインをつけてナンバーリングし前出と後出を対応させました。

以上が王金林氏の推測です。ほぼ完璧に三角縁神獣鏡の由来を説明できているように思われます。

　しかし、この推測にはやや無理があることが分かります。208〜253年の間、魏と呉は赤壁の戦いを始めとする激しい戦闘を繰り返していました。特に王金林氏の言う10年の空白期間（229〜239）には229年に孫権が皇帝に即位し、中国には３人の皇帝が存在することになり、三国の戦いは激しさを増したのです。魏と蜀が死闘を繰り返した五丈原の戦い（234年）の隙を狙って呉も魏に侵攻し、合肥新城を巡ってこちらも戦闘を繰り返していたのです。このような中、呉の鏡師である陳氏が魏の都・洛陽に行くことはできなかったはずです。では陳氏はどこに行ったのでしょうか。私は次のように推察しました。

　遼東では叔父の公孫恭を脅して後を継いだ公孫淵が232年に一時的に呉の孫権の臣下になっています。魏との戦いを有利にするため、呉は公孫氏を取り込もうとしたのです。これに先立つ黄竜元年（229）呉の孫権が公孫淵のもとに使者を派遣しています。この時、呉は大量の贈り物を公孫氏に与えたと思われますが、6－2の8）で取り上げる鎏金獣帯鏡などの呉鏡と共に陳氏も公孫氏の下に送ったのではないかという推測が成立します。陳氏は同年紀年の神獣鏡を呉で作成後、この使者と共に呉を発ち公孫氏の下に赴いた可能性が見出せるのです。

　公孫氏は二枚舌外交をやっていましたが、基本的には魏

の支配下にありました。そして、大阪府立狭山池博物館の西川寿勝氏は当時楽浪郡で多くの鏡が造られていたと述べています。当時、公孫氏の支配下にあった楽浪郡で陳氏も魏の鏡である尚方作の銘の入った方格規矩鏡を身近に見ることができたはずです。そして三角縁神獣鏡のデザインを造るヒントを得たのだと思います。

二枚舌外交に終止符が打たれ、238年公孫氏は司馬懿によって滅ぼされました。しかし司馬懿の温情で公孫恭のみが唯一人生き残り、彼は恭順の意を表すため景初や正始など魏の年号の入った三角縁神獣鏡*を陳氏に作らせました。しかし、その鏡を魏に渡すことなく公孫恭は陳氏を伴って日本に来たと推測できます。

わずかに生き残った公孫氏一族は遼東で一時幽閉状態にあったはずです。実在しない景初４年の年号のついた三角縁神獣鏡の存在も皇帝崩御を知らぬまま鏡を製作したためだと考えられます。従って、三角縁神獣鏡の初期のものは中国で作られたことになりますが、陳氏が公孫恭に伴われて日本に来てからは日本で作られたことになります。

　*景初３年（239）や４年の年号の入った三角縁神獣鏡が見つかっているが、後述するように時の皇帝明帝は景初３年１月に崩御し、景初４年は存在しないため魏鏡説のネックとなっていた。

三角縁神獣鏡の意味

三角縁神獣鏡はすでに500面以上が日本中で発見されています。2015年橿原考古学研究所が結論を出した同笵技法

は多量生産に向いているとのことです。三角縁神獣鏡の多くは粗製乱造されたものだと言えます。そして、この鏡は主に4世紀の古墳から出土しており出土状況から見て丁寧に扱われていたとは言い難いと言われています。

　これらのことから三角縁神獣鏡は初期のヤマト王権が急速に展開する列島支配に向けて、各地の有力者に下賜するため多量に作った物だと考えることができます。また前方後円墳を造る際、人手をかき集めるための報奨にしたのでしょう。纏向から各地に派遣された馬上の武人が話す難解な言葉を理解できなかった倭人は、自分の姿が映る不思議な物の取扱い方が分かりませんでした。数十年経つと姿も映らなくなり有り難みも減り、その後亡くなった人の墓（4世紀の前方後円墳）に無造作に埋めてしまったということではないでしょうか。

5）航海術の伝来

「南船北馬」という有名な故事があります。この故事からも分かるように、船の技術は長江流域に勢力を張った南の呉の方が北の魏より優れていました。そして、そのことが208年の赤壁の戦いにおいて呉と蜀の連合軍が魏を破り勝利に結びつきました。

　遼東の公孫氏は呉との間で互いに使者を送り合っていました。そのため東シナ海から黄海や渤海を自由に往来する船と航海術を呉から伝授されていたはずです。扶余の騎馬

テーマⅡ　新しい騎馬民族説の提案　謎解き5

技術と公孫氏の航海術が加わることで、日本各地への急速な展開が可能になったと考えます。

　纏向遺跡を始めとするこの時代に多くの公孫氏の影響を見ることができ、特に近畿に色濃く残っていることは、これまで近畿説にとって、卑弥呼が公孫氏と接触していた可能性を示す証拠であり、邪馬台国が近畿にあったことに繋がる補強材料とされてきました。一方で邪馬台国九州説では、これらの公孫氏の強い影響がなぜ近畿にもたらされたのかという疑問への解答を得ることはできません。

　しかし、これらの公孫氏の強い影響は自説にとっては強い追い風になることはすでに述べた通りです。公孫氏自身が近畿にやって来た可能性を見出せるからです。そして、今回、三角縁神獣鏡も公孫氏が日本に来た結果、作られるようになったという推論が成り立つことが判明しました。

　このように、これまで近畿説の補強材料となってきた公孫氏の影響が、近畿説を否定した今、公孫氏そのものが来たことに繋がり、さらに今回 "三角縁神獣鏡は公孫氏がもたらしたとするのが一番合理的に説明できる" ことが分かりました。桜井市に隣接する天理市にある黒塚古墳からは33面もの三角縁神獣鏡が出ています。近畿説の根拠とされてきた三角縁神獣鏡は近畿を中心に拡がっていったのは間違いないことです。その最初の鏡が景初3年（238）であることはちょうど纏向遺跡の誕生と重なります。公孫氏が持ち込んだこの鏡はそこを起点に日本各地に拡がって行っ

237

たと言うことができます。

　漢の官僚であり、遼東以東・朝鮮半島を支配下に置き燕
王まで名乗った公孫氏なら、纒向というそれまでの日本に
見られなかった遺構を造り、列島各地の広い範囲を支配し
たいという動機が自ずと生まれて来たはずです。日本とい
う国家の成立ちに向かってのスタートは公孫氏が日本に来
たことによってなされたと考えます。

5-3　公孫氏と扶余とは何者なのか

　ここまで公孫氏とか扶余とか日本人にはあまりなじみの
ない一族をろくろく紹介もしないで何度も登場させてしま
いました。彼らのことをもう少し詳しく知らなければこの
先には進めません。彼らは文献上どのような氏族であった
のでしょうか。ウィキペディアの情報も参考にして整理し
てみました。

1）公孫氏

　公孫氏の元々の出自ははっきりしませんが、漢民族であ
ったことは間違ないようです。公孫氏の勢力を遼東に築い
たのは公孫度（こうそんたく）という人物です。彼の父は後漢の玄菟郡太守（げんと）
の公孫域（よく）の官吏として仕えていましたが、公孫度の幼名と
公孫域の早死にした息子の幼名が同じだったこともあって、
彼は公孫域に可愛がられ学問を学び、その勢力を引継ぐ形

テーマⅡ　新しい騎馬民族説の提案 謎解き5

で後漢の官僚として出世していきました。挫折もありましたが、霊帝（在位168〜189）の死後、董卓が後漢の実権を握ったとき、その重臣であり友人であった徐栄の推挙で中平六年（189）に遼東太守になっています。この時、先述した中平年号の入った鉄刀を後漢から下賜されたと思われます。

　その頃、中国では184年の黄巾の乱により後漢の衰退が一挙に進み、魏・呉・蜀三国による戦乱の時代に入ろうとする中、遼東周辺も多くの民族が入り乱れて相争う状態となっていました。そんな中、公孫度は後漢の衰退に伴い自立を強め、山東半島や楽浪郡までをその勢力下に置くようになりました。

　その嫡男の公孫康は204年に楽浪郡の南に“帯方郡”を設置し、この時「倭と韓を勢力下に置いた」とあります。元々、公孫氏は朝鮮半島の南下策を取っていましたが、この頃からそれまで以上に南下策を進め、倭国まで支配下にしたようです。卑弥呼はすでに女王として共立されていたと考えられる時代であり、この頃の彼女は公孫氏の下に朝貢したと考えられています。その後、曹操によって後漢の勢力が強くなると公孫康は後漢に服属し左将軍の地位にまでのぼります。

　やがて曹操が死に、後を継いだ曹丕（文帝）が後漢の献帝から禅譲を受けて220年魏が誕生すると、続いて221年に劉備も蜀漢を名乗り帝位に即きます。公孫康の没年は不詳

239

ですが、少なくともこの頃までは生きていたと思われます。彼が死ぬと公孫康の息子達が幼いこともあって公孫度の次男の公孫恭が世襲しました。公孫恭の施政は数年でしたが魏に対し忠実であったとされ、魏に刃向かうことなく、朝鮮半島の南下策をそのまま進めたと考えられます。

　しかし、公孫康の次男の公孫淵が成長すると228年叔父の公孫恭から太守の座を奪い取りました。その時、彼は魏の都・洛陽にいた兄の公孫晃をも退けています。彼は野望に満ちた人物だったのでしょう。彼が太守の座を奪い取った後、229年に呉の孫権が帝位に即き、中国には３人の皇帝が並び立ち三国による争乱は一段と激しさを増していきました。

　彼はそんな中、魏だけでなく呉とも通じる二枚舌外交を展開しました。先述したように229年には呉の孫権が彼の下に使者を派遣しています。三角縁神獣鏡を作成した陳氏が公孫氏の下に赴いたのもこの頃だったと考えられます。そして233年には呉の孫権から燕王に任じられていますが、すぐ心変わりしたのか呉の使者３名を殺害して魏にその首を差し出し、その功で魏は彼を楽浪公に任じました。

　しかし、234年、魏の仇敵だった蜀の諸葛亮の死によって、この二枚舌外交もついに終焉を迎えることになります。文帝の後を継いだ明帝（曹叡：在位227〜239年１月22日）は諸葛亮の死で余裕のできた237年、毌丘倹に公孫淵討伐を命じました。彼は高句麗や烏桓に援軍を求めながら討伐

240

に当たりますが、公孫淵を攻めきれず却って公孫淵は勢い
を増しました。公孫淵はこのことに乗じて二人の臣下の諫
めも聞かず、自ら燕王を名乗るようになり、楽浪郡と帯方
郡を自らの領土としました。

　翌年、失敗に懲りた明帝は戦略に長けた司馬懿（仲達）
に公孫氏討伐を命じました。その後のことは6-1で述べ
るように、両者は遼隧で対峙し公孫淵は敗れて一族の男子
7千人が殺害されました。この時、洛陽にいた兄の公孫晃
も親子で殺され公孫氏はほぼ滅亡したのです。

　一族の中で公孫恭だけがそれまでの魏への忠義が認めら
れ司馬懿によって許され、ただ一人生き残りました。公孫
恭は一時都で幽閉されましたが、釈放されその後の足取り
は記録には一切ありません。しかし、遅れて到着した呉の
援軍が遼東を荒らし回った時、彼を見出さなかったはずは
ありません。卑弥呼の朝貢はちょうどこの時です。

２）扶余

　扶余の伝説には神話の時代もありますが、中国東北部を
拠点に紀元前後から活動し、『魏志扶余伝』には「扶余は
長城の北に在り、玄菟郡からは千里、南に高句麗、東に挹
婁、西に鮮卑族と接し、北には弱水（アムール河の支流・
松花江の上流）があり、方形は二千里」とあるので、この
頃活動していたのは、現在の中国の長春や哈爾浜の近くで
はなかったかと思われます。高句麗や鮮卑などこの時代に

図13 邪馬台国時代の東北アジアの国々

活躍した民族と共に地図に表わすと図13のようになります。

　扶余の地は「土地は五穀の栽培に適している」としており、生業は農業を中心にしたものだったのですが、「その国は家畜を上手に飼育し、名馬、赤い宝玉、テンや猿の毛皮、美しい淡水真珠を産出する」ともあるように牧畜も盛んで名馬を産出し鉄製の農器具、金銀の加工技術にも長けていました。彼らは騎馬民族と言ってもモンゴル人のような遊牧系騎馬民族ではなく、定住型の"半農半猟系騎馬民

テーマⅡ　新しい騎馬民族説の提案 **謎解き5**

族"だったと言えます。

　後漢の光武帝の時、49年に初めて朝貢し帝はこれを厚く
もてなしました。111年に「歩兵と騎兵七、八千人で楽浪
郡に侵攻し多くの民を殺傷した」と『後漢書』にあるので、
改めて扶余が騎馬民族であったことが分かります。主要な
馬具は4世紀頃発明されたものであり、この時代の目立っ
た馬具は見つかっていないため、彼らは裸馬に跨がり騎乗
していたものと思われます。彼らは通常は漢に服属し、
『後漢書』には度々朝貢していたとの記載があります。

　しかし、167年に王・夫台が2万の軍勢で玄菟郡を侵略
し、太守・公孫域によって撃破され、懐柔されました。
174年に再度朝貢し、その後189年に公孫度が遼東太守にな
った頃、夫台の子・尉仇台はその配下となりました。そ
して「高句麗と鮮卑族が強大となった時、公孫度は扶余が
二族の間で苦慮させられたので公孫氏の娘を妻とさせた。」
とあります。この時、公孫氏と縁戚関係になったことが分
かります。

　公孫氏が滅んだ後は魏に服属し、その後5世紀まで続き
ましたが実質的な最後の王は4世紀中頃の玄王でした。ち
ょうど朝鮮半島では扶余系と言われる百済が勃興した時代
です。百済の建国に扶余が関わっていたことが推察されま
す。

　扶余は出身地という見方をすれば満州族であり、高句麗
も元々は同族でした。668年に高句麗が滅びた後、満州族

243

は7世紀から10世紀に渤海国を造り、11世紀になると女真族として活躍して金王朝を造ります。1019年には「刀伊の入寇」として対馬、壱岐、玄界灘沿岸地域を襲い荒らし回り、多くの日本人を拉致したことで有名です。さらに17世紀なると清王朝として中国全体の覇権を握り20世紀にまで繋がって行きます。こう考えると、扶余そのものは5世紀に滅びましたが、実際には東北アジアから始まり東アジア全体を支配した民族だったのです。しかし、邪馬台国時代の扶余は、いくつもの国がせめぎ合う中でさまよい続けた放浪の民だったと言えます。

5-4　なぜ卑弥呼は共立されたのか

2世紀後半から続く東アジアの混乱の中、『魏志倭人伝』に登場するのが卑弥呼です。『魏志倭人伝』に描かれている倭国の混乱もこの東アジアの混乱の延長にあったということは間違いありません。

1）『魏志倭人伝』にある三つの戦い

『魏志倭人伝』には三つの戦いが記載されています。

一つ目が『後漢書』で言う倭国大乱であり、プロローグでも取上げたように『魏志倭人伝』には「其の国、本と亦た男子を以って王と為し、住まること七・八十年、倭国乱れ、相攻伐すること歴年、及ち共に一女子を立てて王と為

244

す」とあり、女王（卑弥呼）が共立された経緯が載っています。

二つ目が狗奴国との攻防であり、「其の八年（正始8年：247）、太守王頎、官に至る（太守に着任した）。倭の女王卑弥呼、狗奴国の男王卑弥弓呼と素より和せず、倭の載斯、烏越等を遣わして郡（帯方郡）に詣らしめ、相攻撃する状を説く」とあります。卑弥呼と不仲であった狗奴国の男王・卑弥弓呼とが相争うようになり、卑弥呼は帯方郡に使いを送り救援を求めたように記載されています。

三つ目が卑弥呼の死後、「さらに男王を立つるに、国中服せず。さらに相誅殺し、時に当りて千余人を殺す。復た卑弥呼の宗女台与、年十三なるを立てて王と為し、国中遂に定まる。」とあります。卑弥呼の死後、男王が立とうとしたが倭国の国々が従わず1000人もが殺され、卑弥呼の親戚筋に当たる台与が王位を継いで倭国がやっと治まったことが記載されています。

これまであまり注目されて来なかったと思いますが、こうして見ると、この三つの戦いの中で一番激しい戦いは三番目の男王が立った時だったことが分かります。国中が反乱を起こし、多くの死者が出たと記載されています。それに対し、二番目の攻防は卑弥呼と狗奴国王の間で仲が悪く、時々小競り合いをしていた程度にしか読み取れません。両国の間で激しい戦闘があったのではないかというのが通説ですが、勝手な思い込みだったのではないのでしょうか。

そして激しい戦いでなかったのは当然なのです。3-1で述べたように狗奴国は朝貢国でした。朝貢国どうしの戦いは中国王朝から禁止されており、両国が大きな戦いをするはずがありません。

さらに一番目に取り上げた倭国大乱もそうです。『後漢書』では大乱とあり、これが通称名となっています。そして一般的には弥生社会が発展し互いが相争うようになり、大きな戦闘に到ったと解釈される場合が多いと思います。私も教科書でそう習ったと記憶しています。しかし、『魏志倭人伝』では単に「倭国乱れ」となっているだけであり、死者が出たとの記載もなく、数年にわたって戦闘が繰り返された程度にしか読み取れません。これではとても大乱に値するだけの戦争であったのかどうか疑問です。『後漢書』を書いた范曄が勝手に大乱としたのではないでしょうか。しかし、三つの戦いの最初にこの戦いを紹介しており、この戦いに備えるため卑弥呼が共立されたのですから重要な意味を持つ戦いであったことは間違いないでしょう。では、この乱は一体どのようなものであったのでしょうか。自説に沿って考えてみたいと思います。

公孫氏と扶余に関してはすでに見て来ましたが、この時代のことを考えるには東北アジアの全体の様子を見なければなりません。

２）高句麗や鮮卑の台頭

史書を見ればこの時代より少し前から高句麗が興隆してきたことが分かります。『魏志高句麗伝』では「順帝と桓帝の間（125〜167）、度々遼東を侵犯し、新安や居郷で略奪し、また西安平を攻め、途中で帯方令を殺し、楽浪太守の妻子を拉致した」とあります。漢に対してひどいことをしているのが分かります。高句麗は紀元前１世紀に扶余の王族が建てたとされますが、２世紀になって勢いを増し169年に遼東に帰属します。また韓伝に「桓帝（在位：146〜168）と霊帝（在位：168〜189）の末、韓の濊が強勢となり、郡県では制することができず、多くの民が韓国に流入した」とありますが、多くの民の移動をもたらしたのは時代的に言って高句麗の台頭があったためだと考えることができます。そして、より強大となっていた鮮卑の動きもあったはずです。

また前項でも紹介したように扶余伝には「漢末、公孫度が海東に勇を馳せて、外夷を威服させたとき、扶余王の尉仇台は遼東郡に帰属した。高句麗と鮮卑族が強大となった時、公孫度は扶余が二族の間で苦慮させられたので公孫氏の娘を妻とさせた」とあります。これらのことから公孫氏は遼東の支配を強める中、高句麗や鮮卑の台頭に頭を悩まし、支配下にあった扶余の扱いに手を焼き、自分の娘を扶余王・尉仇台に嫁がせ、その支配を強めたことがうかがえます。

3）人口の激変

　以下は、加藤徹著『貝と羊の中国人』を抜粋しながら記述します。

　このような東アジアの大きな変動の背景には人口の激変がありました。前漢の時6000万人に達していた中国の人口は新王朝（紀元8〜23年：王莽が前漢を滅ぼして作った王朝）で激減し2000万人になり、何と3分の1になってしまったのです。それが後漢の末頃また6000万人に近づくと再び食料不足が深刻化し、そのことが社会不安を起こし後漢の力を弱め、184年に黄巾の乱が起きます。背景に火山噴火による世界的な天候激変による大幅な農業生産能力の低下があったと考えられています。

　魏・呉・蜀の三国時代には魏443万人、蜀94万人、呉230万人で合計1000万人に届かない人口にまで激減したのです。これが正しいとすれば、10年くらいの間に人口が6分の1以下になったことになります。2世紀末〜3世紀の中国は人口崩壊の時代だったと言えます。その中には戦死や餓死者もいたでしょうが、国を捨て安住の地を求めて移動した人達も多勢いたことは間違いないでしょう[*]。

　[*]中国の人口は漢の時代に達成した6000万人の人口を上限に17世紀の清王朝になるまで人口が半分以下になる人口崩壊が何度も繰り返され、その度に王朝が変わりました。一方で、日本の人口は多少の増減はあっても弥生時代から平成16年のピークに至るまで

248

ほぼ一貫して増えていきました。しかし、その背景には姥捨てとか水子による間引きなどの人口調整があったと思われます。日本は個人より共同体を守りやすいシステムであったと言えるのかも知れません。

４）倭国大乱

『後漢書』で倭国大乱と書かれた時代は東アジア全体がこのように激しく大きくゆれている時代でした。日本列島にもその激動の波が伝わってきました。『後漢書』では倭国大乱の時期を桓帝と霊帝の間（146～189）としており、韓伝にある多くの民の韓国流入と同じ時期です。「韓の濊が強勢となり」とありますが、前述したようにこの時期、実際に強勢であったのは高句麗や鮮卑でした。濊は元々扶余が分かれる前の種族であり、その頃、勢いをなくし衰退していたはずです。従って「桓帝と霊帝……多くの民が韓国に流入した」の文章は高句麗や鮮卑の台頭で韓と濊が圧迫され移動せざるを得なくなった状況を物語っていると言えます。

　ここで言う韓とは誰のことでしょうか。高句麗や鮮卑の間で苦しんでいたのは扶余でした。また扶余伝には扶余王が濊王の印を持っていたとあることから韓国に流入した多くの民に扶余族が含まれていると考えることができます。少なくとも高句麗や鮮卑の台頭で圧迫された扶余がこの時代、移動せざるを得ない状況にあったのは間違いないと思

われます。そして、それをさらに促進させたのは189年に遼東太守に任命され、扶余を親族とし支配下としていた公孫度であったはずです。

　私が4-4で扶余が造ったと考えた2世紀末の吉備の楯築墳丘墓は、同じく扶余の可能性が考えられる大成洞遺跡（テソンドン）より古いことから、彼らは朝鮮半島を南下し半島に留まらず、そのまま日本に来襲したということになります。

　纏向遺跡の始まりと同時に北部九州では吉野ヶ里や奴国王がいたとされる須玖岡本遺跡が衰退し、一方で博多湾に近い比恵（ひえ）・那珂（なか）や西新町（にしじん）遺跡が興隆しました。比恵・那珂や西新町遺跡では都市計画に基づく道路跡も見られ、その様相が纏向遺跡に似ています。そして、それと同時に大陸起源と考えられる近畿系の土器も北部九州各地で出土するようになります。

　これら一連の出来事は来襲した扶余が近畿進出と併行して博多湾岸征圧を進めた結果生じたと言うことができます。「倭国乱れ、相攻伐すること歴年」の文章は“来襲した扶余と女王国との攻防の様であった”のです。

5）扶余は何故倭国を目指したか

　なぜ扶余は朝鮮半島に留まらず直接倭国を目指したのでしょうか。これを文献上で直接探し出すことはできません。これまで述べたように朝鮮半島を南下した可能性は推測できますが、この先は憶測です。

テーマⅡ　新しい騎馬民族説の提案 **謎解き5**

　公孫氏は周りの民族・国から圧迫を受け、自らの娘を嫁がせた間である扶余を何とかしなければならないと考えたに違いありません。その時ささやいたのが"徐福伝承"だったはずです。1-3でも述べたように『後漢書倭人伝』の最後には何故か徐福伝承が書かれています。徐福がユートピアを求めて行った先はあたかも倭国であったかのように記載されています。

　徐福は道教の方士であり、倭国大乱と同時代の黄巾の乱を起こした張角の太平道も道教の一派です。徐福伝説が生まれた時代からすでに400年ほど経っていますが、この伝説は中国では広く広まっていたはずです。お前達もこんな所は捨ててユートピアを目指せと言ったのではないでしょうか。

　とここまで自分で考えたのですが、森浩一氏の著作を読み直してみるともっと強い根拠が書いてありました。

　『漢書』の「楽浪海中に倭人あり、分かれて百余国となる。歳時をもって来たり、献見すという」という倭国が中国史に初めて登場する文章の前文に、「中国でいう今日の東北地方、遼東半島あたりには中国の商人が入って中国のいい風習が廃れてきた。それで「孔子さまも「中国で絶望したならば、桴（小さないかだ）を浮かべて東に行こう」と言ったではないか」と書いてある」と述べています。

　このことが中国人の間で、特に遼東地域で知られていたというのであれば、公孫氏はまさにこのような弁で倭国に

251

行くように扶余をそそのかしたのではないかと考えられるのです。

　また同志社大学教授の辰巳和宏氏は、前方後円墳の起源を、壺の中に理想郷を求めた伝説上の東王父の神仙思想から壺を模して形作ったと推測しています。道教の教えが神仙思想です。神仙思想を信じて旅立った徐福伝承に倣って朝鮮半島を南下してユートピア倭国を目指した扶余が、その具現化のために前方後円墳形積石塚をベースに盛土で前方後円墳を考案したと考えることができます。古墳から多く出土する神獣鏡も元はと言えば神仙思想を土台にして生まれた物であり、前方後円墳と三角縁神獣鏡がセットになっていることもうなずけます。

　この時代、国境というものはもちろんありません。国境がない以上、現在世界中で大きな問題になっている難民流入もなかったということになります。戦争や飢饉、圧政で住みにくくなった地域の民は、住みやすいところを目指して自然に移動しました。当然、移動先の先住民と諍いもあったであろうし、調和もあったことでしょう。卑弥呼が率いた女王国の民もそう言った弥生渡来人の集団だったはずです。私が考える騎馬民族もその一つだったと思います。繁栄し勢力があったから移動してきたのではない。移動せざるを得ない何らかの事情が生じて移動したのです。

人口密度から言える当時の状況

　倭国をユートピアのように描いたり、また扶余が朝鮮半

テーマⅡ　新しい騎馬民族説の提案 **謎解き5**

島に留まらずなぜ直接倭国を目指したのかの理由は朝鮮半島に比べ、日本列島の方が住みやすかったことに原因があると思います。そのことは人口密度を比べてみると分かります。

　韓国の人口密度が日本を超えたのは急速な経済発展をした後の1965年以降ですが、それは近代産業の発展が寄与したことは言うまでもありません。過去に遡ってみるとほとんどの時代、朝鮮半島は日本の人口密度を大きく下回っています。少しは信頼できる統計のある18世紀の李氏朝鮮時代の人口が600万から700万だったのに対し、江戸時代の日本は2500万から3000万です。面積は北海道を除いた日本の面積の75％程度であり、そこから計算すると人口密度は日本の3分の1以下になります。

　農業レベルが同じだったとすれば、そのことは食糧供給能力と比例します。朝鮮半島の冬は寒く、山が多く農地が少ない上に、土壌は酸性で農業に適してはいません。そんな中で『魏志韓伝』をみると馬韓・辰韓・弁韓合せて70以上の国々がひしめき合っていました。

　一方で、中国の人口は清の乾隆帝の時代に6000万人の壁を突破し3億人を超え、同時代の日本の人口の10倍になっていますが、中国の面積は日本の20倍であるため日本の人口密度は中国の2倍になります。日本、中国、朝鮮を人口密度で比較すると朝鮮が一番低いことになります。江戸時代の比較とは言え、農業レベルが同じだったとすると、

253

面積当たりの食料供給能力は日本が中国の２倍、朝鮮半島の３倍であったことになります。大陸の民が日本を目指したのはそんな理由があったのではないでしょうか。

　地震、台風、梅雨の長雨と自然災害は多いものの日本列島は人が住みやすい環境だと言えるのです。徐福伝承と合わせて考えると渡来してきた人達の間ではその伝承が広く拡がっていたことでしょう。古墳時代の先駆けを造った渡来人にとって日本は"緑のフロンティア"であったに違いありません。

　以上は江戸時代の人口からの推測です。一方で弥生時代の末、沖縄と北海道を除く総人口はおよそ60万でした。この時代の中国の最大人口の100分の１であり、人口密度は５分の１でした。それが奈良時代の720年には450万で７倍以上になり、人口密度では中国を超えてしまいます。この間、古墳時代に大きく普及したのは鉄器です。日立金属のホームページを見ると日本の製鉄は５世紀半ばの古墳時代からタタラ製鉄が始まっています。

　このことから弥生時代に人口増加を阻んでいたのは"生い茂る樹木"であったと推測できます。弥生渡来人が最初に見た九州はジャングルのように木々が生い茂っていたと思います。弥生時代にすでに鉄器があったとは言え、それほど切れるものではなく、北部九州や山陰などの一部地域を除いてほとんど普及してはいません。クスノキなどの大木はよく切れる刃物がないと切り倒せるものではありませ

ん。古墳時代に日本列島を訪れた人達がよく切れる鉄器を持って来た結果、鬱蒼と生い茂る草木を鉄のナタなどで切り開き開墾が可能になったことが人口を大きく増やした要因となったのではないでしょうか。

　日本武尊が使った"草薙剣"がそのことをよく表しています。この剣の名称の由来には諸説あるようですが、私は草木を切り払って道を造り領土を拡大していったことの象徴だと考えます。"草木を薙ぎ払って道を造っていく"ことが日本創成期の統治者として重要な役割であったことを示していると思います。

　──人口は鬼頭宏著『人口から読む日本の歴史』および三浦洋子著『朝鮮半島の人口転換とその変動要因の分析』によります。ただし、李氏朝鮮時代の人口統計には税を安くするため、家族の人数を少なく申告したなど問題があることは三浦氏自身が述べているので、３倍の開きはなかったのかも知れません。

６）卑弥呼共立の意味

　扶余との数年にわたる戦いの中、卑弥呼は北部九州の30あまりの国々から担がれリーダーとして共立されました。倭王とされていますが、本当の意味でリーダーであったのかは分かりません。「夫婿無く、男弟有りて、佐けて国を治む。」とあります。実際の政治は男弟がやっていたようです。ひょっとすると、『魏志倭人伝』に記載のある航海

の安全を祈願して乗船する「持衰」のような存在であったのかも知れません。持衰は航海がうまくいけば多くの報奨を得らえますが、失敗すれば殺されたとあります。この持衰のように戦いに敗れれば殺される立場だったのではないでしょうか。

　元々倭国は男王の国でした。国々が半独立状態で相争う内乱であれば、女性がリーダーになって国が治まるでしょうか。戦国時代のようにそれぞれが強いリーダーシップの下、体力任せで決着がつくまで戦い続けるはずであり、女性の下、協調することは考えにくいと思います。「鬼道に事へ、能く衆を惑わし」とあり、卑弥呼はシャーマン的な存在であったことが書かれています。彼女は宗教的な拠り所でしたが、実際の政治には携わっていなかったのです。

　これと同じような人物が15世紀のフランスのジャンヌ・ダルクだったと思います。彼女は神の啓示を受けたとしてフランス軍に従軍し、イギリスとの百年戦争の重要な戦いでフランスを勝利に導きました。実際に人々の先頭に立ったという意味では少し異なりますが、神がかり的存在で外国との戦いで勝利したという意味では似ていると思います。卑弥呼は一旦は扶余の攻撃を退けました。しかし、彼女の死は「卑弥呼以て死し」とあります。6-2で述べるように「以て」は正常な死の場合には使わないということです。彼女は扶余に負けたことで最後は責任を取らされた。そう言った意味でも最後に処刑されたジャンヌ・ダルクと共通

しています。

　卑弥呼が亡くなったのは248年頃だったと予想されます。一方共立されたのは２世紀末だったと思われますので、その時、彼女は10代の女性だったに違いありません。10代でフランス軍を率いたジャンヌ・ダルクとその点でも似ています。"卑弥呼の共立は外敵に対して一致団結して立ち向かうためのシンボルであり、彼女はジャンヌ・ダルク的存在であった"とするのが妥当ではないかと思います。

謎解き５で得られた結論

　四つの検証の結果は下記のようになります。

① 従来の近畿説、九州説では纏向遺跡誕生の理由を説明できない。

② 纏向遺跡やこの時代には公孫氏の影響が多く見られ、三角縁神獣鏡も公孫氏がもたらした可能性が高いと考え得る。従って、遺跡そのものも公孫氏が造った可能性が高い。

③ 扶余と公孫氏の関係は強かった。

④ 倭国大乱とは朝鮮半島を南下した扶余が北部九州にあった30の国々を襲ったことを意味し、卑弥呼は外敵・扶余に立ち向かうため共立されたシンボルであった。

結論 纏向遺跡は扶余と共に公孫氏によって造られた可能性が高い。

テーマⅡ　新しい騎馬民族説の提案 謎解き6

謎解き6　主役はなぜ『魏志倭人伝』に登場しないのか？

　ここまで前方後円墳や三角縁神獣鏡など主に考古学から得られた情報を基に扶余と公孫氏に３世紀の大きな変化の原因を求められるか考えてきました。三角縁神獣鏡の由来は纏向遺跡誕生の主人公として公孫氏を大きく浮上させたと思います。しかし、ここまでの話は推測の域を出ていません。考古学的証拠はこれが限界だと思われます。文献に何らかの証拠を探したいものですが、当然、この時代の日本には文献がありません。古事記や日本書紀は500年も後のものですが、この中に邪馬台国は登場しません。そして266年の晋への朝貢から100年以上にわたって日本は中国の文献からも遠ざかってしまいます。

　やはり『魏志倭人伝』しかないのです。しかし、その中に扶余も公孫氏もその痕跡がありません。なぜないのでしょうか。ここからは『魏志倭人伝』に彼らがどう繋がり、その中でどう描かれているのか見ていきたいと思います。まず卑弥呼の魏への朝貢の目的から考えてみます。

259

6-1 卑弥呼の朝貢は景初2年か3年か

『魏志倭人伝』には「景初二年六月、倭の女王大夫難升米等を遣わして郡に詣らしめ、天子に詣りて朝献せんことを求む。太守劉夏、吏を遣わし、将て送りて京都に詣らしむ」とあり、卑弥呼の使い難升米は景初2年（238）6月に帯方郡太守・劉夏に朝献を願い出て、同年12月に魏の都・洛陽に送られています。

しかし7世紀に書かれた梁書や720年に完成した日本書紀の神功紀ではこの時の朝貢は景初3年（239）とされており、現在、多くの教科書では、この景初3年説が採用されています。それまで東北アジア一帯を支配していた公孫淵が"遼隧の戦い"で魏の司馬懿によって滅ぼされたのは同年8月であり、同年6月時点では魏が帯方郡太守を置けるはずはないと解釈されて来たためです。そして今も多くの専門家がこの立場を取っています。

京都大学名誉教授でシノロジスト（中国学者）の冨谷至氏は著書『漢倭奴国王から日本国天皇へ』の中で、『梁書』では公孫淵誅殺の後と、景初3年にしたことの理由を加えていることや、景初2年の6月段階では公孫氏の勢力が維持されているため卑弥呼は公孫氏の頭越しに魏との関係を結ばなければならないこと、6月に派遣されたのであれば帯方で公孫氏の滅亡をどのように待っていたのか、などの

260

疑問点を挙げた上で景初３年にすべきであるとしています。しかし、一方で邪馬台国が行き当たりばったりの行動ではなく、どのようにして中国大陸の情報を得て、魏の勢力について正確に分析した行動が何故できたのかについて気になる点としています。

１）朝貢の年が意味する所

　この卑弥呼の朝貢年の問題は景初２年であっても３年でも、たかが１年の違いに過ぎないということもあってか、何人かの専門家が問題にはしてはいるものの大きく取り上げられてきたことはないようです。しかし、この１年の違いによって卑弥呼が朝貢した目的は全く異なるものになってしまいます。特に自説にとって、この違いの意味は非常に大きなものになるのです。

　帯方郡は元々公孫氏の朝鮮半島南下政策により、公孫康が204年に作ったものであり、上述したように景初２年（238）８月に魏によって滅ぼされるまで公孫氏の治世下にありました。景初２年説であれば、６月段階で魏の帯方郡太守が赴任できたのかが問題になります。そして何らかの目的で公孫氏に謁見しにきた卑弥呼の使いが公孫氏滅亡直前に帯方郡に赴任した魏の太守に偶然謁見できたことになります。そうすると公孫氏に何の目的で謁見しに来たのかがポイントの一つになり、冨谷氏が景初３年説を取った理由の一つはその目的を見出せなかったためです。

一方、景初３年説に従えば、前年８月の公孫氏滅亡の情報を得た卑弥呼が新しく着任した帯方郡太守に謁見する目的で使節を送ったことになり、目的がはっきりします。このことから朝貢の年を知るということは卑弥呼が何の目的で魏に使いを送ったのかを知ることに繋がるのです。

２）景初３年説への疑問

　冨谷至氏が述べたように景初２年説にはいくつかの疑問点があります。しかし一方で、冨谷氏は述べていませんが景初３年説には２年説以上に多くの疑問点があるのです。

　一つ目は明帝の崩御にまつわるものです。明帝は景初３年１月22日に崩御します。従って景初３年６月だと難升米が謁見したのは次皇帝ということになります。次皇帝として曹芳が８歳で即位しますが、中国の風習では皇帝の死後少なくとも１年間は喪に服するはずです。この年の12月だと、死後１年足らずの喪中に使者は曹芳に謁見できたことになります。喪中の謁見が可能だったのかという疑問です。

　二つ目は哀れみを込めた長文の詔の作成が８歳の幼帝に可能だったのだろうかという点です。「詔書して倭の女王に報じて曰く」とありますが、難升米が皇帝に直接謁見したのかどうかははっきとしません。しかし「汝が在る所踰かに遠きも、及ち使を遣わして貢献するは、是れ汝の忠孝、我れ甚だ汝を哀しむ」とあるように、その詔の内容は遠路はるばるやってきた使者をねぎらい、汝（卑弥呼）は

テーマⅡ　新しい騎馬民族説の提案　**謎解き❻**

（魏に）よく忠義を尽くせと言ったものであり、とても側近が書いた内容とは思われません。８歳の幼帝にこのような詔を発することが可能だったのでしょうか。または側近に書けるものなのでしょうか。

　三つ目は冨谷氏も気になる点とされていたように、正確な情報を得るには帯方郡に常駐し状況がよく分かるスパイのような人物の存在が必要です。そして帯方郡と遼東は直線距離で500キロは離れています。この時代に邪馬台国がスパイのような人間を帯方郡に常駐させ、500キロも離れた遼東の戦いで公孫氏が敗北した情報を正確に得ることが可能だったのでしょうか。

　四つ目は景初２年８月に公孫氏滅亡の情報を得て翌年６月までの10ヶ月間で使いを送ることが可能だったのかです。卑弥呼の時代、帯方郡と北部九州間は片道２カ月、順調だったとしても単純に往復しただけで４カ月はかかるはずです＊。

　＊近畿説なら北部九州から纒向までの「水行10日陸行１月」を合わせて７カ月はかかることになり、残りわずか３カ月程度で朝貢するかどうかの決断から準備までしなければならず、このことからも近畿説が成り立ちがたい説であることが分かります。

　戦いがあったのは遼東です。そこからの情報が帯方郡に届くだけでもひと月はかかるであろうことから実際にはもっとプラスしなければなりません。さらに渡海は季節を選びます。私の知っている福岡の人間は一様に冬の玄界灘を

263

手こぎの舟で渡るのは不可能だと言っています＊。航海に詳しい長野正孝氏も５月〜９月間の航海しかできないと述べています。８月に情報を得てすぐ倭国に向かい、10月になる前に対馬海峡を横切るだけでも大変です。

　＊対馬海峡を人間の手で航海する困難さを証明してくれたのが野生号（雑誌「野生時代」の編集長だった角川春樹氏の発案で、古代船を復元し朝鮮海峡を渡ろうという趣旨の下に建造された）の航海であり、結果的には曳航なしでは渡れなかったとのことです。

　さらに邪馬台国に到着後、卑弥呼に報告して朝貢に行くか行かないのかの判断を仰ぎ、朝貢の準備をして翌年６月に帯方郡に到着するためには遅くても４月には海を渡らなければなりません。行った先は戦闘状態です。行けるものなのかどうなのかも分かりません。貢ぎ物の準備をする時間も必要です。男女の生口（奴隷）10人を伴っています。人選が必要ですし、旅では足手まといになります。それらを考慮すると10ヶ月はあまりにも短いと考えます。

　五つ目は先述したように景初３年には呉の援軍が遼東を荒らし回っていたということです。公孫淵は司馬懿との戦いが間近に迫ると、呉の孫権に援助を頼みました。前に公孫淵の裏切り行為があったことから呉は当初ためらっていましたが、長い目で見て役に立つとの判断で援軍を送っています。しかし、実際には遼隧の戦いには間に合わず、239年に遼東を荒らし回って帰還したとあります。呉軍が荒らし回っている遼東を卑弥呼の使いである難升米が魏に

テーマⅡ　新しい騎馬民族説の提案　謎解き6

行くことができたのかという疑問が生じます。

　このように景初3年という説にはいくつもの疑問がつきまといます。景初2年6月以前に公孫氏に謁見に来た難升米がその時赴任していた魏の太守に偶然にも謁見できるようになったという考え方が浮上します。

3）景初2年の可能性

　そうなると景初2年6月時点で魏の帯方郡太守が着任できたのかが問題となります。そこで『魏志韓伝』を見ると「景初年間、魏の明帝は密かに帯方郡太守の劉昕、楽浪郡太守の鮮于嗣を派遣して海を越えて二郡を定め諸々の韓国の臣智らに邑君の印綬を加賜し」という記載が目に付きます。

　この文で景初年間のいつなのかは不明ですが、魏の明帝が帯方郡に太守を送っていたことが分かります。景初年間とは237年から239年のことですが、237年だと公孫氏が帯方郡を支配している時期です。明帝は景初3年（239）1月に崩御していることを考慮すると238年しかありえません。その年の何月かが問題になります。

　さらにウィキペディアを見ると東晋の歴史書『漢晋春秋』には"遼隧の戦い"の前に明帝が司馬懿に戦略を聞いた話が記載されています。その時、司馬懿は「城を捨てて逃げるが上策、遼水で我が大軍に抗するは次策、襄平（遼東の都）に籠もるなら生捕りにするだけであり知恵者なら

265

城を捨てるでしょうが、公孫淵はそんな策を考えつける人間ではありません」と答えています。

　司馬懿からこの戦略を聞いた明帝は公孫淵が襄平の城を捨てて逃げ出す可能性があることを恐れて、退路を断つ目的で帯方郡に海路で太守を送ったのではないかという可能性が浮上して来ます。そのためわざわざ「密かに」という言葉を使ったのだと考えられます。そしてその送った時期は遼隧の戦いが始まる前でなければ意味がありません。司馬懿は景初２年６月に遼隧に到着し戦闘態勢に入っているため、６月より前の段階で帯方郡太守が送られた可能性が高くなります。

　となると６月時点で難升米の謁見は可能だったということになります。難升米が謁見した太守が劉夏であり、密かに送られた太守が劉昕ということで名前が異なることが気になりますが、姓が同じであり、恐らく同一人物か同族ではなかったかと思われます。上記の「海を越えて」の海は山東半島と朝鮮半島から構成される黄海のことです。図14はその時の様を図にしたもので、太守は別動隊と書いたルートを山東半島から黄海を渡って帯方郡に来たことになります。

　卑弥呼は何らかの目的で公孫氏に使いを送り、難升米は偶然にも魏の都に行くことが可能になった。そして難升米は太守に導かれて別動隊が来たルートを戻るかたちで黄海を横切って魏の都洛陽を目指した。そのことにより、遼隧

テーマⅡ　新しい騎馬民族説の提案 謎解き6

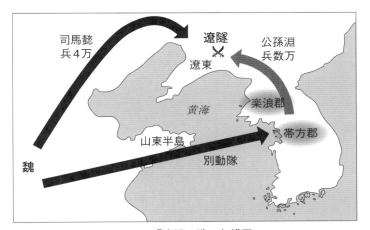

図14　「遼隧の戦い」構図
（明帝は密かに帯方郡に大守を送り公孫淵の退路を断った）

の戦い後のどさくさに巻き込まれることなく、安全に洛陽に達することができたと思われます。

　このように景初２年説がありうる可能性は高いことが分かります。何らかの目的で公孫氏に謁見にきた使いが偶然にも魏の太守に会うことができたことなります。もちろんその何らかの目的とは自説に従えば"扶余の攻撃に対し支援を求めてきた"ということです。

　私が取り上げたような疑問が存在し、当然、景初３年説がおかしいことは何人かの専門家も述べています。しかし、あまり議論されることもなく、"景初２年の６月時点では魏と公孫氏との戦いが終わっていないことを理由に「景初３年」が正しい"とされてきました。『晋書』や『梁書』

で景初３年に変更された理由は、次のようなことだと思います。

『晋書』や『梁書』の著者は『魏志倭人伝』を参考にして執筆したことは間違いないことです。そこに公孫氏の名前はありませんでした。何故、書かれなかったのかについては次の6－2で明らかにしますが、『晋書』や『梁書』の著者達は公孫氏の名前が書かれなかった裏事情など知る由もありません。卑弥呼の朝貢を可能とした公孫氏の滅亡は当然書くべきだと考えたはずです。そのことを記載し、公孫氏の存在は卑弥呼の朝貢を妨げたに違いないとの考えから朝貢年を公孫氏が滅んだ翌年の「景初３年（239）６月」に変更してしまった、ということではないでしょうか。

6－2　見過ごされてきた『魏志倭人伝』の謎を解く

この本の冒頭で、『魏志倭人伝』の中にはこれまで誰もが見過ごしてきたいくつもの謎があることを述べました。そして「水行10日陸行１月」と「鯨面文身」の謎についてはすでに述べています。しかし、それだけではありません。まだいくつもの謎が残っているのです。

残された最大の謎は公孫氏が書かれていないことです。『晋書』や『梁書』に書かれている記載がなぜ『魏志倭人伝』にはないのか。その謎を解き、公孫氏と扶余に私達の目の前に登場してもらわなければなりません。いよいよ私

268

の推論の核心に入ってみたいと思います。

１）なぜ『魏志倭人伝』に公孫氏が登場しないのか

『魏志倭人伝』には公孫氏も扶余も一切その記載がありません。一方で、『晋書四夷倭人条』には「宣帝（司馬懿のこと）が公孫氏を平らげると、その女王は遣使して帯方に至り朝見した」とあり、**"司馬懿が公孫氏を滅ぼしたことが卑弥呼の朝貢に繋がった"** とハッキリと記載されています。先に紹介した渡邉義浩氏もこのことに着目し「『晋書』には公孫氏を滅ぼしたことが司馬懿の功績とするため司馬懿こそが卑弥呼の朝貢をもたらしたものであると明記してある」と述べています。そして、『晋書』より少し先に書かれた『梁書倭伝』にも同様の記載があります。

しかし、中国の史書は次の王朝がその正当性を示すために書かれたものであり、司馬懿の功績とするのなら魏の後を継いだ晋で書かれた『魏志倭人伝』にこそ、その記載があって然るべきです。『晋書』は晋のために書かれた史書ではありません。７世紀、唐の時代に書かれたものであり、晋が滅んで200年も後に書かれたものです。

一番、司馬懿の功績を書かなければならなかった『魏志倭人伝』にその記載がなく、ずっと後世の史書にそのことが書かれたのは何故なのか。そのことに大きな謎が隠されているはずです。

晋は司馬炎（武帝・在位265〜290）が魏の禅譲を受けて

（実際には皇位を奪い取って）建国した国です。そして、その晋の基盤を作り、晋誕生の最大の功労者は司馬炎の祖父である司馬懿と言えます。司馬炎はこの祖父を追号して高祖宣帝としており、彼が祖父を大変敬っていたことは想像するまでもありません。『三国志』はその司馬炎の下で書かれた史書であり、司馬懿の功績を最大限載せなければならなかった史書であることはたびたび述べてきた通りです。そして卑弥呼が魏に朝貢できたのも司馬懿の大きな功績の一つであったのは間違いありません。そのため『魏志倭人伝』が東夷伝の中で最も長く詳しく書かれたことも頷かれます。

　しかし、何故そこに卑弥呼の朝貢を可能にした"司馬懿が公孫氏を滅ぼした"ということを載せなかったのでしょうか。自説では次のようになります。

　238年の遼隧の戦いで公孫淵は司馬懿に大敗します。一族でただ一人生き残った公孫恭は司馬懿の温情によってその死を免れました。公孫恭のその後については『三国志』には書かれていません。しかし、纒向を造ったのが公孫氏だという可能性が見出されたのであれば、その後の彼がどうなったのかを推論するのは容易なことです。

　彼は許された後、一族の中で生き残った数少ない取り巻きと共に遼東で幽閉状態になっていたに違いありません。彼が幽閉されていた頃、公孫淵が孫権に要請した呉の援軍が遼東にやって来ました。遼隧の戦いの翌年のことです。

テーマⅡ　新しい騎馬民族説の提案 謎解き6

しかし、公孫氏は滅んでしまい、司馬懿が率いる魏の軍もすでに退却した後でした。呉から来た援軍は腹いせのように遼東一体を荒らし回ったとされています。そんな彼らが幽閉されていた公孫恭をそこに見出さなかったはずはありません。彼はこの呉の援軍に助け出され、海を渡って纏向にやって来たという推論が成り立ちます。

　自説では扶余を日本に行くように仕向けたのは遼東太守であった公孫氏であり、公孫恭自身も太守だった時代には朝鮮半島南下策を進めていたのは間違いありません。扶余を日本に駆り立てる役目をしていたはずです。彼は呉の援軍に対し日本に行きたいと哀願したことが想像できます。

　このことは呉にとっても悪い話ではありません。彼が日本に行き、その地で勢力を伸ばせば魏に対する背後の備えになります。呉の鏡として神獣鏡の赤烏7年（244）の紀年銘鏡が兵庫の古墳から出ています。従来の近畿説では公孫氏が滅んだ後に作られた呉鏡を卑弥呼がどのようして手に入れたのか説明できませんでした。それは九州説でも同じです。しかし公孫恭が日本に来たとすれば、この鏡は日本に来た彼がその後も呉と何らかの繋がりを持っていたことを示す証拠だと言うことができます。

　一方で彼を許した司馬懿は彼が海を渡って倭国に行くことなぞ想像すらしていなかったはずです。そのようなことがあっては晋の国父として威厳を落とし込めることになります。このように考えると倭人伝に公孫氏の記載がないこ

271

とは容易に想像できるのです。『魏志倭人伝』の中に公孫氏やその支配下にいた扶余のことを残すはずはなかったのです。如何でしょうか。『魏志倭人伝』に公孫氏を隠したことがむしろ公孫氏のその後をあぶり出したと言えます。

次に『魏志倭人伝』の中に騎馬民族が来たと思われる二つの直接的証拠を紹介します。

２）なぜ「馬」の字が多用されたか

弥生時代の日本には馬がおらず、『魏志倭人伝』にも倭国には馬がいないと明記されていることはすでに述べました。ところが、『魏志倭人伝』には「馬の字」がたくさん使われています。すぐに気づくと思いますが、邪馬台国そのものがそうです。そして投馬国、対馬国いずれの国も馬の字を使っています。数えてみると全部で９回使われています。

一般的に、ある地域に何かが多く存在していれば、その地にそのことにちなんだ名前が使われている場合が多くあります。例えば、**"群馬"** がそうです。元々の「軍（くるま）」から和銅６年（713）に転じたとされますが、かつて多くの馬がいたことが群馬の字を当てた理由とされています。『魏志倭人伝』での "馬の字" の記載の多さは異常です。

しかし、このことが注目されたことはなかったと思います。倭人伝に多くの馬の字が使われていることを気に留めた人は多くはないでしょう。取り上げた書籍を見たことも

テーマⅡ　新しい騎馬民族説の提案 **謎解き❻**

ありませんし、私の周辺でこのことが話題になったことも
ありませんでした。国名に注目した人がいたとしても倭人
が語った言葉をそのまま漢字表記にしただけだとして“馬
の字の多用”に着目した人はいなかったのではないかと思
います。

　漢字を倭語の発音に当てるのなら「ま」と発音する漢字
は馬以外にも麻、魔、摩、磨など数多くあります。何故
“馬の字”だけがこれほど多く使われたのでしょうか。騎
馬民族説に取り憑かれた私にとって、このことは自説の決
定的な証拠を探し当てたという気分にさせてしまいました。

　私は自説を大筋で構築し、文献に何らかの痕跡がないか、
さらなる補強材料を探している頃、ウォーキング中にこの
ことが頭に浮かび唖然としたのです。倭人の話す言葉に漢
字を当てはめた結果、偶然そうなったにしては出来過ぎて
います。ひょっとすると、これらの名称は倭語ではなく中
国人が意識的につけたものではないだろうか、とすれば、
漢字に何らかの意味を持たせたとしても不思議ではありま
せん。

　さらに歩きながら考え、弥生時代の日本では発見されて
いない“殉葬”が何故卑弥呼の死に伴って行われたのかと
いうことも気になり出しました。調べてみると『魏志東夷
伝』には“殉葬”の記載は扶余伝にしかありません。そん
な考えを思い巡らしていると、『魏志倭人伝』そのものが
騎馬民族（扶余）の襲来に対する女王国の対応の様を書き

273

留めたものではないか、という思いが急速に高まっていったのです。

　再度、"馬の字"が使われている例をあげてみましょう。女王国の30の国名の中で邪馬台国、対馬国、投馬国、斯馬国、邪馬国と５国、そして国名だけでなく邪馬台国の４つの官名の中で何と３つに伊支馬、弥馬升、弥馬獲支と馬の字が使われています。奴国の官名の一つにも馬の字があります。合計で９つ"馬の字"が使われています。『魏志倭人伝』に出てくる漢字の中で「国」の字に次いで多く使われている文字ではないでしょうか。しかし、東夷伝全体をみるとそれほど多くの"馬の字"が使われているわけではありません。馬韓を始め三韓の70を超える国名の中で６つ。高句麗の人名に一つ。官名では『魏志扶余伝』に一つあるのみです。

　また三韓の６つの国名中３つは倭国と関係が深い朝鮮半島の最南端にあったとされる弁韓です。弁韓は女王国の一部だったのではないかとされる狗邪韓国が所在した所です。そうすると東夷伝全体の17の"馬の字"で九つが『魏志倭人伝』中にあり過半数に達します。さらに12が倭国関係となってしまい７割を超えてしまうのです。

　扶余の官名に「馬加」＊とありますが、他に「牛加」や「猪加」「狗加」など４つの官名に家畜（うし、ぶた、いぬ）を表す字が使われています。扶余語の発声を文字化したものではなく明らかに漢字の意味する動物そのものです。

テーマⅡ　新しい騎馬民族説の提案　**謎解き❻**

そうなると『魏志倭人伝』の馬の字も倭語の発声を文字化したのではなく、馬そのものの意味である可能性が高く、**"馬の字の多用"** は意図的ではないかと思えてきます。そして **"邪馬台国とは馬を忌み嫌っている国"** を意味するように思えます。

　対馬は古事記には津島と表記されており、津とは港の意味であり、その方が本来の対馬に相応しい名前と思われますが、実際には津島という古事記の表記は使われなくなり『魏志倭人伝』に使われた漢字表記がそのまま現在の島名となってしまいました。大変珍しいケースだと言うことができます。**"対馬国とは馬に対している国"** と読めます。そして対馬は一番朝鮮半島に近く、馬が送られてきたら最初に遭遇する国でまさに対峙する国です。

　さらに **"投馬国とは馬を投げる国"** です。まるで倭の国々は馬に悩まされ、その対処のため **"邪馬台国に馬担当（扶余担当）の官職を三つも置いた"** かのようです。これらの記載は偶然なのでしょうか。

　ここまでそろうと、私にとってはとても偶然とは思われません。日常的に馬を使いこなしている中国人から見れば馬を異様に恐れる倭人の姿は滑稽とさえ映ったはずです。魏の使いが見たのは **"馬上の武人を恐れ、衰え行く女王国の姿であり、『魏志倭人伝』に扶余が倭の国々を攻撃し征圧するまでの一連の出来事を書き留めた"** との考えに至ったのです。

275

＊扶余の痕跡が日本にないかを見るため、その官名である「馬加」について調べてみました。その痕跡が千葉県にありました。千葉県の名前は千葉氏に由来することはよく知られています。千葉氏の祖先は平安時代より古い時代に求められる名門ですが、その有力な氏族の中に"馬加氏"がいたのです。"マクワリシ"と発音します。馬加氏は馬加村の出身だということです。マクワリ、それが転じて"幕張"という地名になったとあります。現在、日本最大級のコンベンションセンター・幕張メッセの所在する場所です。

さらに調べると奈良時代の文献では木更津市一帯は"馬来田国"とされており、馬来田国造という豪族が治めていたと言います。まさに「馬が来た」です。千葉氏は北辰一刀流で有名ですが、北辰とは北極星のことであり北方騎馬民族の信仰の対象でした。やはり扶余と何らかの関係があったのでしょうか。また千葉県は全国最多の前方後円墳の所在する県であり、市原市の神門４、５号墳は３世紀のもので箸墓と同時代の最古の前方後円墳に属します。

さらにこの地は日本武尊の伝説にもゆかりの深い土地でもあり、東国一の古社であり奈良の春日大社にも繋がる鹿島神宮が近くにあります。これら一連のことは単なる偶然なのでしょうか？

３）なぜ卑弥呼の死に伴って殉葬がなされたか

張政が女王国に到着した時「卑弥呼以て死し大いに冢を作るに径百余歩、徇葬（＝殉葬）する者は奴婢百余人」とあります。卑弥呼が死んだ時、それに伴って多くの殉葬者

テーマⅡ　新しい騎馬民族説の提案 **謎解き⑥**

を出したことが分かります。しかし弥生時代の日本に殉葬
の習慣は見つかっていません。また、倭人の葬儀のやり方
を『魏志倭人伝』には「其の死するや棺有りて槨無く土を
封りて冢を作る。始め死するや喪を停むること十余日、時
に当りて肉を食らわず、喪主哭泣し他人就きて歌舞飲酒す。
已に葬れば、家を挙げて水中に詣りて澡浴し以て練沐の如
くす。」と詳しく書いてありますが、ここにも殉葬の記載
はありません。

　何故、卑弥呼の死では殉葬が伴われたのでしょうか。東
夷伝全体を見ても扶余伝にのみ「人を殺して徇葬する。多
いときには百を数える」と記載があります。この文を見る
と殉葬者の数まで卑弥呼の場合と同じく百であり **"卑弥呼
は扶余的やり方で葬られた"** ということが示唆されている
かのように思われてくるのです。

　さらに「以て死し」について、ジャーナリストで考古学
者の岡本健一氏は中国史書「二十五史」の「以死」の用例
761例を確かめた上で、その用例は自然死ではなく「刑死、
賜死＊、諫死＊、戦死、自死、遭難、奔命＊、事故死など
非業の死ばかりである」とまとめています（『蓬莱山と扶
桑樹』2008年）。卑弥呼は非業の死を遂げたことになりま
す。これらのことから卑弥呼の死に伴う殉葬は彼女が扶余
的方法で埋葬されたことを意味し、この時、扶余による女
王国支配が完了したことを意味していると考えます。

　＊賜死：君主が臣下、特に貴人に対して自殺を命じること。日本

での武士の切腹。＊諫死：死んで目上の人を諫めること。若き日の織田信長の奇行を憂えて死んだという平手政秀的な死に方。＊奔命：主君の命を受けて奔走すること。過労死。

倭国の王になろうとした公孫恭は魏のことを恨んではいませんでした。司馬懿は命の恩人であり、元々公孫恭は魏への忠義の篤い人物でした。その魏が倭王として認めた卑弥呼に対し、公孫恭が強く出たとは思えません。しかし、扶余はそうではなかったはずです。卑弥呼を殺害したように思われます。

　この２項目、2)と3)はこれまで特に意識はされて来なかったと思います。ほとんどの人は謎とはせずこれまで注目されてはいなかったことでしょう。しかし、自説の観点からは偶然とは思えません。**“誰も否定できない明確な証拠”**となります。

　そしてさらに公孫氏と扶余を肯定して読めば**“これまで『魏志倭人伝』の不可解とされていた所が合理的に読み取れる”**ことも分かって来たのです。以下４）〜９）まで６項目を読んでいただきたいと思います。

４）「其の種人」とは誰か

　景初２年（238）、卑弥呼の使い難升米は明帝に謁見しています。その時の明帝の詔の中に「其の種人を綏撫（すいぶ）し、勉めて孝順を為せ」とあります。ここに「種人」という聞き慣れない言葉が出てきます。女王国の民に対しては後述に

「汝が国中の人に示し」という言葉があり、はっきりそれと分かります。「種人」は辞書にはありませんが、どうも蛮族で軽蔑されていた人達を指しているように思われます。「綏撫」を辞書で見ると「安らかになるようにしずめおさめること」とあり、「孝順」は「親や君子に孝行を尽くし、その意に逆らわないこと」となっています。

　女王国の民に対して「綏撫」に加えて「孝順を為せ」とまで言う必要はありません。「其の種人」は明らかに女王国以外の倭人を指していると思われます。それも特定の種族だからこそ「其の」をつけたのです。歴博の仁藤敦氏も「其の種人」に着目され、"狗奴国の民"のことを指しているのではないかとしています。しかし、狗奴国との攻防の報告は正始8年であり、この時の朝貢から8年も後のことです。この時点で魏は女王国と狗奴国との関係については知らなかったはずであり、『魏志倭人伝』には狗奴国以外の倭人との揉め事の記載はありません。

　これより前の文で女王国以外の国を紹介する形で「女王国の東、海を渡ること千余里にして、復た国有り、皆倭種なり」とここでも「種人」と似たような言葉を使い倭人とはしていないのが気になります。恐らくこの「倭種」に呼応して「種人」という言葉を使ったように思われます。そうなると「倭種」とは女王国の東、海を渡った本州にいた扶余であり、それに呼応して「種人」を北部九州で女王国を攻めていた扶余のことであると解すれば、この文章は卑

弥呼が倭王となることで "扶余を安らかになるようしずめ
おさめ、卑弥呼に孝行を尽くし、その意に逆らわないよう
にしなさい" という自然な文章として解釈することができ
ます。明帝の詔は扶余の攻撃への支援要請のため下された
ものであり、卑弥呼への配慮から発せられたものになりま
す。

5）難升米はなぜ武官の称号を授かったのか

　先の明帝の詔、「其の種人を綏撫し、勉めて孝順を為せ」
の文章に続いて「今、難升米を以て率善中郎将と為し、牛
利を率善校尉と為し、銀印青綬を仮え、引見労賜し還らし
めん。」とあります。卑弥呼の使いだった難升米が「率善
中郎将」、（都市）牛利が「率善校尉」という称号をそれぞ
れ授かっています。この称号は本来内臣の武官に与えるべ
きもので、蕃国の人間に与えるべきものではないようです
が、彼らはなぜこれらの称号を授かったのでしょうか。そ
して「銀印青綬」まで与えられたのでしょうか。この印綬
は卑弥呼がもらった「金印紫綬」に次ぐ格式を持つものだ
そうです。

　狗奴国との攻防が報告されるのは、この卑弥呼の最初の
朝貢から8年後の正始8年（247）のことです。狗奴国と
の攻防のためでないことは明らかです。ここでも「其の種
人」を扶余と解することで、その理由が分かります。扶余
との攻防に対する施策として明帝が与えたものであり、魏

280

テーマⅡ　新しい騎馬民族説の提案 謎解き6

は扶余の攻撃をそれだけ深刻に受け止めてくれたのです。

6）１回目の魏の使者の目的

　魏は倭国に２回使者を送っています。１回目の使者は<u>１</u><u>－２</u>で述べたように正始元年（240）で、景初２年の卑弥呼の朝貢に対する返礼の形で来ています。「太守弓遵建中校尉梯儁等を遣わして、詔書、印綬を奉じて、倭国に詣らしめ、倭王に拝仮し、并せて詔を齎し、金、帛、錦罽、刀、鏡、采物を賜う」とあり、目的の一つが卑弥呼へ直接詔書し、印綬を与え、外部勢力に対するだけの地位を授け、貴重な品物で威厳を持たせることにありました。

　すでに景初２年の朝貢の時にも多くの下賜品を与えているのです。何故、これほど多くの下賜品を持ってきたのでしょうか。そして威厳を持たせる必要があったのでしょうか。

　目的の二つ目が倭国の状況視察であり伊都国に留まり、風習や産物、自然環境を詳細に記載しています。しかし<u>１</u><u>－２</u>でも述べたように何故あれほど正確に詳細に調べる必要があったのでしょうか。東夷伝の他の国でこれほど詳しい記載はありません。

　これらのことから、**"威厳を持たせたのは扶余に対抗させるため"** であり、この時の魏の使者の **"真の目的は女王国と扶余との攻防状況の視察"** であって、そのために倭国を詳細に観察したと考えられます。使節が見たのは初めて

281

見る大形動物に恐れおののき、扶余に博多湾岸を占領され衰退に向かう女王国の姿でした。

7）黄幢仮授の目的

東京大学名誉教授で歴博初代館長の井上光貞氏は『魏志倭人伝』の難解な箇所をいくつか上げています。その中で、「正始六年（245）の次の記事はいささか異様である。何故なら、そこには「其の六年、詔して倭の難升米に黄幢を賜い、郡に付して仮綬せしむ」と記されているが、「黄幢」とは軍旗のことで、どうしてこの時に魏が軍旗を……難升米に詔を下したのかが判らない」と言っています。

つまり、狗奴国との攻防の報告があったのは、この２年後の正始八年のことであり、何のためにこの時点で「黄幢」を渡したのか通説では説明できないというのです。そこで、井上氏だけでなく専門家は恐らく正始四年に魏へ倭国からの２度目の使者が来た時、狗奴国との攻防の件をすでに聞かされていたのではないかと推察しています。

しかし、どこにもそのことを匂わせる文章はありません。井上氏が異様だというように無理な解釈だと思います。自説に沿って、扶余と公孫氏による女王国支配という仮説を織り込めば、このことは容易に解釈できます。

卑弥呼の景初２年（238）の朝貢目的は扶余の攻撃に対する支援要請でした。そして正始元年（240）の魏の使節はその扶余の攻撃の様子を確認するために倭国を視察に来

ました。その結果は２）で述べた通りです。女王国の人々は馬に恐れおののいていました。そしてさらに正始４年（243）の卑弥呼の魏への２回目の朝貢での報告を受けて黄幢仮授の決定がなされたと推察できます。黄幢は相手側がその意味を知ってこそ効果が出るはずです。狗奴国は黄幢が錦の御旗としての意味を持っていたことを知るよしもなかったはずです。その意味を知る扶余が相手だったからこそ効果があったのです。

８）張政派遣の目的

<u>3-1</u>でも述べましたが「其の八年（247）、太守王頎、官に至る。倭の女王卑弥呼、狗奴国の男王卑弥弓呼と素より和せず、倭の載斯、烏越等を遣わして郡に詣らしめ、相攻撃する状を説く。塞曹掾史張政等を遣し、……」とあります。この時の張政が２回目の魏の使者ということになります。ここには死者が出たともなく、普通に読めば昔から仲の悪かった隣国・狗奴国の王との揉め事が最近こじれて小競り合いが始まった程度にしかなりません。

この程度のことで遠い蕃国にわざわざ武官を派遣する必要などあるでしょうか。その後の日本史を辿っても中国の武官が支援目的で日本に来たのはこの時だけです。よほどのことが発生したからに違いありません。

あさぎり町・才園古墳から出た鎏金獣帯鏡

球磨郡あさぎり町は熊本県の南部の鹿児島県との県境に

位置する人吉盆地に存在し、旧免田町を中心に周辺の五つの町村が2003年に合併して出来た町です。そして先に紹介した免田式土器の名前の由来になった町であり、これまでも多くの人が、この地を狗奴国の候補としてきました。

鍍金獣帯鏡
（あさぎり町教育委員会提供）

そして私自身も狗奴国の中心ではなかったかと考えている場所です。この町にある才園古墳は6〜7世紀の終末期の古墳です。この古墳から金メッキ製の銅鏡・鍍金獣帯鏡が出土しました。金メッキを施した銅鏡は中国でも非常に貴重なものであるらしく、日本では3枚しか見つかっていません（一貴山銚子塚古墳：福岡県糸島市、城塚古墳：岐阜県三野）。現地の説明文を読むと「この鏡は当時呉の領域であった3世紀の江南地方で製作されたもので、それも紹興あたりで作られた可能性が高い」としています。従来この貴重な鏡がどのようにしてこの地に来たのか様々な憶測がありました。

その中の一つが従来からあった球磨郡・狗奴国説において狗奴国が女王国との対抗上、呉と連携していたからではないかというものです。しかし、そのためには東シナ海を直接横断しなければなりません。唐の時代に鑑真が何度も

日本への渡航で失敗しているように8世紀になっても東シナ海横断は困難でした。まして3世紀では不可能だったはずです。そして朝鮮半島経由では卑弥呼の知るところとなります。

　しかし、自説ではこの鏡は公孫淵が黄竜元年（229）に呉の孫権の使いからもらったものとなります。それを持ってきた公孫恭が女王国を攻める際、南から攻める報奨品として狗奴国に与えたと考えることができます。6～7世紀頃に大和朝廷から派遣され狗奴国を征服して才園古墳に葬られた被葬者は、3世紀から代々この地に伝わる鍍金獣帯鏡を狗奴国王（熊襲）から取り上げ、自分の墳墓に副葬したのではないかと推定できます。

　魏は帯方郡太守・王頎の報告で初めて事態の深刻さを知ったのです。魏は北部九州での扶余族との攻防に南から狗奴国が加わり、その原因が公孫氏にあり、その背後に呉がいることが分かると、武官の張政に先に難升米に仮授した黄幢を直接持たせ倭国に急遽派遣したのだと解釈できます。公孫恭の倭国支配の阻止がその目的だったのです。魏にとって公孫氏の復活はあってはならないことであり、ましてその背後に呉がいることなぞ絶対に阻止しなければならないことだったのです。

9）卑弥呼の死後、倭王になろうとした男王
　卑弥呼の死後、「更に男王を立つるに、国中服せず。更

に相誅殺し、時に当りて千余人を殺す」と男王が替わって王になろうとしましたが、国中が反乱し、なれなかったとあります。この戦いは5-4で述べたように『魏志倭人伝』の三つの戦いの中で一番激しいものでした。千人（たくさん）もの死者が出ています。そして注目すべきは張政が倭国に滞在している中での出来事だったということです。彼がいるにもかかわらず、大きな反乱が起きてしまったことになります。この男王の擁立は女王の国々にとって絶対許されないものであったことが分かります。仮に狗奴国と激しく争っている最中なら男王が立とうとしただけで、女王の国同士で多くの死者が出るほどの戦いをするはずがありません。

　そしてさらに重要なことは **"この男王の名前が記載されていない"** ということです。『魏志倭人伝』には何人もの人物が名前入りで登場します。卑弥呼や狗奴国の王の卑弥弓呼、卑弥呼の使いの難升米や2度目の卑弥呼の使いである伊声耆まで14人もの人物名が登場します。これほど多くの人名が登場するのは東夷伝の中でも他にありません。『魏志倭人伝』中の主要人物で名前がないのはこの男王と卑弥呼の男弟とされる二人の人物だけです。しかし男弟の場合、その素性ははっきりしています。それに対し卑弥呼の後を継ごうとしたこの男王についてはその素性すら不明です。一体何者なのでしょうか？

　ここまで謎解きの旅を私と共にされてきた読者なら、す

テーマⅡ　新しい騎馬民族説の提案 謎解き6

ぐ気づかれることでしょう。**"倭王になろうとしたのは公孫恭だった"** のです。当然、女王の国々は激しく抵抗します。そして千人もの死者が出たということになります。公孫恭は扶余の攻撃で弱っている女王国を見ながら、倭王の地位を要求しました。しかし、女王の国々の激しい抵抗で諦めざるを得なかったのです。そして「復た卑弥呼の宗女台与、年十三なるを立てて王と為し、国中遂に定まる」とあります。卑弥呼の親戚筋にあたる台与を次の女王として国々を鎮めたのです。しかし、その時、女王国は公孫氏の纒向政権の傀儡になってしまいました。「政等、檄を以て台与に告喩す」とあります。張政はそのことを苦々しく思っていたことでしょう。台与と公孫恭は怒れる張政に奴隷や多くの貢ぎ物を持たせて丁寧に魏に送り届けました。

　如何でしょうか。これまで謎とはせず単に不可解な文章とされてきた『魏志倭人伝』が **"公孫氏と扶余を肯定すれば合理的に解釈できる"** ことを分かっていただけたことだと思います。これは私が探し出した限りですが、ひょっとするともっと他にもあるのかも知れません。読者も探し出してみて下さい。謎解き5までの結論は強引過ぎると思われた方もここまでそろえば納得していただけるのではないでしょうか。今までの所、どこからも反論は出てきていません。謎解きの旅もそろそろ終盤にさしかかってきました。目的地に無事着けるよう最後の旅に出発しなければいけません。

287

6-3　邪馬台国論争はなぜ混迷したのか

　騎馬民族の扶余と公孫氏という一族の存在が『魏志倭人伝』を分かりやすいものにしました。逆に彼らの存在を抜きにしては、この史書は解釈できない不可思議な史書だということになります。そして『魏志倭人伝』を難しくしていたのはそれだけではありません。「水行10日、陸行1月」という旅程がこの論争をより複雑にしていました。この旅程の矛盾がなぜ生じたのかもまじえて、邪馬台国論争がこれほどの長きにわたって混迷してしまった理由を考えてみました。

1）秦始2年晋に朝貢した倭国からの使者

　混迷の発端は266年、晋（西晋）に朝貢した纏向からの使者を晋の役人が九州の邪馬台国からの使者だと勘違いしたことにありました。晋が誕生したのは司馬懿の孫に当たる司馬炎が魏から禅譲を受けた265年のことであり、纏向政権は晋誕生の翌年に直ちに使節を送ったことになります。

　元々呉と縁が深かった纏向政権が魏の後継である晋に朝貢しようとしたのは呉の衰退に原因があると思います。251年に孫権が崩御したのち、後継者争いから呉は急速に衰退して行きます。そのような状況を見て纏向政権は呉に見切りをつけたのでしょう。最初魏に朝貢しようとしてい

テーマⅡ　新しい騎馬民族説の提案 謎解き6

たに違いありませんが、晋誕生の翌年という絶好のタイミングになってしまったのではないでしょうか。

『三国志』の作者である陳寿は蜀の人ですが、263年に蜀が魏によって滅ぼされた後、同僚の羅憲に推挙されて268年から晋に仕え『三国志』を書き始めました。倭の使者が来たのはその前々年のことになります。彼はこの倭国の使者に直接会うことはできなかったはずですが、使者に会った役人から詳しい倭国の情報を聞くことはできたはずです。

これから書き始めようとする歴史書に対し最高の情報源を持っている人間がすぐ近くにいるのです。聞かないはずがないと考えるべきでしょう。そして聞き出した情報の一つが「水行10日陸行1月」だったのだと思います。

果たして、この時、倭国からの使者のことを晋の役人はどのように受け止めたでしょうか。この時の晋の役人にとっての倭国とは台与が治める女王国のことであり、それは魏の使者が倭国を訪れた時の記録にある邪馬台国からの使者だと考えるのが当然です。そして、この時、使者自身も**"私達は邪馬台国から来た女王の使節です"** と言ったに違いありません。「えっ！　それなら邪馬台国はやっぱり纒向だったのではないか」と再度思われることでしょう。しかし、纒向から来た彼らは邪馬台国からの使者だと言わなければならない事情があったのです。

289

2）台与と共に爵位を得た男王は誰か

　日本書紀では266年に日本から晋に使節を送ったことを神功紀の中に載せており、日本書紀の著作者は『晋書』や『梁書』の内容を知っていたことになります。当然、そこに書かれている台与のことも知っていたはずですが、この時使節を送った女王のことを神功皇后だとしています。神功皇后は応神天皇を生み出すための創造上の人物ではないかとされていますが、いたとしても４世紀以降の人であったというのが通説です。神功皇后に当てはめるのは無理があります。従って、一般的には台与ではないかとされてきました。248年頃と思われる卑弥呼の死後13歳で倭王を継いだ台与なら、この時30歳過ぎであり、その可能性は非常に高いと思われます。

　この朝貢の時、『梁書』に不思議な記述があります。「また卑弥呼の宗女・台与を王にした、その後再び男の王が立って並んで中国の爵位を得た」とあり、「並んで」の意味が微妙ですが、一般的には台与と思われる女王と共に男王が爵位を得たとされています。問題は"**この時の男王が誰であったのか**"です。従来この男王について様々な説がありますが定説には至っていません。

　振り返ってみましょう。266年時点ではすでに纏向政権は出来上がっていました。このことを前提にすればこの時の使節が纏向から来た可能性があることに誰も異存はないはずです。しかし、従来の九州説で考えると、この時点で

テーマⅡ　新しい騎馬民族説の提案 謎解き6

中国王朝から倭王の地位を賜っていたのは九州の邪馬台国の女王・台与であり、纏向から使者が出向いたとはなりません。そして近畿説にしても九州説にしても台与と共に並んで爵位を得た王がいることは不自然であり、この男王が誰であったのか見当さえつかないと思います。

　自説で考えてみます。纏向政権は公孫氏が造ったものです。そしてこの時点では九州の女王国は纏向政権の傀儡^{かいらい}となっていました。そうなると台与と共に爵位を得た男の王が誰であったのかは自ずと決まります。公孫恭またはその後を継いだ公孫氏の一族だったということになります。

　公孫氏は司馬懿が滅ぼした一族です。そして、そのことは司馬懿の最大の功績の一つでした。従って、司馬懿を高祖と仰ぐ晋の役人の前で公孫氏を名乗ることはできるはずがないのです。名乗れば殺された可能性もあるし、殺されなくとも使節が来たこと自体が史書から抹消されたことでしょう。しかし、そこまで考える必要はないのかも知れません。倭王が台与であったのは間違いないことです。使節が台与と思われる倭国の女王の名の下に朝貢したのは当然のことです。

　結果的に公孫氏は彼女を前面に出してその影に隠れる形で朝貢したことになります。そして二人とも爵位を得ることができたのです。この時初めて公孫氏の倭国での地位は確かなものになったはずであり、この時がヤマト王権のスタートだったと言っていいのではないでしょうか。

291

時代が大きく下って10世紀に書かれた『旧唐書』には「日本国は倭国の別種なり。其の国、日の辺に在るを以ての故に、日本を以て名と為す」とありますが、この不可解な文の意味もこれで何となく分かったように思えます。つまり、長い間、中国では九州にあって倭国と名付けられた国、元の女王国とその後朝貢してきてやはり倭国と称したヤマト王権との区別がついていなかったことになります。古代中国において日本列島における九州と近畿の関係なぞ知る由もなかったのです。

　この時、ヤマト王権が日本と名乗ったことで、ここで初めてその区別がつき始めたのではないでしょうか。ヤマト王権が日本と名乗ったとき、それはどこの国のことかとなり、かつての倭国のことだとしましたが、どうもそれとは異なるようだ。だから"別種"という言葉を使ったのではないかと思います。

３）トリックの正体

　陳寿は倭国の地理がどのようになっているかなど知るはずがありません。当然、使者がやってきた纏向を邪馬台国のことだと勘違いして、それで「水行10日、陸行１月」を邪馬台国への旅程として挿入してしまいました。そのことが<u>２-３</u>で述べた"矛盾１"を作ってしまったのです。そうなると200年後に『魏志倭人伝』を参考にした『後漢書』の著者・范曄も同じように勘違いするはずです。しかも彼

292

が『後漢書』を書いた時代は、すでに倭の五王の「讃」が朝貢していた時代です。

　すなわちヤマト王権が完全に確立し、倭王讃の使いは当然近畿から来ていました。勘違いが陳寿以上に強くなったのは当然です。彼は『魏志倭人伝』の矛盾のある記載がおかしいと思い、現在の近畿説の立場を取る人達と同じように、邪馬台国がさも近畿であり、しかもかなり南にあったかのような記載にしてしまったのだと思います。

　そして『後漢書』では1−3で挙げたように邪馬台国は韓の東南としていますが、奈良は韓国から見て東南に当たります。狗奴国の方向を女王国の東に海を渡って千里としていることも范曄がそのことを知らぬまま意識的に現在の近畿説により近い内容に変えてしまったためだと考えられます。さらに、楽浪郡の境界からの距離を『魏志倭人伝』の記載をそのまま使い１万２千里としていますが、『後漢書』が書かれた時代、中国で短里は使われていません。１里は通常の400メートル程度だったと思われます。

　それで考えると１万２千里は4800キロになってしまい、地図上で確認すれば太平洋上のマリアナ諸島辺りになってしまうのです。そこは中国から見れば海南島の東に当たります。そのことが「その地は凡そ会稽郡東冶の東に在り、朱崖や儋耳と相似して、その法俗も多くが同じである。」とあるように浙江省の"紹興市"である「東治」を福建省の「東冶」に書き換え、さらに海南島にあった「朱崖」や

「儋耳」に似ているという表現をより強くしてしまったのではないでしょうか。

　そのことはそれに続く『晋書』や『梁書』などの中国の史書の編纂者をも戸惑わせてしまいました。『梁書』には倭国はとんでもなく遠い所にあると記載されています。そして、それを読んだ現代の歴史家をも迷路に誘い込んでしまったのです。再度2-4で示した混一疆理歴代国都之図（104ページ）の右側の龍谷図を見ていただきたいと思いますが、日本の位置が現在のマリアナ諸島辺りになっています。この地図の作者も近畿説を唱える人達の嵌まった"トリック"に嵌まってしまい南北に長い行基図を使ったのかも知れません。このようなことが邪馬台国論争を300年続いても解決できないものにしてしまったのです。

4）なぜ専門家はこのトリックに気づかなかったのか

　このトリックに気づくのは、それほど難しいものではありません。専門家はなぜこのトリックに気づかなかったのでしょうか。理由は比較的簡単です。本来、纒向遺跡が3世紀のものだと分かった時点で、「水行10日陸行1月」は纒向からの旅程だと当然気づくはずです。しかし、このことは近畿説にとっては当然すぎることであり、改めて纒向からの旅程だという必要もなく、たとえ気づいても口にするまでのことでもなかったのです。

　一方、九州説にとっては都合のいいものではありません。

テーマⅡ　新しい騎馬民族説の提案 謎解き6

「水行10日陸行１月」は九州内で求めるべきものであり、これが纒向からの旅程だとすれば、これはギブアップ宣言をするようなものです。特に纒向遺跡誕生を４世紀とし、それは邪馬台国が東征した結果とする説ではとても受け入れられるものではありませんでした。最初に提案された山科威氏は邪馬台国の東征の時期を３世紀半ばまでに行われたと考えられたためこのことに気づかれたのです。東征は私からすれば正解ではないのですが、山科氏の発案そのものは大きいヒントになりました。

　外野からの目で邪馬台国論争が何故これほど長く続いてきたのかを自説に基づいて整理してみました。

①　『魏志倭人伝』は公孫氏と扶余の存在抜きでは解読できない書物であった。そのことが『魏志倭人伝』を不可解な史書とした。

②　陳寿の勘違いによって纒向から北部九州に至る旅程"水行10日陸行１月"が挿入されてしまい、それを読んだ『後漢書』の作者・范曄は１万２千里の解釈もあって邪馬台国は遠い南海にある国だと思い倭人伝を現在の近畿説に近いものに変えてしまった。

③　そのことは『晋書』や『梁書』にも引継がれ、①と②が合わさって『魏志倭人伝』の解釈はさらに難解なものになってしまった。

④　江戸時代から続く、この論争は当初はほとんど文献主体であったが、その状態は考古学の実証物が少しず

295

つ増えてきた第二次世界大戦後も繰り返されてきた。

⑤ 1960年台から70年台に論争が一番盛んだった中で小林行雄氏の三角縁神獣鏡の研究も進み、近畿説が確立されていった。

⑥ 一方で森浩一氏らによりそのことに対する反論も出たが、考古学上の決着がつかないまま80年代頃までは、文献が主体の論争であった。しかし論争は迷宮に入ってしまい、そのことが『魏志倭人伝』に頼っても解決しないという不信感を作ってしまった。そして、そこに隠されたいくつもの謎は誰にも気づかれないままとなってしまった。

⑦ 1990年代になり九州では吉野ヶ里遺跡が注目を集め出し、さらに今世紀になって纏向遺跡が注目されるようになったことから、九州と近畿の遺跡が考古学的に対決することになり、文献に限界を感じていた専門家は膨大な考古学の資料を文献との照合に活かさないまま考古学だけで決着を付けようとする風潮が出来上がってしまった。

　その結果がこれまでの状況だと思います。現場で作業する多くの専門家が近畿説を主張する中、素人の過半数が九州説だというねじれ現象となってしまいました。現場で遺物を見る専門家にとってその遺物から見える邪馬台国は近畿に違いないと思わせるものでしたが、遠くからのぞき込

む素人には九州に思えてしまうのです。遺跡と『魏志倭人伝』と両方が同時に見えるからでしょう。2013年に逝去された考古学者の森浩一氏が『海でつながる倭と中国』の中で"倭人伝を丁寧に読むことから"と危惧されていたことが、まさにそのことにあったのではないかと感じられます。

　さらに重要なことは３世紀の大きな変化の急速な拡大がなぜ生じたのかの議論がなされてこなかったことです。江上波夫氏が提案した騎馬民族説の練り直しが何故なされなかったのでしょうか。箸墓古墳で鐙が見つかった後も馬の到来時期は４世紀末から５世紀以降とされたままです。この鐙は未だに考古学の片隅に埋もれたまま議論の対象にもなっていません。そして北朝鮮に今も存在するはずの前方後円墳形積石塚も、その後振り向かれていません。

6‐4　自説は記紀にどう反映されているか

　北部九州に上陸しようとした扶余が卑弥呼に敗れ、そのまま東に向かって吉備に上陸し、そこに楯築墳丘墓を残した後、さらに東に向かい纏向に入った話が記紀における神武東征に繋がったのではないかとすることが、自説のベースにあったことは最初に述べました。これまで『魏志倭人伝』を中心とする中国の史書から自説の証明に取り組んできましたが、記紀について自説との関連を見てみたいと思います。

１）記紀はどのように読むべきか

　記紀には邪馬台国も卑弥呼も、そして台与のことも一切登場しません。女王国が後のヤマト王権にどう繋がるのか、そして記紀の中にどう反映されているのかはこれまで謎とされてきました。しかし、この本の読者はそのことについてすでに知っています。ヤマト王権に直接繋がらない邪馬台国が記紀にないのは当然です。

　記紀は虚実入り交じっています。記紀に忠実に歴史を考えようとする人もいれば、記紀など全く念頭におかず歴史を考える人もいます。これまでも出雲神話と神武東征についてはほんの少しだけ触れてきました。完全に寓話化され、虚構になっているように思えますが、ある部分歴史的事実に即しているようにも思えます。その部分をどう拾い上げるかが問題になります。

　記紀の伝承は大きな出来事が起きるたびに、その時の政権の都合に合わせて変更が行われたと言われています。"白村江の戦い"の扱いもその一つです。この戦いは日本の歴史の中で最も重要な出来事の一つであったに違いありませんが、学校ではサラッとしか教わっていないように記憶しています。そして大きく扱われていないのは日本書紀に責任があります。

　白村江で唐と新羅の連合軍に敗れたことはヤマト王権を恐怖に陥れました。太宰府を守るように造られた水城や大

テーマⅡ　新しい騎馬民族説の提案 **謎解き6**

野城だけでなく各地に残る山城はそのことを物語っています。朝鮮半島での利権を全てなくしてしまい、それまでの朝鮮半島と日本列島内の両方に軸足を置いてきた政権運営から脱するために講じた処置が、中国王朝からの完全独立だったと言えます。

　そのためには皇祖が大陸出身だったということを記紀に載せるのは都合が悪いはずです。出自に関する記載を記紀から全て消し去ってしまったと考えます。そして、中国王朝から賜った王という称号ではなく自ら"天皇"を名乗るようになり、これも中国王朝がつけた倭という国名を嫌って"日本"としたのです。そして日本独自の歴史を作るため"国史"を持ちました。日本書紀は中国王朝からの独立宣言書とでも言うべきものだったと思います。

２）八咫烏

　神武東征と自説との関連で思い起こすのは日本サッカー協会のシンボルマークであり三本の足を持つ八咫烏です。この想像上のカラスは神武天皇を大和まで案内する重要な役割を演じており、勝利に導く神として信仰を集め色々な場面でシンボルマークになっています。この烏は元々中国起源であり、高句麗のものと言われる古墳に画かれています。高句麗は扶余から分かれたと言われる国であるため、この烏が神武天皇にまつわるということはヤマト王権に扶余が関わっていた証拠とも言えますが、所詮神話上の話で

299

す。

　また高句麗様式の絵画と言えば高松塚古墳やキトラ古墳に描かれた壁画が思い出されます。このような絵画も従来から騎馬民族が来たことの証しとされてきました。しかし、いずれの古墳も７世紀末〜８世紀初頭にかけてのものであり、３世紀を舞台とする自説の根拠にはなり得ません。しかし、この時代になってもそのルーツにこだわりがあったことの証拠だとも言えます。

3）天照大神は元々男神だったのか

　天照大神を古事記では天照大御神としていますが、女神として扱っているようには思えません。そして伊勢神宮での扱いも男神とされているようです。しかし、日本書紀では素戔嗚尊の姉として描かれ女神としています。何故日本書紀は天照大神を女神にしたのでしょうか。

　日本書紀の編者は『魏志倭人伝』を読んでおり卑弥呼を知っていたことは確実です。そして神功紀で「『魏志』によると景初３年６月、倭の女王は使いを帯方郡に送り魏への朝貢を申しでて洛陽に至った」とし、卑弥呼を神功皇后として扱っています。巫女的な存在であったことや60年にのぼる治世など二人には共通点があると言われています。しかし神功皇后は実在したとしても４世紀前後のこととされ独身ではないなど相違点も多くあります。

　一方で独身であることや男弟に素戔嗚尊がいたことなど

テーマⅡ　新しい騎馬民族説の提案 謎解き6

から天照大神の方が卑弥呼の実像に近いとも言われています。日本史上初めての倭王は卑弥呼です。『魏志倭人伝』を読んだ日本書紀の編者はこの最初の倭王を天皇家の始祖とし、卑弥呼を天照大神として皇祖神としたのではないでしょうか。その結果、日本書紀では天照大神を女神にしたのだと思います。そして素戔嗚尊をその弟としたのです。

　4-2で述べたように3世紀前半の近畿ではほとんど銅鏡は出ていませんが、3世紀半ば以降の近畿では多数の銅鏡が出るようになります。この時期に近畿では祭祀の方法が銅鐸から銅鏡に変わったことを示しています。扶余や公孫氏の出身である大陸には銅鏡にこだわる祭祀の方法はなかったようです。一方で北部九州では弥生時代から大量の銅鏡が墳墓から見つかっており、銅鏡を使った祭祀が行われていたようです。そうなると鏡の種類は異なるものの女王国の風習をヤマト王権が引継いだことになります。

　そのことが天岩戸の話に描かれているのではないかと思います。天岩戸に閉じこもった天照大神が八咫鏡によって外に導き出された話は纒向政権が銅鏡を導入したことを連想させます。三種の神器の八咫鏡の大きさは平原墳丘墓で見つかった日本最大の直径46.5センチの銅鏡と同じ大きさだということです。卑弥呼も恐らく同様の巨大な銅鏡を使っていたのではないでしょうか。

　この話は卑弥呼が死んで、その後、台与が次の女王となって登場したことを意味しているようにも思えます。ちょ

301

うど同じ時期に日食があったこともその話の創作に寄与したことでしょう。台与は纏向政権の傀儡でした。女王国の風習、すなわち倭国の風習を纏向政権とそれに続くヤマト王権が引継ぐことで自らが倭国となったのだと思います。

４）箸墓に葬られたのは誰なのか

　箸墓の墳長は280メートルあり、同時代で見ると世界最大規模の墳墓と言うことができます。これだけの大きな墳墓に一体誰が葬られているのでしょうか。従来の近畿説では卑弥呼の墓の有力な候補でした。宮内庁は第７代孝霊天皇の皇女である倭迹迹日百襲姫命の墓としています。しかしこれほど大規模の墓を大きな実績もないそれも伝説上の皇女の墓とするのは不可解です。

　纏向遺跡の三つ並んだ大型建物群は造られてしばらくして解体され、それとほぼ同時に箸墓が造られたと言います。古代中国では宮殿を造った人間が亡くなると、その一代で解体されてしまうということから、大型建物群を造った人物が箸墓に葬られた主ではないかとの推論が成り立つということです（ＮＨＫ「英雄達の選択」新春ＳＰ2019年放送）。つまり箸墓に葬られた主が纏向を造ったというわけです。となると、自説では纏向を造った公孫恭が箸墓に葬られているということになります。

５）国生み神話

　記紀には「国生み神話」のことが記載されています。男の神様であるイザナギノミコトと女の神様であるイザナミノミコトが国生みの際に「天の浮き橋」（天と地を結ぶ宙へ浮く橋。神はこの橋を渡って地へ降りるとされる）に立ち、天の沼矛をまだ何も出来ていない海原に下ろし、「こをろこをろ」とかき回し矛を持ち上げると、滴り落ちた潮が積もり重なって島となって最初に出来たのがオノコロ島です。そのオノコロ島に両神は降り立ち、二人が交わって淡路島、四国など次から次へと日本の島々を生み出していきます。

　この島の実在性については色々な説が出されています。実在したとする場合、一般的には瀬戸内海の島に当てようとする場合が多いようです。しかし淤能碁呂太郎を自称される山口哲也氏はかつて中学教師として勤務していた経験から玄界灘に浮かぶ "小呂島" のことだという説を唱えられています。この島は福岡市の志賀島の沖合30キロに浮かぶ周囲3.3キロ、人口200人足らずの小さい島ですが、かつては福岡藩の流刑地だったということで、藩主黒田忠之に改易された貝原益軒も一時期この島で過ごしたという伝説が残っています。

　氏がこの島をオノコロ島だと考えたきっかけは、この島にヤシ科の一種のビロウの木が自生していることを発見したためです。対馬暖流の影響で温暖であるため亜熱帯植物

のビロウが自生しているとのことでした。ビロウは、(1)古代天皇制にとって最も神聖な植物であった。(2)葉が扇状に開くことから、扇の元となった。(3)幹は男根と蛇信仰の象徴。という３つの特徴があります。

　天皇制について言えば、代替わりの際の儀式「大嘗祭」での禊のための小屋「百子帳」の屋根に使われ、かつては高級貴族の牛車の屋根に使われていたとのことであり、現在でも京都の時代祭りの牛車の屋根に使われています。このようにビロウは天皇家にとって特別な木であったということです。ちなみに、このビロウの木の北限は宗像沖ノ島であり、瀬戸内海の島々には自生していません。

　氏は大陸からの一族が九州攻略にあたって、この島を拠点にしたのではないだろうかと述べています。玄界灘の島々を攻略した歴史が元となり「国生み神話」になったという訳です。氏は著書の中で、イザナミが産んだ島々の多くが、元は玄界灘の島々であったことを様々な角度から考察しています。

　この説は自説にとって非常に魅力的です。扶余が最初にこの島に上陸し、そこを拠点に北部九州の女王国を攻めたと考えることができるからです。そして福岡の人間なら誰でもが知っている博多湾の中央に浮かぶ能古島（周囲12キロ）と小呂島の名前を合わせるとオノコロ島になります。しかも、小呂島と能古島を結んだ延長線上に宮崎県の高千穂神社があり、高千穂神社には“オノコロ島神事”が古く

304

テーマⅡ　新しい騎馬民族説の提案 謎解き6

から伝えられているというのです。出来過ぎでしょうか？

6）韓国岳の名前の由来

　最後の謎解きとして高校時代に登った霧島連山の韓国岳の名前の由来の謎を解かなければなりません。この謎は私が古代史に興味を抱くきっかけになった一つで、私にとって半世紀にわたる謎でした。韓国という字をカラクニと呼ばせるのはもともと無理があり、江戸時代頃までは虚国となっていたそうです。普通はカラクニとは加羅国と書かれたり唐国と書かれたりしますが、元は朝鮮半島の釜山近くにあった加耶のことであり加羅国、金官加耶のことです。佐賀県の唐津も同じ理由で加羅国に向かっての港という意味でついた名前だと聞きました。

　古事記には天照大神がニニギノミコトに瑞穂の国に天下って統治しなさいという天孫降臨の話が出てきます。この天孫降臨の話を自説で考えてみると、高天原のモデルとなった邪馬台国に近く、またヤマト王権が狗奴国征圧の拠点とした日向で最も神々しい山、高千穂峰を天孫降臨の地として選び、北に位置する最高峰に虚国嶽と名付け出自の痕跡を残したものだとなります。

　神武天皇が東征に当たって日向からまっすぐ東に向わず、一旦、西に向かい岡田宮に１年滞在しています。何故そのまま東征しなかったのかは古事記に記載はありません。現在の岡田宮は北九州市の黒崎駅近くですが、本来は遠賀川

305

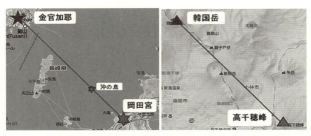

図15　金官加耶－岡田宮と韓国岳－高千穂峰の位置関係

河口に近い遠賀郡芦屋町正門町にある神武天皇社だったとのことです。神武天皇はここで1年あまり滞在して東征に向かっています。仮にそこが扶余の上陸地点だとすれば、正門町と朝鮮半島のスタート地点であった金官加耶（＝加羅国）のあった金海市を地図上で結べばその方向は高千穂峰と韓国岳の位置関係の方向と驚くほど一致します。二つの地点の距離は200キロを超えます。方向を見定められるはずがないと思われるでしょうが、磁力を持った針を木片に埋め込み水に浮かべて方向を見定めたコンパス（方位磁石）の元祖とも言うべき「指南魚」は3世紀の中国ではすでに使われていました。そして、対馬の最北端と金海市は見える距離です。その対馬の最北端と正門町の間には"沖の島"が存在します。金海市、対馬最北端、沖の島、正門町の4点は一直線に並びほぼ等距離で、それぞれは見える距離だと思われます。従って金海市と正門町との方向を定めることができることになるはずです。

テーマⅡ　新しい騎馬民族説の提案 **謎解き⑥**

高千穂峰を天孫降臨の地とした人物は韓国岳との方向がこの方向と偶然同じであることを知り、一方を天孫降臨の地とし、一方に虚国嶽の名を与えたのではないでしょうか。そして実際に扶余族が辿った岡田宮から纏向への道を神武東征としたのです。

これで私が高校時代から抱いていた半世紀にわたる謎が解けたことになります。

最後に一つだけ付け加えたいと思います。実は沖の島は朝鮮半島への航海ルートとしては最適とは言えません。立派な港も造れず、人も住めないため中継点としては相応しくはなく、秀吉も文禄慶長の役では壱岐―対馬ルートを選びました。それなのになぜ沖の島は世界遺産にまでなった膨大な遺物が出たような祭祀がなされたのでしょうか。

そのこともこれで分かるような気がします。沖の島を祖先が来た方向を示す場所として神聖なものとし、祖先に向かって祭祀を行うようになったのではないでしょうか。沖の島の祭殿の方向が分かればもっとこのことははっきりするのですが、滅多なことではこの島には渡れません。

謎解き⑥で得られた結論
四つの検証の結果は下記のようになります
① 卑弥呼の朝貢年・景初３年説にはいくつもの疑問が存在し、景初２年でも魏の帯方郡太守の存在を見出せ

るため、景初２年説が正しい。

② 『魏志倭人伝』は扶余の北部九州への来襲から征圧までを述べたとすることができる。そして『魏志倭人伝』の様々な箇所に扶余と公孫氏の存在を見出すことができ、その存在を前提にすればより合理的な『魏志倭人伝』の解釈が可能となる。

③ 邪馬台国論争の混迷が長期化した理由は陳寿が「水行10日陸行１月」を邪馬台国への旅程だと勘違いして記載したことが原因であり、そのことが『後漢書』以降の史書をより近畿説的表記にさせて現在の専門家までをも迷路に誘い込んでしまった。

④ 自説は卑弥呼が天照大神であることなど記紀の各所に見出すことができる。

結論　公孫氏と扶余の存在は司馬懿の功績を汚すため『魏志倭人伝』には登場しない。しかし、扶余と公孫氏の存在をその中に見出すことができると共にその存在抜きでは『魏志倭人伝』の解釈は困難になる。

テーマ III
全体の結論に向けて

これで私の謎解きの旅は全て終りました。結論に進みたいと思いますが、その前に旅を翻ってみて自説が本当に正しいと言えるのか改めて確認してみたいと思います。そしてそれが済んでから結論を出し、その結論から言える新たな日本誕生までの物語を語ってみたいと思います。

1 新しい騎馬民族説の妥当性

今回の旅では"騎馬民族が来た"ことを示す直接的な証拠を見つけ出すまでには至りませんでした。しかし、従来の近畿説でも専門家は鉄も絹も城柵も見つかっていないのに邪馬台国だと主張しています。それに対し、自説はわずかとはいえ木製の鐙などの証拠も見つかっており、さらに『魏志倭人伝』は扶余と公孫氏の存在があってはじめて意味の分る歴史書になります。もちろん専門家の評価は異なるものになるでしょう。しかし、これから示すようにこれまでの近畿説や九州説における邪馬台国東征説と比較して、３世紀における大きな変化とそれに続く現象を自説が一番よく説明できるのです。残すは直接的証拠が見つかることだけであり"この新しい騎馬民族説は成立しうる"と考えます。将来３世紀における馬の骨や馬具など直接的な証拠が一つでも見つかれば、私の仮説はやはり正しかったと読者の方々には改めて認めていただけるのではないでしょうか。

テーマⅢ　全体の結論に向けて

１）纏向遺跡は、３世紀に突然生じた環濠のない都市計画に基づく住居跡のない政治色の強い大規模遺跡である（纏向学研究センターのホームページの情報から見ると、実際にはそれまでの竪穴住居とは異なる形の住居跡が見つかっている）。

　①近畿説　×　②邪馬台国東征説　×　③新騎馬民族説　○

①②　弥生時代までの遺跡に都市計画に基づく竪穴住居跡のない遺跡はない。３世紀の博多湾岸の比恵・那珂遺跡の一部には整備された道路跡などが見られるが、これらの遺跡の変化は纏向遺跡とほぼ同時に生じたものであり、この遺跡の変化が纏向遺跡の変化に影響を及ぼしたとは言えない。そして、従来の近畿説や東征説では“突然生じた”の説明が難しい。

③　一方、自説では公孫氏や扶余族の集落に環濠はなく、公孫氏が都市計画に基づく街づくりを可能にしたと言える。そして扶余族や公孫氏によってそれまで日本列島にはなかった形の住居跡が見つかるようになった。

２）弥生時代に北部九州、出雲、吉備、東海などそれぞれに特徴を持った勢力圏が３世紀になって近畿勢力に統合された。

311

①近畿説 ×　②邪馬台国東征説 ×　③新騎馬民族説 ○

① 近畿説では各勢力の統合の道筋を描くことは難しく、後進地域であった近畿が先進地域であった九州をどのようにして支配下においたのか説明できない。

② 東征説では後進地域である近畿に移動する動機の説明は難しい。

③ 公孫氏の持つ権威と騎馬民族・扶余の武力と機動性で急速に統合された理由が説明できる。

3）それまで近畿にはなかった大陸色の強い鉄器や漢鏡（呉鏡を含む）などが出ている。

①近畿説 ×　②邪馬台国東征説 △　③新騎馬民族説 ○

① 近畿説ではこのことを、卑弥呼と中国との関係に見出そうとした。しかし、当時の近畿にそれまでなかった大陸との関係が卑弥呼によってなぜ突然見出せるようになったのか説明が難しい。さらに公孫氏滅亡後の記銘のある呉鏡が出てくることが説明できない。

② 九州は大陸との関係が深く、多くの鉄器や漢鏡を持っていたため、邪馬台国東征説ではこのことを一つの根拠にしてきた。しかし九州の邪馬台国は魏との関係が深く、近畿における呉鏡の存在や呉鏡を起源とする三角縁神獣鏡発生の説明が難しい。

テーマⅢ　全体の結論に向けて

③　公孫氏をベースとする自説では鉄器の説明はもちろん呉鏡の存在や三角縁神獣鏡発生の説明もできる。

４）纒向で発生した全く新たな墳墓・前方後円墳が３世紀中頃までに南は鹿児島から北は福島の内陸までの列島各地に短期間に広まり、新たな権力者の威光がそれまでにない広い範囲に届いた。そして各地の環濠集落や高地性集落などの防御型集落が急速に消滅した。

①近畿説 ×　②邪馬台国東征説 ×　③新騎馬民族説 ○

①②　従来の近畿説、九州説では新たな墳墓の誕生の原因が説明できず、また急速な変化の拡大も説明できない。

③　このことが自説の最大の根拠であり、新たな墳墓は扶余によってもたらされ、公孫氏の航海術と扶余の騎馬を利用して列島各地に行くことが可能となった。支配する上で防御型集落は邪魔であり取り除かせた。

５）近畿を中心にした銅鐸が廃棄され祭祀の方法が銅鏡を中心にしたものに変わった。そして墳墓に多数の副葬品を入れる風習に変わった。

①近畿説 ×　②邪馬台国東征説 △　③新騎馬民族説 ○

①　それまでの近畿一帯は銅鐸を中心にした祭祀を行い、

313

それを墳墓への副葬品とはしてこなかった。なぜ大幅にその風習を変えたのかの説明は困難である。

② 北部九州では鏡を中心にした祭祀を行っていたため、従来の東征説でもこのことは説明可能であり、九州説の根拠でもある。しかし、鏡の種類が異なる。

③ 多数の副葬品を墳墓に入れる風習は中国にも朝鮮半島にも見られるが、鏡を重要視する風習は見られない。しかし、女王国制圧後、倭国支配を容易にするため、その風習に倣ったとする考え方が成り立ち、公孫氏と縁の深い呉鏡系の銅鏡を使った。

6）纏向遺跡の興隆と同時に吉野ヶ里遺跡や奴国王がいたとされる須玖・岡本遺跡が衰退を始め、それに対して博多湾に近い比恵・那珂や西新町遺跡などが興隆するようになる。

①近畿説 ○　②邪馬台国東征説 ×　③新騎馬民族説 ○

① 近畿勢力が北部九州征圧にかかったとすることで説明可能。

② 東征説では本拠地だったはずの吉野ヶ里などの北部九州の遺跡をなぜ衰退させなければならなかったのかが説明できない。

③ 朝鮮半島との関係が深い扶余や公孫氏が独占的に朝鮮半島との関係を作ってしまい、直接支配した博多湾

テーマⅢ　全体の結論に向けて

岸以外の九州の遺跡が衰退を始めた。

7）4世紀後半、国造りして間もないヤマト王権が朝鮮半島に進出し高句麗と対峙するまでになった。

①近畿説 ×　②邪馬台国東征説 ×　③新騎馬民族説 ○

①② 従来の近畿説や東征説では4世紀まで国内統治に精一杯のはずであり、朝鮮半島に強い根拠のなかった倭国勢力が列島支配と併行してなぜ朝鮮半島に進出できるようになったのかの理由が説明できない。

③ 大陸出身の扶余や公孫氏は初めから朝鮮半島を拠点として活動していた。

8）5世紀前後に日本各地に騎馬文化が広まった

①近畿説 ×　②邪馬台国東征説 ×　③新騎馬民族説 ○

①② 騎馬文化の定着には高度なノウハウの取得が伴う。4世紀終盤の高句麗騎馬軍団との交戦の結果、騎馬の重要性を学んだ倭国が騎馬文化を取入れたという従来説では、時を経ずして日本各地に騎馬文化が拡がるという事象を説明できない。

③ 3世紀に騎馬民族が来たことで100年以上の時を経て日本各地に騎馬文化の礎が築かれ、そこに4世紀に大陸で発明された馬具がもたらされたことによって騎馬

315

はポピュラーなものになり、5世紀になって各地でその痕跡が見られるようになった。

2 全体の結論から言える 《日本誕生までの新しい物語》

謎解きの旅は果たして読者の皆様を目的地まで導いたでしょうか。それとも混迷に導きさらなる漂流の旅となったのでしょうか。私は無事目的地に到着したと思っています。ここでまとめに入らなくてはいけません。六つの謎解きの各々の結論から得られた。全体の結論が次の三つです。

(1) 女王国は熊本中部以北に存在した弥生渡来人の国であり、狗奴国は熊本中部以南に存在した縄文色の強い国であった。

(2) 纏向遺跡の発生とそれに続く3世紀の列島各地の大きな変化は騎馬民族の扶余と彼らに担がれた公孫氏によってなされたものである。

(3) 『魏志倭人伝』は女王国への扶余の来襲から制圧までを書き留めたものである。

そして次のことも結論に加えたいと思います。

（4）邪馬台国論争が長期化した理由は、陳寿が纒向までの旅
　　程「水行10日陸行1月」を九州にあった邪馬台国までの
　　旅程と勘違いし、それに続く『後漢書』『梁書』『晋書』
　　の著者たちがそれを拡大解釈して近畿説的記載にしたた
　　めである。

　邪馬台国論争は邪馬台国の場所を突き止めるだけの論争
ではありません。卑弥呼がどのようにして誕生し女王国が
その後どうなったのか、そして纒向の勢力がヤマト王権に
向かってどう進んでいったのかのストーリーが構築されな
ければなりません。三つの結論を踏まえて私が一番合理的
だと思う物語にしたのが次の《日本誕生までの新しい物
語》です。考古学的事実と文献とそれらから得られた事実
をベースにストーリーを構築してみました。この物語は決
してフィクションではないのです。

《日本誕生までの新しい物語》
扶余に征服された邪馬台国

扶余と公孫氏

　扶余は中国東北部を拠点に紀元前後から活動し５世紀まで続いた民族である。扶余のことを『魏志扶余伝』には「土地は五穀の栽培に適している」としており、生業は農業を中心にしたものだったが、「その国は家畜を上手に飼育し、名馬、赤い宝玉、テンや猿の毛皮、美しい淡水真珠を産出する」としている。牧畜も盛んで名馬を産出し鉄製の農器具、金銀の加工技術にも長けていたことが分かる。このことから彼らはモンゴル人に代表される遊牧民ではなく、定住型の半農半猟系の騎馬民族だったと言える。

　後漢の光武帝の時、紀元49年に扶余は初めて朝貢し帝はこれを厚くもてなした。111年に「歩兵と騎兵七、八千人で楽浪郡に侵攻し多くの民を殺傷した」と『後漢書』にあり、ここで改めて扶余が騎馬民族だったことが分かる。その時代、主要な馬具の発明は４世紀からであり、彼らの多くは裸馬に騎乗して自在に馬を操っていたことになる。後漢の支配する楽浪郡に侵攻するなどの記事があるものの、彼らは通常は後漢に服属し、その後も度々朝貢した。167年に王・夫台が２万の軍勢で玄菟郡を侵略したが太守・公孫域によって撃破、懐柔された。174年に再度朝貢し、そ

318

の後、公孫度が遼東太守になった頃、夫台の子・尉仇台はその配下となった。

　この時代中国東北部の遼東や楽浪郡を実効支配していたのは、この公孫氏という一族である。漢民族だが出自は明らかではない。その頃、中国では184年の黄巾の乱により後漢の衰退が一挙に進み、魏・呉・蜀三国による戦乱の時代に入ろうとしていた。公孫域の勢力を血縁関係のない公孫度が引継ぎ、彼が後漢から遼東太守に任命されたのは189年のことである。公孫度が死ぬとその嫡男の公孫康があとを継ぎ、彼が死ぬとその子供が幼かったこともあり公孫度の次男の公孫恭がそのあとを継いだ。しかし、公孫康の次男の公孫淵が成長すると228年にその地位を奪った。

扶余の倭国侵攻

　２世紀後半、後漢の衰退が進む中、騎馬民族である鮮卑や高句麗が強大になり、その勢いに押される形で多くの民が朝鮮半島を南下した。扶余もその一つであり、高句麗と鮮卑の間の軋轢に苦しんだため、公孫度は自分の娘を尉仇台に嫁がせ扶余への支配関係を強めた。公孫康が204年に楽浪郡の南に帯方郡を設置し、倭と韓を支配下におき、彼が朝鮮半島の南下策を強化させたことで民の南下はさらに進んだ。これら一連の出来事が原因となって３世紀になると半島南部に金官加耶が生まれ、４世紀には百済が生まれるなどの扶余起源とされる諸国家が生まれた。そして日本列島にはヤマト王権が生まれるきっかけが作られた。

２世紀末、公孫氏の南下策のもと扶余の一部は戦乱に明け暮れる中国東北部の地を捨て徐福伝承を信じ、一路ユートピア倭国を目指し南下した。馬韓・弁韓・辰韓の三韓諸国がひしめき合う朝鮮半島を素通りし、直接北部九州上陸を試みた。そこで見る倭国は彼らにとって草木の生い茂る緑に輝くフロンティアであった。しかし、そこには紀元前から続く中国での戦乱を避け、朝鮮半島経由で次々と渡来した民から構成される30もの国々があり豊富な鉄器を有していた。彼らは霊力を持つ卑弥呼を共立して立ち向かい扶余は撃退された。

　上陸を諦めた彼らは苦労しながら数年かけて瀬戸内海を東に向かい吉備に上陸し、当時列島最大の墳墓、楯築墳丘墓を造った。その時、彼らは倭人との融和策に心を砕いた。彼らの風習である殉葬では吉備に伝わる器台を大型化して特殊器台を造り生贄の代わりとした。しかし、北に位置する出雲との諍いは絶えなかった。婚姻関係まで結んだが青谷上寺地では多くが惨殺され悲惨な結果となった。

　彼らはさらに東に向かい有力勢力がいない奈良盆地に入った。途中、池上・曽根勢力や近隣に唐古・鍵勢力がいて抵抗したが、鉄器を持たない彼らは扶余の敵ではなかった。３世紀初め扶余はそれまで何もなかった纒向の地に定着し勢力を蓄え、そこに出身の地で造っていた積石型前方後円墳をベースに新たな墳墓、前方後円墳を造った。それは徐福伝承を信じて倭国を目指した彼らにとって神仙思想にあ

テーマⅢ　全体の結論に向けて

る壺の中の理想郷の具現化であった。そして特殊器台は埴輪へと変わっていった。

卑弥呼の朝貢

　纒向で基盤を固める一方で、北部九州には公孫氏の南下策に促された更なる扶余が続々到来し、女王国攻略を進めた。これら一連のできごとが『後漢書』で言う倭国大乱である。当初、彼らは玄界灘に浮かび古事記ではオノコロ島として残る小呂島や能古島などの島々を拠点としながら、博多湾岸の比恵・那珂遺跡や西新町遺跡を占領し、半島貿易の足がかりにすると共に女王国攻略の拠点とした。

　窮した卑弥呼は難升米を使いとして帯方郡に送り公孫淵に直訴を試みた。しかし、その頃公孫氏は存亡の危機にあった。中国では220年の後漢滅亡後、三国の戦いは一層激化し、互いが覇権を争う中、叔父の公孫恭からその地位を奪った公孫淵は魏と呉の双方に通じた二枚舌外交を演じていた。しかし、難升米が帯方郡に着いた頃、その二枚舌外交は終焉を迎えつつあった。

　234年、蜀の諸葛亮の死で余裕が出来た魏の明帝は司馬懿に公孫氏征討を命じ、両者は遼東半島の付根に位置する遼隧で対峙した。戦いを前に明帝は司馬懿に戦略を聞いた。そのことから公孫淵が城を捨て南に逃走する恐れがあることを知った明帝は彼の退路を断つ目的で楽浪郡と帯方郡に密かに太守を送った。太守は遼東にいる公孫氏に気づかれないよう、洛陽を出て山東半島から黄海を横切り船で

321

帯方郡にやって来た。

　景初２年（238）６月、難升米は密かに送られて来た帯方郡太守・劉夏に朝献を求めた。事の重大さを知った劉夏は難升米を皇帝に会わせることにした。遼東での戦火を避けるため来た道の逆ルートで黄海を横切り魏の都・洛陽に向かい、その年12月難升米の明帝への謁見が叶った。公孫氏を滅ぼしたその背後から突然現れた卑弥呼の使いに明帝は大いに喜び破格の待遇をし、直接詔書し扶余との攻防に鑑み卑弥呼に倭王の地位を授け金印を与えた。難升米にも武官の地位と銀印を与えた。しかし、明帝は年が改まった景初３年１月22日に崩御する。次皇帝には８歳の曹芳が即位し、司馬懿と大将軍・曹爽が幼帝を補佐することになった。

　明帝の喪が明けた正始元年（240）、魏は帯方郡に指示を出し、卑弥呼への返礼と扶余の侵攻状況偵察のため梯儁らが送られた。卑弥呼は戦乱を避け南の邪馬台国に逃れていた。使節は扶余の占領が進んだ博多湾岸を避け伊都国に留まり、そこで卑弥呼に印綬を奉じて拝仮すると共に倭国の自然や風俗をつぶさに調べ、扶余との攻防状況を間近に見た。戦いは激しいものではなかった。しかし、ほとんどの倭人にとって馬は初めて見る大型動物であり、騎乗の武人に恐れおののく様は使節には滑稽とさえ映った。

　そして馬に対する国として対馬、馬を忌み嫌う国として邪馬台国、馬を投げる国として投馬国などと国名に馬の字

テーマⅢ　全体の結論に向けて

を当て、さらに伊支馬、弥馬升、弥馬獲支など、扶余に対する官名として馬の字を使い倭人伝に残した。

　その後、魏と女王国との密接な関係は続き、同4年には倭から大夫・伊声耆ら八人の使節が朝貢、奴隷や最高級の絹織物などを献上し魏は彼らに印綬した。その使節の報告を受けて同6年、魏は倭国が扶余に対して威厳を示すことができるようにするために難升米に黄幢（錦の御旗）を仮授し、黄幢は帯方郡まで運ばれた。

公孫氏の倭国支配

　少し時間を戻した景初2年6月、司馬懿の軍4万は遼隧で公孫淵の軍数万と対峙した。公孫淵はこの戦いの前に、呉の孫権に助けを求めたが、呉は前回使者を殺された恨みから、嫌味を書いた書簡を送り返した。しかし、それでも魏への牽制には役立つとみて、援軍を差し向けることにした。だがこの援軍は間に合わず、景初2年8月23日、公孫氏一族は司馬懿に滅ぼされた。彼は遼東が再び反旗の温床にならないよう公孫氏一族の15歳以上の男子7千人を殺害した。しかし前太守の公孫恭のみはそれまでの魏への忠義を認め許した。

　翌景初3年、呉の援軍は遅れて遼東に到着した。すでに公孫氏一族は魏によって滅ぼされ彼らは援軍としての働きはできず、遼東の地で略奪の限りを尽くした。そしてそこで見つけたのはただ一人生き残った公孫恭だった。公孫恭は呉軍に対し倭国に向かった扶余のもとに送られることを

323

望んだ。そして呉も将来倭国が魏に対する背後の備えになることを期待して彼の望みを叶えた。公孫恭は海を渡り扶余を頼って纏向に落ち延び、担がれてその地の王となった。数年後、連綿と続く扶余の攻勢で鉄のルートを絶たれた女王国の弱体化が進む中、公孫恭は卑弥呼に倭王の地位を求めた。さらに、予てより卑弥呼と不仲である狗奴国に呉からもらった金メッキの銅鏡・鎏金獣帯鏡を贈り南から攻めさせた。狗奴国は現在の熊本の中部を流れる緑川以南にあった国である。狗奴国はかつて遼東太守であった公孫氏に朝貢していたが、その朝貢相手からの要求と南北挟み撃ちに卑弥呼はいよいよ窮し、正始8年、魏に再度救いを求めた。

　公孫恭の倭国支配への動きは魏にとって全くの想定外だった。公孫恭の背後に呉がいることを知った魏は、危機感を強め卑弥呼の求めに応じ、武官・張政に直接黄幢を持たせ急ぎ支援に向かわせた。しかし張政が着いた時、卑弥呼は亡く、女王国は扶余の支配下となっていた。

　扶余は卑弥呼のために大きな冢（棺を覆う程度に土を盛った墓）を造り、彼らの風習に従い、多くの奴婢による殉葬で弔った。続いて公孫恭は卑弥呼に代わって倭王の地位に就こうとした。しかし倭の国々はそのことに激しく抵抗し多くの死者が出た。そこで彼は卑弥呼の縁者である13歳の台与を女王に仕立てて国々を鎮めた。その時、女王国は完全に公孫氏の支配下となり、纏向政権の傀儡となった。

テーマⅢ　全体の結論に向けて

台与と公孫恭は怒れる張政に20人の使者と30人の奴隷や貢物を持たせ丁寧に魏に送り返した。そして10年にわたる女王国と魏との交流はここで一旦途絶えてしまう。

ヤマト王権から日本誕生まで

　倭国が中国に再び朝貢するのは魏から晋となった翌年の泰始2年（266）11月である。孫権が死に呉の弱体化を見た纏向政権は倭王・台与と共に魏に使節を送った。しかし、それは期せずして晋誕生後となった。公孫恭の後を継いだ男王は台与と共に爵位を得て正式に倭王となった。ヤマト王権の誕生である。しかし使者は自らを派遣した主人が公孫氏であることにはもちろん触れなかった。倭王・台与を前面に出し邪馬台国すなわち倭国の使者として振舞った。

『三国志』の編者である陳寿は元は蜀の人だが、蜀が滅んだ後、268年から晋に仕え『三国志』の編纂を始めた。彼は使者には会えなかったが、直接会って話を聞いた役人から詳しい倭国の情報を聞くことができた。使者は博多から纏向までの旅程「水行10日陸行1月」を言い残していた。陳寿は倭国の地理なぞ知る由もなかった。記録にある邪馬台国は伊都国や奴国などの玄界灘沿いの国々から遠くはないという記載をそのままに、矛盾のある旅程を挿入してしまった。陳寿は九州の邪馬台国と纏向に出来たばかりのヤマト王権とを混同してしまったことになる。

　それに続く『後漢書』の著者・范曄や『梁書』の著者は邪馬台国とヤマト王権の混同をさらに増大させてしまい、

325

その後の日本の歴史家をも迷路に導き邪馬台国論争が300年続くきっかけを作ってしまった。

『魏志倭人伝』には公孫氏や扶余の名前は一切ない。それは司馬懿が公孫恭を許したことが彼にとって大きな失敗となったためである。司馬懿は晋の初代皇帝・司馬炎の祖父であり、晋誕生の最大の功労者であった。そして高祖・宣帝として追号された国父である。国父の失敗を晋の国史である『三国志』に残すことはできない。

その後、ヤマト王権は百年以上にわたって列島内の覇権確立に勤しみ、中国の史書の中からは遠ざかった。そして倭王としての地位を確実な物とするため、女王国の風習を全て見倣った。卑弥呼を祖先神「天照大神」として崇め、祭祀の道具として鏡を使い、銅鐸は破棄させた。纏向に中国風の本格的都市を造ると共に、列島支配を推し進め、統治の障害となる集落の環濠をやめさせ、権威を示すため各地に前方後円墳を造った。そして連れてきた呉の鏡師・陳氏に三角縁神獣鏡を作らせ、有力者に下賜した。

領土拡大には馬と共に公孫氏が呉からもたらした航海術を利用した。馬を船に乗せ各地に赴き、馬に船を曳かせて川を遡り、馬の背に食料を積み内陸深く歩を進めた。列島各地の倭人はこれまで見たことのない大きな動物に驚き、馬上から見下ろす武人を神として恐れおののき服従した。そして4世紀末になると朝鮮半島への回帰も進め、加耶や百済との連携を強め、5世紀には中国王朝にその覇権承認

テーマⅢ　全体の結論に向けて

を求めるまでになった。その後、数度の政変はあったが、ヤマト王権は全国制覇を確実に進めた。

　転機は663年の白村江の敗北後にやって来た。ヤマト王権は朝鮮半島からの完全撤退に追い込まれた。軸足を列島に移すため、記紀では半島出自の痕跡を消し国名を日本とし大王は天皇と名乗ることにした。天孫降臨の地として霧島で最も神々しい山、高千穂峰を選び、北に位置する最も高い山に虚国嶽（金官加耶＝加羅国⇒韓国岳）の名称をつけ出自の痕跡とした。そして、日向から九州東海岸を北上し、扶余が北部九州来襲後に辿った玄界灘を臨む岡田宮から吉備を経て纏向に至るまでの行程を神武東征として綴った。

　　　　　　　　　　　　　　　　　　　　　　—完—

エピローグ

　プロローグで述べたように、私が古代史に取り組んだ動機の一つに韓国人と日本人の国民性の違いが何故生じたのかに興味を抱いたことがあります。一つだけエピソードを紹介したいと思います。

　韓国の大邱広域市は人口250万の大都会ですが、ソウルや釜山と異なり、多くの日本人のいる町ではありません。大きな田舎町と言った所でしょうか。私は定年退職後1年近く経ってその町の大学に勤め始めました。

　1カ月が過ぎた頃のことです。夫婦で買い物に行くのにアパート近くのバス停に向かっていると、ちょうど目的地に行くバスが来たので、急いで飛び乗りました。バスはほぼ満員状態でした。人をかき分けて少し奥の方に進もうとした時、運転手さんがマイクをつけたまま恐らく私達に向かって怒鳴りだしたのです。満員のバス全体に怒鳴り声が鳴り響き渡りました。最初は彼が私らを怒鳴っていると分からず、きょろきょろしていましたが、どうも私らに間違いないようです。

　韓国語は全く理解できないし、何故？と自問してみました。ICカードをタッチしなかった？　いや確かに触ったし、反応もあった。運転手さんにカードを示してみました

が、やはりそのことではなさそうです。意味が分からず、ボーッとしていると怒鳴り声はドンドン大きくなっていき、一つ停留所を過ぎても、その次を過ぎてもますます大きくなるばかりです。妻は心臓がドキドキしてきたと言って人をかき分けて奥の方に行ってしまいました。私が勤めていた会社でも情熱的な人が多勢いて若い頃は激しい言葉で随分怒鳴られたものです。しかし、今回はそんなものではありません。その怒鳴り声からは、これまで経験したこともないような激しい憎悪と怒りを感じます。

　こりゃあ、やばい！　私らが日本人だからか？　色々考えていましたが、いくつかバス停を過ぎても怒鳴り声は収まりません。とうとう運転手さんが業を煮やしたのでしょうか、満員バスの乗客に対して、誰か日本語の分かる人間はいないのかと呼びかけたようです。バスの後方から日本語の分かる若者が人を押し分けて進みでてきてくれました。

　私：この運転手さん、何を言っているのですか？

　若者：どこに行きたいのか聞いています。

　私：えっ？（しばし、ぼう然）あの〜、ホームプラス（スーパーの名前）に行きます。

　若者：はい、それなら間違っていないそうです。

　私：（またしばし、ぼう然？）

　どうやら運転手さんは私らが慌ててバスに飛び乗ったので、行き先を間違っていないのか心配してくれていたようです。目的のバス停に着くと、運転席を立ってわざわざ出

口ドアまで見送りに来てくれました。そしてこのバス停だよという風に親切にニコニコしながら二人の肩を両手でポンと叩いたのです。

　あの怒鳴り声は一体何だったのでしょうか。その後の3年近い韓国滞在でこれほどの人には出会いませんでした。しかし、多くの韓国人は個性豊かです。思っていることを口にし、行動に移すことへのためらいは日本人よりははるかに少なく、自分の行動に堂々としている姿は羨ましくも感じました。一方で、毎週通った教会で1度も「アンニョンハセヨ！」以外の言葉を聞くことができなかった静かな人もいました。

　総じて情に篤い人が多いと思います。色々と親切で、何かと私達に世話をしてくれました。東日本大震災の時も心から心配してくれて、孫たちを韓国によこせとしきりに言ってくれたのです。

　このように両国の国民性の違いは確かにあると思われます。しかし、国民性をこうだと決め付けることは非常に危険です。先ほどの運転手さんも自分の子供の頃いた近所のコワ〜イが、人情味あふれるおじさんと変わらなかったのかも知れません。昔は日本にも個性豊かな人が多勢いました。韓国も学生達を見ると大人達とはだいぶ異なります。

　韓半島の歴史に詳しいわけではありませんが、最下層から日本のトップにまで上り詰めた秀吉のような人物は朝鮮

エピローグ

史の中にいないようですし、西郷隆盛のような下級武士が成し遂げた革命もありませんでした。朝鮮の歴史と日本の歴史の一番の違いはその辺りにあるように感じます。そしてそのことが両国の国民性の違いを生んだ要素になっており、自説がそのことを考える何らかのヒントになるのではないかと考えています。

　最後にこの本の編纂に向けてご協力いただいた多勢の方々に感謝の言葉を述べなければなりません。中国や韓国の２度のツアーに同行され、バスの中でいくつものユニークな考えをご披露いただいた石野博信先生。多くの議論の場を提供していただいた鷲崎会長を初めとする全国邪馬台国連絡協議会の方々や、東アジアの古代文化を考える会の方々。大宮の喫茶店で長々と議論した埼玉県立歴史と民俗の博物館友の会のお二人と、その長い議論の間に差し入れを提供して下さった喫茶店の奥さん。自説に本格的な発表の場を提供していただいた古代史教養講座代表の齊藤さんと世話人の方々。

　そして自説発案のきっかけとなる古代史講座を提供していただいた舎人倶楽部の方々と、講座修了後の懇親会で議論を投げかけご迷惑をおかけした先生方。自説の強化にとって有力な説を提供していただいた山科さんや淤能碁呂太郎こと山口哲也さん。素案に目を通していただきご指導いただいた壱岐一郎先生。原稿に素人目線から鋭い問いかけ

331

をしてもらった高校時代からの友人で霧島に誘ってくれた村上君や歴史の会で知り合った犬塚さん。そして図の作成に協力してくれた鶴さんを始めとするホンダの同期入社のみんな。

　私と議論をした中には不快な思いをされた方々も多勢いらっしゃるかと思います。ここにお詫びすると共に御礼を申し上げたいと思います。ありがとうございました。

　　　令和元年夏

　　　　　　　　　　　　　　　　　　　　　槌田　鉄男

付録：『魏志倭人伝』・注解

付録：『魏志倭人伝』・注解

『魏志倭人伝』の解釈には未だ定まったものはありません。しかし、謎解き１で検証したようにこの史書は信頼できるものであり、できるだけ原書に近い形で書き下ろすべきだと思います。「景初２年」を「景初３年」としたり、「東治」を「東冶」の誤りとするような行為は避けなければいけません。ここに書かれた『魏志倭人伝』は2014年10月の吉野ヶ里史跡公園開催のイベントで掲示されていた文章（恐らく紹興本を元に書き下ろしてある）をベースに松尾光氏著『魏志倭人伝』や渡邉義浩氏著『魏志倭人伝の謎を解く』などを参考にしながら、一番原文に忠実と思われる形にしたものです。その上で注釈文には自説も織り交ぜています。項目ごとに仕切っていますが、原文は空間も句点もなく漢字のみが並んでいます。

倭人の住む国の紹介

　倭人は帯方[1)]の東南大海の中に在り、山嶋[2)]に依りて国邑を為す。舊百余国[3)]。漢の時朝見する者有り。今、使訳通ずる所三十国[4)]。

　1)帯方郡のこと。2)九州島のこと。3)紀元前１世紀の頃の倭のことを書いた『漢書』地理志に百余国があり定期的に朝見していたことが出てくる。4)奴国が２度出てくるが倭

国（＝女王国）は、それを含めてちょうど30国になる。しかし、30の国は倭国または女王国に属した国とはなっていないため、狗奴国が朝貢していたことを考慮すると狗奴国を含めて30の国でなければならない。そうすると２度目に出てくる奴国は狗奴国の勘違いの結果書かれた国だとも考え得る。

対馬海峡に位置する国々（狗邪韓国・対馬国・一大国）

郡[1]より倭に至るには、海岸に循って水行し、韓国[2]を歴るに、乍ち南し乍ち東し、其の北岸狗邪韓国[3]に到る七千余里[4]。始めて一海を度り、千余里にして、対馬国に至る。其の大官を卑狗[5]と曰い、副を卑奴母離[6]と曰う。居る所は絶島にして、方四百余里可り。土地は山険しく、森林多く、道路は禽鹿[7]の径の如し。千余戸有るも、良田無く、海物を食らいて自活し、船に乗りて南北に市糴[8]す。又た南へ一海を渡ること千余里、名づけて瀚海[9]と曰い、一大国[10]に至る。官を亦た卑狗と曰い、副を卑奴母離と曰う。方三百里可り。竹木・叢林[11]多く、三千許りの家有り。差田地有るも、田を耕すに猶食らうに足らず、亦た南北に市糴す。

1)帯方郡のこと、現在のソウル近くにあったとする説が有力。

2)三韓（馬韓・辰韓・弁韓）の中で、ここでは馬韓のことか。

3)弁韓12国の中の一つで、現在の釜山市近くの金海市にあった。4)『魏志倭人伝』では１里70〜80メートルの短里説をとるのが一般的。5)彦の意味か、男子の美称。6)防衛武

官のこと。7)鳥や鹿。8)米を物色して買い入れること。米や鉄などの交易。9)広い海。ここでは玄界灘。10)壱岐の島にあった国。原ノ辻遺跡か？　11)やぶや林。

玄界灘沿いの国々（末盧国・伊都国・奴国・不弥国）

又た一海を渡り、千余里にして、末盧国[1]に至る。四千余戸有り。山海に浜うて居り、草木茂盛し、行くに前人を見ず、好んで魚鰒[2]を捕え、水の深浅と無く、皆沈没して之を取る。東南に陸行すること五百里、伊都国[3]に到る。官を爾支と曰い、副を泄謨觚、柄渠觚と曰う。千余戸有り。世よ王有るも、皆女王国に統属し、郡使[4]の往来に常に駐まる所なり。東南して奴国[5]に至る百里。官を兕馬觚と曰い、副を卑奴母離と曰う。二万余戸有り。東行して不弥国[6]に至るに百里、官を多模と曰い、副を卑奴母離と曰う。千余家有り。

1)現在の唐津市か？　同じ唐津市でも上陸地点は呼子辺りとも考えられる。2)魚やアワビ。3)福岡県糸島市のうち旧怡土郡のこと。4)帯方郡の使者。5)福岡県春日市の須玖岡本遺跡が有力。6)現在の福岡県糟屋郡宇美説や飯塚市説がある

投馬国と邪馬台国

南して投馬国[1]に至るに、水行二十日。官を弥弥[2]と曰い、副を弥弥那利[3]と曰い、五万余戸可り。南、邪馬壹国[4]に至り、女王の都する所にして、水行十日、陸行一月。官に伊支馬有り、次を弥馬升と曰い、次を弥馬獲支と曰い、次

335

を奴佳鞮と曰う。七万余戸可り。

1) 自説では宮崎県児湯郡新富町川床遺跡周辺。周辺に「妻」
や「都萬」の地名がある。薩摩という説もある。2) 3) 記紀
や風土記によれば「みみ：耳」は九州に多い人名。耳とは
王の耳目になる人という説もある。4) 『魏志倭人伝』では
臺（台）ではなく、壹（一）となっている。

遠絶で詳らかにできない21国

女王国自り以北、其の戸数道里得て略載す可きも、其の
余の旁国は遠絶にして、得て詳かにす可からず。次に斯馬
国有り、次に已百支国有り、次に伊邪国有り、次に都支国
有り、次に弥奴国有り、次に好古都国有り、次に不呼国有
り、次に姐奴国有り、次に対蘇国有り、次に蘇奴国有り、
次に呼邑国有り、次に華奴蘇奴国有り、次に鬼国有り、次
に為吾国有り、次に鬼奴国有り、次に邪馬国有り、次に躬
臣国有り、次に巴利国有り、次に支惟国有り、次に烏奴国
有り、次に奴国[1]がありて、此れ女王の境界の尽くる所な
り。

1) 何故、奴国が2度出てくるか不明。同じだとすると20国
になる。自説では2度目の奴国は隣接する狗奴国と混同し
たと考えられる。

狗奴国（王、官職、風俗・風習）

其の南に狗奴国[1]有りて、男子を王と為し、其の官に狗
古智卑狗有り、女王に属さず。郡より女王国に至る萬二千
余里[2]。男子は大小と無く、皆黥面文身[3]す。古より以来、

336

其の使中国に詣るや、皆自ら大夫[4]と称す。夏后小康[5]の子、会稽[6]に封ぜられ、断髪文身して、以て蛟龍[7]の害を避けしむ。今の倭の水人、好んで沈没して魚蛤[8]を捕え、文身し亦た以って大魚・水禽[9]を厭わしむるに後、稍以て飾と為す。諸国の文身各おの異り、或いは左にし或いは右にし、或いは大にし或いは小にし、尊卑[10]差有り。其の道里を計るに、当に会稽の東治[11]の東に在るべし。

1)「くどこく」とも呼ぶ説もある。その場合、奴国は「どこく」と呼ぶことになる。2) 1万2000里。3)身分の上下に関係なく顔に入れ墨をしている。4)国内の諸王・諸侯の身分。5)夏王朝の第6代の王。6)今の浙江省紹興市に設置された郡。7)蛇と龍の混血をなし4脚を持ち、毒気をはいて害する。8)魚や二枚貝。9)水鳥。10)身分が尊いことと卑しいこと。11)自説（3－1）参照。夏王朝を建てた禹が死を前に最後に選んだ場所。そこに始皇帝が石碑を建て彼を祀り、海の方（東）を向いて天下を治めることを誓った。

女王国の風俗（衣装、稲、織物、動物、武器）
其の風俗淫ならず。男子は皆露紒[1]し、木綿を以って頭に招く。其の衣は横幅、但だ結束して相い連ね、略ね縫ふこと無し[2]。婦人は被髪屈紒[3]し、衣を作ること単被の如く、其の中央を穿ち頭を貫きて之を衣る[4]。禾稲[5]・紵麻[6]を植え、蚕桑、緝績[7]し、細紵・縑緜[8]を出だす。其の地には牛・馬・虎・豹・羊・鵲無し[9]。兵には矛・楯・木弓を用う。木弓は下を短く上を長くし、竹箭[10]は或いは鉄鏃、

337

或いは骨鏃にして、有無する所、儋耳・朱崖[11]と同じ。

1)冠をかぶらず、2)木綿の布を頭に巻いている。衣は幅の広い布を束ねるだけで、縫うことはしない。3)おさげ髪を結うこと。4)貫頭衣を着ている。5)穀物の稲。6)麻布。7)桑で蚕を育て紡績すること。8)カトリキヌで作った上質で細やかな絹布。9)うし、うま、とら、ひょう、ひつじ、かささぎがいない（1－2参照）。10)竹の矢。11)現在の海南島にある地名。

女王国の風俗（生野菜、就寝、化粧、葬儀）

倭の地は温暖にして、冬夏生菜[1]を食し。皆徒跣[2]なり。屋室有り、父母兄弟、臥息するに処を異にす[3]。朱丹を以て其の身体に塗ること、中国が粉を用うるが如きなり[4]。食飲には籩豆[5]を用ひ、手ずから食す。其の死するや棺有りて槨[6]無く、土を封りて冢[7]を作る。始め死するや喪を停むること十余日、時に当りて肉を食らわず、喪主哭泣し、他人就きて歌舞飲酒す。已に葬れば、家を挙げて水中に詣りて澡浴[8]し、以て練沐[9]の如くす。

1)壱岐の原の辻遺跡で人に寄生する寄生卵が見つかり、生野菜を食べていた証拠とされる。2)裸足。3)父母兄弟が寝るときは場所を別にしている。4)水銀朱などで体を赤く塗ることは中国でおしろいを使うようなものだ。5)木製の高坏。6)墓室内部の棺を安置する施設。7)土を盛った墓。8)水中でのみそぎ。9)中国で一周忌に練絹を着て沐浴する

付録：『魏志倭人伝』・注解

航海の際の持衰の役割

其の行来・渡海して、中国に詣るには、恒に一人をして、頭を梳らず、蟣蝨を去らず[1]、衣服垢汚し、肉を食らわず、婦人を近づけず、と喪人の如くせしむ。之を名づけて持衰[2]と為す。若し行く者吉善なれば、共に其の生口・財物を顧み[3]、若し疾病有り、暴害に遭えば、便ち之を殺さんと欲す[4]。其の持衰謹まずと謂えばなり。

1)しらみを取らない。2)衰は喪服のこと。喪服をつけ災害をよける祈りを行う人。3)航海が成功すれば奴隷や財物を与えた。4)病気になったり、暴風雨などにあえば殺した。

産物・植物

真珠・青玉[1]を出だす。其の山には丹[2]有り。其の木には柟、杼、豫樟、櫲、櫪、投・橿、烏號、楓香[3]有り。其の竹には篠・簳、桃支[4]あり。薑、橘、椒、蘘荷[5]有るも、以て滋味と為すを知らず[6]。獼猴、黒雉[7]有り。

1)ヒスイ：糸魚川産がほとんど。2)水銀（赤色顔料）。3)くすのき、とち、くすのきの一種、ぼけ、くぬぎ、すぎ、かし、やまぐわ、かえで。4)ささ、やたけ、ふじ。5)しょうが、たちばな、さんしょう、みょうが。6)よい味であることを知らない。7)大猿、黒い羽のキジ。

占いの風習

其の俗、事を挙ない行き来し、云為する所有れば[1]、輒ち骨を灼きて卜し、以て吉凶を占うに、先ず卜する所を告げ[2]。其の辞は令亀の法の如く、火坼を視て兆を占う[3]。

339

1)行事を行ったり、行き来する時や決定的な発言を実行し
ようとする時は、2)骨を灼いて占いを行う時はまず占いを
することを告げる。3)その言葉は（中国の）令亀法のよう
で火で焼かれてできた骨のひびや裂け目の状態をみて占う。

風俗（男女差）・法治

其の会同・坐起[1]するには、父子、男女の別無く、人性
酒を嗜む[2]。（魏略[3]に曰く、その俗正歳四節を知らずた
だ春耕秋収を記して年紀となすのみ[4]。）大人[5]の敬される
所を見れば、但だ手を搏ちて以て跪拝に当つ。其の人の寿
考、或いは百年、或いは八・九十年[6]。その俗、国の大人
は皆四、五婦、下戸も或いは二、三婦。婦人淫せず、妬忌
せず。盗竊せず、諍訟少なし。其の法を犯すや、軽き者
は其の妻子を没し、重き者は其の門戸を滅す。及た宗族の
尊卑、各おの差序有りて、相臣服するに足る。租賦[7]を収
む、邸閣[8]有り、国国に市有り、有無を交易し、使大倭[9]、
之を監す。

1)集まって立ち振舞う。2)親子や男女の区別はなく人々は
酒をたしなむ。3)魏の末期頃に書かれたと思われる史書。
いくつかの史書の中に散逸文が残っている。4)（　）内は
宋の歴史家、裴松之（372〜451）の注（正しい1年を知らず、
春耕と秋収の2時点を記して年を数えた。1年にふたつ歳
をとることになる）。5)倭国には身分制度があって大人の下
に下戸がいた。6)4)の理由から2倍になっているという説
がある。7)租税・賦役。8)物資を貯蔵する倉庫。9)市場交

易の監視官。

女王国の治世

女王国の以北には、特に一大率[1]を置きて、諸国を検察し、諸国之を畏れ憚る。常に伊都国に治し、国中に於いて刺史[2]の如き有り。王使いを遣わして京都[3]・帯方郡・諸韓国に詣り、及た郡の倭国に使するや、皆津[4]に臨みて捜露し、文書・賜遺の物を伝送して女王に詣り、差錯するを得ず[5]。下戸、大人と道路で相逢えば、逡巡して草に入り[6]、辞を伝え事を説くに[7]、或いは蹲り或いは跪き両手は地に拠り、之が為に恭敬[8]す。対応の声を噫と曰い、比するに然諾[9]の如し。

1)諸国の検察の役割を持つ女王が派遣した重要な官職。2)地方における監察・民政・軍事を掌る監察官。3)魏の都・洛陽。4)港。5)臨検して確認し、伝送する文書と、下賜される品物を届ける際に間違いのないようにさせる。6)後ずさりして草むらに入る。7)言葉を伝え、説明する際は、8)つつしみ、敬うこと。9)引受けること。承諾。

卑弥呼の王権

其の国、本と亦た男子を以って王と為し、住まること七・八十年、倭国乱れ、相攻伐すること歴年[1]、及ち共に一女子を立てて王と為す。名づけて卑弥呼[2]と曰う。鬼道[3]に事へ、能く衆を惑わし、年已に長大[4]なるも、夫婿無く、男弟有りて、佐けて国を治む。王と為りてより以来、見る有ること少なり。婢千人を以って自ら侍せしめ、唯、男子

一人有りて飲食に給し、辞を伝えて出入す。居処の宮室・楼観[5]・城柵、厳しく設け、常に有りて、兵[6]を持して守衛す。

1)中国では7、8年のこと。2)ヒメコ、ヒムカの説もある。

3)二つの説がある。朝鮮半島の「鬼神」「天神」につなげるもの。中国の道教とみる考え方。4)三十代半ば。5)見張り櫓。

6)武器のこと。

女王国以外の倭人の国

女王国の東、海を渡ること千余里にして、復た国有り、皆倭種[1]なり。又侏儒[2]の国有りて、其の南に在り、人の長三・四尺、女王を去る四千里。又裸の国・黒歯の国有りて、復た其の東南に在り、船行すること一年にして至る可し。倭の地を参問するに、海中洲島の上に絶在し、或いは絶え或いは連なりて、周旋五千余里可り[3]なり。

1)九州を70〜80キロ隔てた本州、又は四国にも国がありそこにも倭種（自説では扶余族）が住んでいる。2)こびと。

3)周囲が5千余里（他に狗邪韓国から女王国までの距離など諸説あり）。

一回目の卑弥呼の朝貢の経緯

景初二年六月[1]、倭の女王大夫難升米等を遣わして郡[2]に詣らしめ、天子に詣りて朝献せんことを求む。太守劉夏、吏を遣わし、将て送りて京都に詣らしむ[3]。

1)景初2年（238）6月：6-1参照。2)帯方郡。3)帯方郡太守・劉夏は使者を派遣して（難升米たちを）魏の都・洛陽

付録：『魏志倭人伝』・注解

に送り届けた。

明帝の詔その1（卑弥呼への詔）

其の年十二月、詔書して倭の女王に報じて曰く、「親魏倭王卑弥呼に制詔[1]す。帯方太守劉夏使い遣わして汝が太夫難升米・次使都市牛利を送り、汝が献ずる所の男生口[2]四人・女生口六人・斑布[3]二四二丈を奉じて以って到らしむ。汝が在る所踰かに遠きも、及ち使を遣わして貢献するは、是れ汝の忠孝、我れ甚だ汝を哀しむ。今汝を以って親魏倭王[4]と為し、金印紫綬を仮え[5]、装封して帯方の太守に付して汝に仮授せしめん。其れ種人を綏撫し、勉めて孝順を為せ[6]。

1)天子の命令。みことのり。2)奴婢。生身の人間という意味。特殊技能者という説もある。3)絣のような模様の入った布。かすった模様を織かすり、染め出したものを染かすりという。森浩一氏はこれが久留米絣に繋がっていったのではないかと言っている。4)魏の皇帝から贈られた爵号。魏の外臣として冊封体制下に組み込まれたことの証拠。その地位は西方民族の大国「大月氏王」に授けられたのと同等で最高という説がある。5)金印と紫綬は連携して初めて格式を保つ。綬は印を腰に下げるため、組紐状に織った長い帯が綬で、その綬に細長い組紐を取り付け、印のつまみに通して使用した。綬の色が爵位の格式を示し、紫は最高のものと言われる。6) 6−2の4)を参照。

343

明帝の詔その2 （難升米など使いへの詔と下賜品）

汝が来使難升米・牛利、遠きを渉り、道路に勤労せり、今、難升米を以って率善中郎将[1]と為し、牛利を率善校尉[2]と為し、銀印青綬[3]を仮え、引見労賜し還らしめん。今絳地の交龍錦[4]五匹・絳地の縐粟罽[5]十張・蒨絳[6]五十匹、紺青[7]五十匹を以って、汝が献ぜし所の貢直に答う。又た特に汝に紺地の句文錦[8]三匹、細班華罽[9]五張、白絹五十匹、金八両、五尺刀[10]二口、銅鏡百枚、真珠、鉛丹[11]各おの五十斤を賜い、皆装封して難升米、牛利に付して、還り到りて録受せしめん。悉く以って汝が国中の人に示し、国家の汝を哀む[12]を知らしむ可く、故に鄭重に汝に好物[13]を賜うなり」と。

1)、2)両方の爵位とも二千石、群守と同じ高い地位。中郎将は漢では内臣の武官のみだったが、魏が初めて倭と韓の首長に任じた。特に倭に対して大夫難升米や掖邪狗等八人の比較的低い地位のものに高い爵位を与えたのは異例。6-2の5)を参照。3)金印紫綬に次ぐ格式をもつ。4)深紅の地に二匹の龍または蛟龍の模様を織りだした錦。5)深紅の地に細密な添毛の小紋を織り出した毛織物。6)茜に染め上げた平織りのうすぎぬ。7)濃い藍色に染め上げた平織りの帛。8)紺地に曲線文を織り出した錦。9)細密なまだらの華文を織り出した毛織物。10)120センチのおそらく素環頭大刀。11)酸化鉛の赤色顔料。12)魏が汝を大切に思っている。13)入手を欲した特産物。

付録：『魏志倭人伝』・注解

一回目の魏から倭国への使節

正始元年、太守弓遵・建中校尉・梯儁等を遣わして、詔書、印綬を奉じて、倭国に詣らしめ、倭王に拝仮し、并せて詔を齎し、金、帛、錦罽、刀、鏡、采物を賜う[1]。倭王、使に因て上表し、恩詔に答謝す[2]。

1) この時の使節は明帝から仮授された詔書や印綬と共に下賜されたものを卑弥呼に届けにきた。2) 倭王・卑弥呼は使者に託して上表し、恩詔に答謝した。

二回目の卑弥呼の朝貢

其の四年、倭王、復た使の大夫・伊声耆、掖邪狗等八人を遣わし生口、倭錦、絳青縑[1]、緜衣[2]、帛布、丹木弣（元は「犭」けものへん）短弓[3]、矢を上献せしむ。掖邪狗等、率善中郎將の印綬を壱拝す。

1) 玉虫織の薄手の絹織物。2) 真綿の服。3) 赤い木のつかの短い弓。

黄幢の仮授

其の六年、詔して倭の難升米に黄幢[1]を賜い、郡に付して仮綬せしむ[2]。

1) 黄色の軍旗。戊辰戦争での錦の御旗と同じ。2) 帯方郡に託して仮授させた。

二回目の魏の使節・狗奴国との攻防

其の八年、太守王頎、官に至る。倭の女王卑弥呼、狗奴国の男王卑弥弓呼[1]と素より和せず、倭の載斯、烏越等を遣わして郡に詣らしめ、相攻撃する状を説く。塞曹掾史[2]

345

張政等を遣し、因って詔書、黄幢を齎し、難升米に拝仮せしめ、檄を為りて告喩す。

1)「卑弓弥呼」ヒコミコの誤りで、男性であるからヒミコの対称としたという説が有力。2)帯方郡太守のもとの武官。

卑弥呼の死と台与の女王即位

卑弥呼以て死し[1]、大いに家を作るに、径百余歩[2]、徇葬する者は、奴婢百余人。さらに男王を立つるに、国中服せず。更ごも相誅殺し、時に当りて千余人を殺す。復た卑弥呼の宗女壹与[3]、年十三なるを立てて王と為し、国中遂に定まる。政等、檄を以って壹与に告喩す。壹与、倭の太夫・率善中郎将・掖邪狗等二十人を遣わし、政等の還るを送らしめ、因って臺[4]に賜り、男女生口三十人を献上し、白珠五千孔、青大勾珠[5]二枚、異文雑錦[6]二十匹を貢ぐ。

1)「以て」は自然死には使われないとされる。6-2の3)参照。2)「百」は大きいの意味。3)壹（一）なのか臺（台）なのか不明。4)魏の朝廷、ここでは臺（台）が使われており、壹（一）と区別しているように思われる。5)ヒスイの大勾玉。6)錦とは二色以上の布を組合せた文様の美しいものを言う。異文とあるのは中国からみて模様の異なる色々な錦ということ。

【参考文献】

(引用ではなく否定材料がなかったという意味で記載した書籍を含む)

冨谷至『漢倭奴国王から日本国天皇へ』臨川書店　2018年

武末純一『日韓交流と渡来人─古墳時代前期以前─』専修大学古
　　代東ユーラシア研究センター年報第4号　2018年

淤能碁呂太郎『古事記日本神話の故郷は玄界灘の島々だった』熊
　　本ネット　2018年

林俊雄『スキタイと匈奴　遊牧の文明』講談社　2017年

岡村秀典『鏡が語る古代史』岩波新書　2017年

広瀬和雄『前方後円墳国家』中公文庫　2017年

ふたかみ邪馬台国シンポジウム17『魏都・洛陽から『親魏倭王』
　　印の旅　─楽浪・帯方・三韓から邪馬台国へ─』資料集　香芝
　　市二上山博物館友の会「ふたかみ史遊会」　2017年

高田貫太『海の向こうから見た倭国』講談社　2017年

鈴木勉『三角縁神獣鏡・同笵（型）鏡論の向こうに』雄山閣
　　2016年

渡邉義浩『呉から明かされたもう一つの三国志』青春出版社
　　2016年

村岡倫『世界最古の世界地図「混一疆理歴代国都之図」と日本』
　　龍谷大学アジア仏教文化研究センターワーキングペーパー
　　No.15─03　2016年

古代史シンポジウム「発見・検証　日本の古代Ⅱ」編集委員会・
　　白石太一郎／鈴木靖民／寺澤薫／森交章／上野誠『騎馬文化と

古代のイノベーション』KADOKAWA　2016年

古代史シンポジウム「発見・検証　日本の古代Ⅰ」編集委員会・白
石太一郎／鈴木靖民／寺澤薫／森交章／上野誠『纒向発見と邪
馬台国の全貌　卑弥呼と三角縁神獣鏡』KADOKAWA　2016年

岡山大学埋蔵文化財調査研究センター『吉備の弥生時代』吉備人
出版　2016年

柳本照男・なみはや歴史講座第76回レジュメ『海を渡った馬形帯
鉤』　2016年

藤田憲司『邪馬台国とヤマト王権』えにし書房　2016年

片山一道『骨が語る日本人の歴史』筑摩書房　2015年

藤尾慎一郎『弥生時代の歴史』講談社　2015年

洋泉社編集部『邪馬台国』洋泉社　2015年

長野正孝『古代史の謎は「海路」で解ける』ＰＨＰ新書　2015年

東京国立博物館、九州国立博物館、国立国際美術館、NHK、
NHKプロモーション、朝日新聞社『特別展　始皇帝と大兵馬
俑』　2015年

伊都国歴史博物館　開館10周年　特別展開催について（ご案内）
2014年

松尾光『現代語訳「魏志倭人伝」』新人物文庫　2014年

中尾祐太（西南学院大学大学院）拠点環濠集落の再検討『東アジ
ア的視点からみた弥生時代の集落景観』　2014年

岸本直文『倭における国家形成と古墳時代開始のプロセス』国立
歴史民俗博物館研究報告　第185集　2014年

伊都国歴史博物館『狗奴国浪漫〜熊本・阿蘇の弥生文化〜』

【参考文献】

2014年

ふたかみ史遊会　石野博信（企画）『邪馬台国時代のクニグニ
　南九州』青垣出版　2014年

伊都国歴史博物館『玄界灘続倭人伝―末盧・伊都・奴の古墳文化』
　2013年

白石太一郎『倭国の形成と展開』敬文舎　2013年

黒住耐二『真珠の考古学―未知の真珠採取遺跡を目指して』科学
　研究費助成事業研究成果報告書　2013年

片山一道『骨考古学と身体史観』敬文舎　2013年

奈良県立橿原考古学研究所付属博物館『海でつながる倭と中国』
　新泉社　2013年

高久健二『楽浪郡と三韓の交易システムの形成』専修大学東アジ
　ア世界史研究センター年報 第6号　2012年

渡邉義浩『魏志倭人伝の謎を解く』中公新書　2012年

尾崎孝宏『日本在来馬の歴史的変遷と現状』鹿児島大学　鹿大史
　学、59: 15-28　2012年

小佐々学『日本在来馬と西洋馬』―獣医療の進展と日欧獣医学交
　流史―、日獣会誌64 419〜426　2012年

土生田純之『古墳』吉川弘文館　2011年

石野博信／高島忠平／西谷正／吉村武彦『研究最前線　邪馬台国』
　朝日新聞出版　2011年

伊都国歴史博物館『邪馬台国を支えた国々〜今使譯所通三十国〜』
　2011年

諫早尚人『海を渡った騎馬文化』風響社　2010年

349

吉井秀夫『古代朝鮮　墳墓に見る国家形成』京都大学学術出版会
　2010年

菊池秀夫『邪馬台国と狗奴国と鉄』彩流社　2010年

NHK「日本と朝鮮半島2000年」プロジェクト『日本と朝鮮半島
　2000年』NHK出版　2010年

野島永『弥生時代における鉄器保有の一様相』第58回埋蔵文化財
　研究集会「弥生時代後期の社会変化」　2009年

安本美典『「邪馬台国＝畿内説」「箸墓＝卑弥呼の墓説」の虚妄を
　衝く！』宝島社新書　2009年

寺沢薫『王権誕生』講談社学術文庫　2008年

安川満『特殊器台から埴輪へ』岡山市埋蔵文化財センター定期講
　座　2008年

橋本輝彦『日本における都市の初現─纒向遺跡の調査から』Nara
　Women's University Digital Information Repository　2008年

宇垣匡雅『吉備における古墳時代の政治構造』「第4章 特殊器台
　型埴輪に関する若干の考察」総合研究大学院大学　2008年

井上貴央『青谷上寺地遺跡のひとびと』鳥取県教育委員会　2007
　年

朴天秀『伽耶と倭』講談社選書メチエ　2007年

福本明『吉備の弥生大首長墓』新泉社　2007年

篠田謙一『日本人になった祖先たち』NHK出版　2007年

野田雅之『丹後国丹生の郷に古代水銀朱を追う（略報)』熊本大
　学学術リポジトリ　2007年

藤井游惟『白村江敗戦と上代特殊仮名遣い』東京図書出版会

【参考文献】

2007年

加藤徹『貝と羊と中国人』新潮社　2006年

野島永『弥生時代後期から古墳時代初頭における鉄製武器を巡って』「河瀬正利先生退官記念論文集考古論集」所収　2004年

伊都国歴史博物館『海を越えたメッセージ・楽浪交流展』　2004年

三浦洋子『朝鮮半島の人口転換とその変動要因の分析』千葉経済大学千葉経済論叢 第29号　2004年

江上波夫・佐原真『騎馬民族は来た?!　来ない?!』小学館　2003年

日高正晴『西都原古代文化を探る』鉱脈社　2003年

森浩一『語っておきたい古代史』新潮文庫　2002年

石野博信『邪馬台国の考古学』吉川弘文館　2001年

鬼頭宏『人口から読む日本の歴史』講談社学術文庫　2000年

西川寿勝『三角縁神獣鏡と卑弥呼の鏡』日本考古学　1999年

田原本町教育委員会『唐古・鍵遺跡』　1998年

佃収『伊都国と渡来邪馬壹国』ストーク　1998年

歴史読本・特別増刊『日本国家の起源を探る』新人物往来社　1994年

森浩一・ＮＨＫ取材班『騎馬民族の道はるか　高句麗古墳がいま語るもの』日本放送出版協会　1994年

鳥越憲三郎『古代朝鮮と倭族』中央公論社　1992年

王金林『弥生文化と古代中国』学生社　1992年

著者プロフィール

槌田 鉄男 (つちだ てつお)

1949年熊本生まれ、埼玉在住。
熊本高校卒業、熊本大学工学部生産機械工学科修士課程修了後、本田技術研究所勤務、二輪車用ＣＢＳやＡＢＳなど世界初の数々の新システムを開発。日信工業に転籍、二輪ブレーキ開発責任者、執行役員。
定年退職後、韓国大邱広域市の永進専門大学教授。現在、国士舘大学理工学部非常勤講師。
全国邪馬台国連絡協議会、東アジアの古代文化を考える会、古代史教養講座、埼玉県立歴史と民俗の博物館友の会会員。

九州の邪馬台国 vs 纏向の騎馬民族

2019年10月15日　初版第1刷発行
2024年9月15日　初版第2刷発行

著　者　槌田 鉄男
発行者　瓜谷 綱延
発行所　株式会社文芸社
　　　　〒160-0022　東京都新宿区新宿1−10−1
　　　　　　　　電話 03-5369-3060（代表）
　　　　　　　　　　 03-5369-2299（販売）

印刷所　株式会社フクイン

Ⓒ Tetsuo Tsuchida 2019 Printed in Japan
乱丁本・落丁本はお手数ですが小社販売部宛にお送りください。
送料小社負担にてお取り替えいたします。
本書の一部、あるいは全部を無断で複写・複製・転載・放映、データ配信することは、法律で認められた場合を除き、著作権の侵害となります。
ISBN978-4-286-20949-4